AF820852

ULRICH GOLL

# Arbeitskampfparität und Tariferfolg

Schriften zum Sozial- und Arbeitsrecht

Band 50

# Arbeitskampfparität und Tarifersfolg

Versuch einer rechtstatsächlichen Fundierung arbeitskampfrechtlicher Fragestellungen, unter Berücksichtigung der „collective-bargaining"-Theorien

Von

Dr. Ulrich Goll

DUNCKER & HUMBLOT / BERLIN

Gedruckt 1980 bei Buchdruckerei A. Sayffaerth - E. L. Krohn, Berlin 61
Printed in Germany

ISBN 3 428 04705 2

# Vorwort

Die vorliegende Arbeit stellt einen Versuch dar, unter Einbeziehung interdisziplinärer, insbesondere volkswirtschaftlicher bzw. industrie- und betriebssoziologischer Aspekte mehr an empirischem Material in die arbeitskampfrechtliche Diskussion einzubringen.

Die Gelegenheit, diesen Versuch — zugleich als Dissertation — zu unternehmen, verdanke ich Herrn Prof. Dr. Hugo Seiter, der auch zum Ergebnis durch gründliche Auseinandersetzung mit dem Konzept in entscheidenden Phasen wesentlich beitrug. Herrn Prof. Dr. Bernd Rüthers bin ich für das Wohlwollen, mit dem er die Entstehung der Arbeit begleitete, für konkrete Hilfe bei der Materialbeschaffung sowie für die Erstellung des Zweitgutachtens zu Dank verpflichtet, ebenso meinem Kollegen am Lehrstuhl Prof. Dr. Seiters in Konstanz, Georg Heuberger, für den freundschaftlichen Dialog, der zur Überprüfung neuer Erkenntnisse und Erklärungen genauso wichtig ist wie für die Freude am Forschen.

Ferner möchte ich den Stellen danken, die mir das Zusammentragen von Fakten über Tarifauseinandersetzungen ermöglichten und selbst Material zur Verfügung stellten, insbesondere dem Archiv des „Südkurier“ in Konstanz, der IG Metall-Verwaltungsstelle Singen und dem Verband der Metallindustrie Baden-Württemberg e. V.

Nicht zuletzt gilt mein Dank Herrn Prof. Dr. J. Broermann für die Aufnahme der Arbeit in die Reihe der „Schriften zum Sozial- und Arbeitsrecht“.

Überlingen, im Mai 1980 *Ulrich Goll*

# Inhaltsverzeichnis

# Abkürzungsverzeichnis

| | | |
|---|---|---|
| AcP | = | Archiv für die civilistische Praxis |
| AER | = | The American Economic Review |
| AER PP | = | The American Economic Review, Papers and Proceedings |
| AöR | = | Archiv des öffentlichen Rechts |
| AP | = | Nachschlagewerk des Bundesarbeitsgerichts. Arbeitsrechtliche Praxis |
| ArbR-GW | = | Das Arbeitsrecht der Gegenwart. Jahrbuch für das gesamte Arbeitsrecht und die Arbeitsgerichtsbarkeit |
| AuR | = | Arbeit und Recht. Zeitschrift für Arbeitsrechtspraxis |
| BAG | = | Bundesarbeitsgericht |
| BAGE | = | Entscheidungen des Bundesarbeitsgerichts |
| BB | = | Der Betriebsberater |
| BlSt. | = | Blätter für Steuerrecht, Sozialversicherung und Arbeitsrecht |
| DB | = | Der Betrieb |
| DRdA | = | Das Recht der Arbeit |
| GMH | = | Gewerkschaftliche Monatshefte |
| GS | = | Großer Senat |
| HdSW | = | Handwörterbuch der Sozialwissenschaften. Zugleich Neuauflage des Handwörterbuchs der Staatswissenschaften, Stuttgart - Tübingen - Göttingen 1956 ff. |
| JA | = | Juristische Arbeitsblätter |
| JCR | = | Journal of Conflict Resolution |
| JR | = | Juristische Rundschau |
| JurA | = | Juristische Analysen |
| Jura | = | Juristische Ausbildung |
| JuS | = | Juristische Schulung |
| JZ | = | Juristenzeitung |
| KritJ | = | Kritische Justiz |
| NJW | = | Neue Juristische Wochenschrift |
| RdA | = | Recht der Arbeit |
| ZAS | = | Zeitschrift für Arbeitsrecht und Sozialrecht |
| ZfA | = | Zeitschrift für Arbeitsrecht |
| ZfN | = | Zeitschrift für Nationalökonomie |
| ZHR | = | Zeitschrift für das gesamte Handelsrecht |
| ZRP | = | Zeitschrift für Rechtspolitik |

# Einleitung

## I. Problemstellung

Innerhalb der durch die höchstrichterliche Rechtsprechung erarbeiteten allgemeinen Prinzipien des Arbeitskampfrechts nimmt der Begriff der Kampfparität oder Waffengleichheit der Tarifpartner eine zentrale Stellung ein. Das Bundesarbeitsgericht formulierte ein Verbot an die staatlichen Organe, „die Kampfmittel der beiden Sozialpartner ungleich zu behandeln“[1].

Die Intensität der Diskussion in der rechtswissenschaftlichen Literatur über einen bestehenden oder zu schaffenden Kräfteausgleich zwischen den sozialen Gegenspielern steht seither jedoch in einem Mißverhältnis zu ihren Früchten, was die verbindliche Fixierung der Begriffsinhalte angeht. Zu den Unklarheiten beispielsweise, welche „Waffen“ gemeint sind, die ausgewogen werden müßten, und wie die beiderseitigen Möglichkeiten, Tarifergebnisse zu beeinflussen, zu werten oder zu gewichten wären, tritt der Umstand hinzu, daß die rechtstatsächliche Forschung über das Wirken der Tarifparteien erst am Anfang steht.

Von daher ist es nicht erstaunlich, wenn in der Frage, ob die Tarifparteien gleiche Chancen haben, über die Ergebnisse der Tarifverhandlungen zu bestimmen — womit nur einer der vertretenen Inhalte von Kampfparität umschrieben ist[2] — kontroverse Ansichten aufeinanderstoßen[3].

Von den Ansätzen, Kampfparität oder Waffengleichheit zu umschreiben, vor allem aber, ihr Bestehen oder Fehlen nachzuweisen und empirisch zu belegen[4], ist besonderer Aufmerksamkeit wert einer von

---

[1] BAGE 1, 291 (308) = AP Nr. 1 zu Art. 9 GG Arbeitskampf.

[2] Diese Formulierung des sogenannten materiellen Paritätsverständnisses findet sich bei *Seiter*, Streikrecht, S. 170.

[3] Gegen eine Benachteiligung der Arbeitnehmerseite unter den gegenwärtigen Kräfteverhältnissen sprechen sich aus etwa *Raiser*, Die Aussperrung, S. 83; *Kleiner*, ZRP 1976, S. 266; *Konzen*, AcP 177 (1977), S. 531; *Hanau*, Wirtschaftspol. Chronik 1978, S. 190. Vgl. umgekehrt jedoch z. B. *Wohlgemuth*, Staatseingriff und Arbeitskampf, 1977, S. 131 ff.; *Zachert / Metzke / Hamer*, Die Ausperrung, 1978, S. 161; *Kittner*, Verbot der Aussperrung, o. J. (1979), S. 22 ff., 41 und *Däubler*, Legalität, S. 9, 11.

[4] Von den Versuchen, Rechtstatsachen in größerem oder geringerem Umfang für die Beurteilung von Parität vergleichend heranzuziehen, seien erwähnt: *Evers*, Arbeitskampffreiheit, S. 53 ff.; *Däubler*, JuS 1972, S. 645 ff. sowie: Legalität, S. 5 ff.; *Kittner*, GMH 1973, S. 100 f. sowie: Verbot der Aussperrung, o. J. (1979), bes. S. 11 ff., 22 ff.; *Zöllner*, Aussperrung, S. 53 ff.; *Raiser*, Die Aussperrung, S. 73 ff.; *Wohlgemuth*, Staatseingriff und Arbeits-

*Th. Raiser,* welcher die Frage nach einer faktischen Unterlegenheit der Arbeitnehmer in Tarifauseinandersetzungen anhand der jeweiligen Ergebnisse einzelner Arbeitskämpfe zu beantworten sucht[5]. Raiser zieht dafür eine den Veröffentlichungen des Statistischen Bundesamtes entnommene Tabelle heran, wie sie bereits *Bertele* verwendet hatte[6].

Diese Statistik gibt in grober Form Auskunft über vollen Erfolg, Teilerfolg oder Erfolglosigkeit gewerkschaftlicher wie nichtgewerkschaftlicher Streiks in den Jahren 1949 - 1957, bezogen auf die Bundesrepublik[7].

*Raiser* kann vermerken, daß sich zwar immer, wenn auch gelegentlich ganz geringe, Prozentsätze für Streiks mit vollem oder gänzlich fehlendem Erfolg finden, die erdrückende Mehrheit der Streiks jedoch „teilweise erfolgreich" war[8]. Aussperrungen sind in den von *Raiser* und *Bertele* verwendeten statistischen Unterlagen nicht gesondert aufgeführt[9].

Im Zusammenhang wies Raiser darauf hin, daß es sich bei Problemen eines Kräftegleichgewichts der Tarifparteien „um empirische Fragen handelt, die methodisch einwandfrei nur mit Hilfe ökonomischer und sozialwissenschaftlicher Analysen aller in Betracht kommenden Faktoren geklärt werden können"[10]. Daran anknüpfend hat *Seiter* die Notwendigkeit hervorgehoben, „das umfangreiche, insbesondere ausländische sozialwissenschaftliche Schrifttum zur Theorie der Lohnverhandlungen (collective bargaining) auf seinen Ertrag für das Arbeitskampfrecht hin

---

kampf, 1977, S. 131 ff.; *Zachert / Metzke / Hamer,* Die Aussperrung, 1978, S. 161. Sie enden, je nach Intention und ausgewähltem Material, mit unterschiedlichen Ergebnissen. *Seiter,* der eine nach dem Stand der Kenntnisse eingehende Zusammenstellung arbeitskampfrechtlich möglicherweise relevanter Tatsachen anstrebte, wies auf ein im Grunde unzulängliches Fundament, jedenfalls von Fakten, hin: Streikrecht, S. 278 ff., 279, dort Fußn. 2.

[5] Die Aussperrung, S. 80 ff.

[6] Vgl. *Bertele,* Rechtsnatur, S. 31; *Raiser,* Die Aussperrung, S. 81.

[7] Vgl. *Raiser,* Die Aussperrung, S. 81. Auch *Seiter* verwendet eine ähnliche Tabelle, zu dem Zweck zusammengestellt, den Erfolg nichtgewerkschaftlicher Streiks mit dem gewerkschaftlicher zu vergleichen, vgl. Streikrecht, S. 218. Ähnliche tabellarische Darstellungen zu den Streikerfolgen der Gewerkschaften in Österreich finden sich bei *Tomandl,* Streik und Aussperrung als Mittel des Arbeitskampfes, 1965, S. 30 ff.

[8] Die Aussperrung, S. 81.

[9] Vgl. auch *Bertele,* Rechtsnatur, S. 31. Jüngst zog *Wohlgemuth* 3 konkrete Einzelfälle von Streiks der IG Metall heran, die jedenfalls mit Teilerfolgen endeten, obwohl die Arbeitgeber nicht aussperrten, BB 1979, S. 114. Funktionen und Erfolge der Aussperrung behandelt v. a. *Kalbitz,* KritJ 1978, S. 249 ff. und: Aussperrungen, S. 58 ff., 149 ff.

[10] Die Aussperrung, S. 73. Eine „wissenschaftlich verbindliche Antwort" auf diese Fragen steht nach *Raiser* noch aus. Er hält es sogar für zweifelhaft, „daß aussagekräftige empirische Studien in absehbarer Zeit erwartet werden können", S. 73 f., vgl. auch ZRP 1978, S. 204. *Säcker* stellte fest, die „eigentliche legislative Entscheidung" über Parität der Tarifparteien werde zu einem „Tatsachenurteil, das auf der Grundlage umfassender wirtschafts- und sozialwissenschaftlicher Beratung gefällt werden" müsse; Gruppenparität, S. 111.

zu untersuchen“[11]. In jüngster Zeit zog Raiser erneut eine negative Bilanz wissenschaftlicher Erkenntnisse, jedenfalls soweit sie in der Rechtswissenschaft rezipiert sind, „im Hinblick auf den wechselseitigen Einfluß der Tarifpartner auf den Inhalt der Tarifverträge“[12].

## II. Vorhaben der Untersuchung

Im Zusammenhang mit der bei *Bertele* und *Raiser* aufgeworfenen Frage nach einzelnen Tariferfolgen[13], damit aber auch nach den Maßstäben ihrer Messung, nach den Möglichkeiten, die die Theorien zu Kollektivverhandlungen hierfür bieten, ergibt sich die Zielsetzung und zugleich Begrenzung eines Beitrages dazu.

Es geht zunächst darum, den juristisch-dogmatischen Hintergrund wiederzugeben, vor dem die arbeitskampfrechtliche Frage nach der Ausstattung von Tarifparteien mit Waffen in der Auseinandersetzung zu einer Frage nach relevanten, mangelhaft aufgeklärten Fakten werden kann. Die Sichtung der arbeitskampfrechtlichen Theorien zum Paritätsbegriff dient also — allgemein oder zunächst — dazu, systematisch den Standort des kollektiven Arbeitsrechts zu den für die Regelungsgegenstände maßgeblichen sozialen und wirtschaftlichen Tatsachen zu bestimmen. Insbesondere oder letztlich aber gilt es, das engere Interesse an der rechtstatsächlichen Betrachtung gerade von Tarifergebnissen zu beschreiben und einen für den aktuellen Diskussionsstand verbindlichen Frageansatz vorzubereiten: Was glaubt bzw. hofft man, aus Tarifergebnissen positiv im Zusammenhang mit „Kampfparität“ und Mitteln des Tarifarbeitskampfes schließen zu können?

Das sich ergebende, wohl zentrale Problem der Arbeit, ob und wie man Tariferfolge der Parteien erfassen, in ihrer Verteilung, in ihrem jeweiligen Ausmaß festhalten kann, trägt sowohl normative wie tatsächliche Elemente in sich. Diese verlangen nach einer zweigleisigen Lösung. Der wertende Aspekte des Problems ist mit der Feststellung angedeutet, daß der Begriff des Tariferfolgs eine über jenen des Tarifergebnisses hinausreichende Definition verlangt. In diesem Sinn wird von zweifelhaften Erfolgen gesprochen, wenn man sie ungern als solche respektieren möchte. Speziell für die Aufgabe des Arbeitskampfrechts, Rahmenregelungen der Tarifauseinandersetzung zu schaffen, ist ein Begriff des rechtlich relevanten Erfolgs, dessen, was das Arbeitskampfrecht am Erfolgsstreben der Parteien interessiert, abzutrennen von dem,

---

[11] JZ 1978, S. 419.

[12] ZRP 1978, S. 204. *Raiser* verweist letztlich auf die Ergebnisse seines Gutachtens von 1975.

[13] Vgl. zu dieser aber auch z. B. *Eichmanns*, RdA 1977, S. 138 oder jüngst den Versuch von *Hanau*, anhand des Sachverständigengutachtens von 1977/78 den gewerkschaftlichen Erfolg in der Tarifrunde 1978 zu beurteilen: Wirtschaftspol. Chronik 1978, S. 189.

was die Kontrahenten selbst als Erfolg definieren oder „ausgeben“ möchten. Die subjektiven Erfolgsvorstellungen, sowohl in quantitativer wie in qualitativer Hinsicht, können umgekehrt nicht ignoriert werden: Das scheint der Gedanke von Tarifautonomie zu verlangen. So steht der gesuchte geeignete Tariferfolgsbegriff im Schnittpunkt subjektiver Wertungen der Parteien und objektiver Wertung der aus der Perspektive des Dritten urteilenden und für das Gemeinwohl verantwortlichen Rechtsordnung.

Hand in Hand mit dieser wertenden Festlegung, wie der arbeitskampfrechtlich relevante Erfolg, d. h. der, dessen empirischer Nachweis die juristische Diskussion von ihrem artikulierten Interesse her fördern kann, theoretisch zu formulieren ist, geht die weitere Frage: Wie läßt sich dieser Erfolg methodisch einwandfrei tatsächlich messen? Prinzipiell durchläuft der Vorbereitungsweg zu einer sinnvollen empirischen Erfassung von Tariferfolgen drei Stadien: Zunächst die Aufdeckung tatsächlicher Schwierigkeiten, die sich hinter scheinbar unproblematischen alltäglichen Vorstellungen, wie der Gleichsetzung des Tariferfolgs mit einem Lohnprozentesatz, verbergen. Sodann muß das Theorienmaterial gesichtet werden, das sich, kompetenter als die Rechtswissenschaft, mit faktischen Problemen der Tarifverhandlungen befaßt hat, d. h. insbesondere die sogenannten „collective-bargaining“-Theorien. Am Ende sind die spezifisch juristischen Interessen an der Erfolgsbetrachtung sowie die wertenden Ansprüche an den Erfolgsbegriff vereinbar zu machen mit den tatsächlichen Schwierigkeiten, den Tariferfolg zu messen, und dem nicht sehr ergiebigen Hintergrund, den die benachbarten Tatsachenwissenschaften für die Tarifauseinandersetzung, insbesondere die Definition der Zielvariablen liefern.

Letztlich nehmen den wichtigsten Platz innerhalb der vorliegenden Arbeit die durchgeführten rechtstatsächlichen Untersuchungen ein. Empirische Detailstudien werden an allen Stellen eingeflochten, an denen sich Möglichkeiten abzeichneten, für die Dogmatik des kollektiven Arbeitsrechts sinnvoll verwertbare Tatsachen vorzulegen. Dabei ist die Grenze des derart als „sinnvoll verwertbar“ Angesehenen, d. h. der erhebungsbedürftigen bzw. -würdigen Rechtstatsachen weit zu ziehen. Daß Fakten, die eindeutige Schlüsse ermöglichen, der Diskussion um Parität am meisten nützen würden, bedarf keiner Erwähnung; in zweiter Linie aber sind Fakten, über die sich streiten läßt, immer noch besser als keine Fakten.

Dabei wurden Schaubilder und Tabellen, mit zwei besonders gekennzeichneten Ausnahmen, vorwiegend aus zu diesem Zweck eigens gesammeltem Informationsmaterial über Tarifverhandlungen gewonnen. Es handelt sich vor allem um Zeitungsberichte aus dem Archiv einer regionalen Tageszeitung (des „Südkurier“), welches jedoch auch mehrere überregionale Blätter auswertet. Hinzu kamen Geschäftsberichte sowie Pressedienste der sich gegenüberstehenden Verbände am Arbeitsmarkt selbst. In beträchtlichem Umfang wurde jedoch auch in den Veröffentlichungen des Statistischen Bundesamtes zugängliches Datenmaterial aufbereitet. Die Maxime bei der Konstruktion der Untersuchungsansätze mußte, gerade wenn Faktenmaterial für eine kontroverse juristische Diskussion geliefert werden soll, dahin lauten, daß die Operationen und herangezogenen Materialien möglichst transparent und überprüfbar bleiben.

### III. Zur Verankerung des Paritätsgebots in der bestehenden Rechtsordnung

Die Frage nach dem Verhältnis von Rechtsdogmatik und Wirklichkeit, nachfolgend gestellt in der Absicht, den Wert empirischer Untersuchungen für die arbeitskampfrechtliche Diskussion näher zu bestimmen, kann in ihrer Akzentsetzung zu Lasten einer anderen Aufgabe gehen: der, ein arbeitskampfrechtliches Prinzip oder einen Grundsatz der Waffengleichheit innerhalb der bestehenden Normenhierarchie zu lokalisieren, abzuleiten und in seinem Rang zu bestimmen.

Die vorhandene Neigung im (nicht kodifizierten) Arbeitskampfrecht, eine Forderung nach Kampfparität zunächst inhaltlich genauer zu formulieren, sachliche Erfordernisse des realen Auseinandersetzungsprozesses zwischen den Tarifparteien vorweg zu ermitteln, um sie anschließend verfassungsrechtlich, vor allem bei Art. 9 III GG, zu verankern, läßt die Frage nach der juristischen Deduktion und Qualifikation des Paritätsprinzips als wenig griffiges Instrument zur Sichtung und Systematisierung des dogmatischen Bestandes erscheinen[14]. In gleichem Maß rücken die gedanklichen Hilfsmittel, logischen Konstruktionen und inhaltlichen Postulate, die den Abstand zur Abstraktionshöhe der für das kollektive Arbeitsrecht geltenden Verfassungsvorschriften überbrücken sollen, d. h. die Gesichtspunkte, nach denen Inhalte vorgeformt werden, die man der Verfassung zu entnehmen trachtet, in den Vordergrund. Dem soll der 1. Teil der Untersuchung Rechnung tragen.

---

[14] *Raiser* entscheidet sich, nach der Wiedergabe vorhandener Versuche, das Postulat der Waffengleichheit aus Art. 3 I, Art. 9 III oder der Vertragsfreiheit des Art. 2 I GG abzuleiten, dafür, die Forderung nach Kampfparität ganz dem Sinn und der Funktion der Tarifautonomie zu unterstellen: „Es wäre widersinnig anzunehmen, der Verfassungsgeber habe ein Tarifvertragssystem garantieren wollen, in dem der Paritätsgrundsatz nicht gilt“, vgl. Die Aussperrung, S. 68. Damit bleibt aber die Inhaltsbestimmung eines Postulats von Waffengleichheit der, in großem Maß rechtspolitisch verlaufenden, Diskussion um Aufgabe und schutzwürdige Form des tarifautonomen Regelungsprozesses überlassen. Die Wiedergabe dessen, was man im kollektiven Arbeitsrecht mit der Forderung nach Kampfparität meinen kann, besteht auch bei *Seiter*, Streikrecht, S. 158 ff., 170 f. ganz überwiegend in einer „Vorklärung des möglichen Inhalts und der sachlichen Rechtfertigung des Grundsatzes der Kampfparität“. Anschließend folgt, wesentlich kürzer, seine Verankerung in der Rechtsordnung mit Hilfe Art. 9 III GG.

*Erster Teil*

# Der Grundsatz der Waffengleichheit im Arbeitskampfrecht – Juristisches Verständnis und dessen Verhältnis zu den Rechtstatsachen

## A. Die Relevanz der Wirklichkeit für die Auffassungen von Kampfparität in der rechtswissenschaftlichen Literatur

### I. Normativer Anspruch und gestaltete Realität: Die funktionsbestimmte Grundlegung eines Paritätsgebots hinsichtlich von Vertragsparteien

#### 1. *Das Modell Schmidt-Rimplers*

Die Form der Auseinandersetzung zwischen Arbeitgebern und Gewerkschaften, die das kollektive Arbeitsrecht als typisch legale ansieht[1] und richtig auszugestalten hat, ist der Kampf um die Inhalte von Tarifverträgen. Ob und zu welchem Zweck die sozialen Gegenspieler Waffen, insbesondere solche gleicher Wirksamkeit, brauchen, scheint von daher ein konkretes Beispiel der allgemeinen Frage zivilrechtlicher Vertragstheorie zu sein, welches Gewicht die Vertragspartner hinter ihre jeweiligen Verlangen setzen können, bzw. können müssen oder dürfen[2]. Erhebliche theoretische Bedeutung und praktische Fortwirkung in der Diskussion[3] kommt den Auffassungen *Schmidt-Rimplers*[4] über Möglichkeiten und Grenzen vertraglicher Regelungsbefugnis sowie die notwendigen Anforderungen an ihre Resultate zu. Sie vermitteln den Postulaten, die sich auf die Voraussetzungen der Vertragsfreiheit beziehen, insbesondere was die Eigenschaften der beteiligten Parteien betrifft, ein logisches Fundament.

*Schmidt-Rimpler* hob als Kennzeichen erwünschter Realität ihre „ethisch bestimmte" Gerechtigkeit hervor[5]. Er konstruierte sie als eine

---

[1] Vgl. etwa *Zöllner*, Arbeitsrecht, 2. Aufl. 1979, § 40 II (S. 295).

[2] Die Verbindung der Problemkreise von Arbeitskampfrecht und zivilrechtlicher Vertragstheorie gibt *Raiser* wieder, Die Aussperrung, S. 67. Auf den entscheidenden Beitrag von *Rüthers*, JurA 1970, bes. S. 102 ff. wird noch eingehender zurückzukommen sein.

[3] Die Relevanz des Beitrags von *Schmidt-Rimpler* und seine fortwährende Aktualität hob *Rüthers* hervor: Die unbegrenzte Auslegung, (Taschenbuchausgabe) 1973, S. 366 f.

[4] Grundfragen einer Erneuerung des Vertragsrechts, AcP 147 (1941), S. 130 ff.

Summe richtiger „Rechtsfolgen", wobei es Sache des Rechts ist, „Rechtsvoraussetzungen" zu schaffen, daß diese Folgen eintreten. Soweit Verträge zur Gestaltung der Wirklichkeit in Betracht kommen, muß gefragt werden, wie aus dem Willen der Beteiligten richtige Rechtsfolgen, d. h. Vertragsinhalte entstehen können. Die Antwort auf diese Frage suchte Schmidt-Rimpler im Vertragsmechanismus, der die Durchsetzung eines Willens „an die Zustimmung des in entgegengesetzter Richtung Interessierten bindet": Hierin liegt eine gewisse Richtigkeitsgewähr für die Vertragsinhalte. Dabei sah Schmidt-Rimpler diese Konstruktion gerade nicht als „liberal oder gar liberalistisch" an: Dem Liberalismus wird vielmehr vorgeworfen, er habe in seiner Hochblüte vergessen, „daß der Vertrag der Erreichung einer richtigen Rechtsfolge dienen sollte"[6]. Die Vorstellung Schmidt-Rimplers ist vielmehr die, daß entgegengesetzte Willen sich um der Richtigkeit des Ergebnisses willen in ihrer Bedeutung geradezu gegenseitig negieren oder aufheben[7].

### 2. *Aufnahme und Ergänzung des Ansatzes von Schmidt-Rimpler bei Steindorff und Bartholomeyczik*

*Steindorff* richtete eine Art Appell an das Arbeitsrecht, sich seiner „Ordnungsaufgabe" zu erinnern[8]. Diese Ordnungsaufgabe entspringt historisch aus der „faktischen Unterlegenheit der Arbeitnehmer" und äußert sich in der aktuellen Aufgabe, eine „Waffengleichheit so auszugestalten, daß die Auseinandersetzungen der Kollektivparteien funktionieren können und zu einem gerechten Ergebnis führen". Was Steindorff kritisiert: Die „Gestaltung der tatsächlichen Arbeitsordnung erfolgt häufig ohne ausreichende Auseinandersetzung mit den tatsächlichen Verhältnissen". Einflußnahme der Rechtsordnung auf die tatsächlichen Verhältnisse, durch eine Arbeitsordnung, die nicht nur ein leistungsfähigeres Wirtschaftssystem ermöglichen, sondern „Gerechtigkeit" verwirklichen soll, läßt die „faktische Verhandlungsstärke" der Tarifparteien zum Kriterium jedes Postulats von Waffengleichheit werden[9].

---

[5] Vgl. hierzu und zum folgenden: AcP 147 (1941), S. 132 f., 143 f., 149, 157.

[6] AcP 147 (1941), S. 157.

[7] Was im übrigen das Arbeitskampfrecht mit „Waffengleichheit" anspricht, fällt bei *Schmidt-Rimpler* — er selbst geht auf den Zusammenhang von Arbeitskampf und Tarifvertrag nicht explizit ein — als Bedingung fehlender Abhängigkeit der Vertragsparteien voneinander unter die Kategorie der Rechtsvoraussetzungen, vgl. hierzu AcP 147 (1941), S. 158 (dort Fußn. 34) und 143 f.

[8] Vgl. hierzu und zum folgenden *Steindorff*, Wirtschaftsrechtliche Maßstäbe im Arbeitsrecht, RdA 1965, S. 253 ff., bes. S. 257 f. Im Zusammenhang setzt *Steindorff* sich auch mit Auffassungen *Euckens* und *Böhms* — d. h. der Freiburger neoliberalen Schule — kritisch auseinander, S. 254 f. Nach *Steindorff* gibt es keine einheitliche Wirtschaftsordnung, die selbst schon Sinn und Gestalt der auf diese Ordnung bezogenen rechtlichen Regelung stiften könnte.

[9] Vgl. RdA 1965, S. 257 f., 254, 259.

Was den Zugriff der Rechtsordnung auf die Wirklichkeit angeht, so nimmt *Bartholomeyczik Schmidt-Rimplers* Gedanken vom „Vertrag als Mechanismus“ auf[10]. Bartholomeyczíks Ausführungen zum „selbstgesteuerten“, „materialen Vertragsprinzip“ verdeutlichen weiter die gemeinsame Position: Beide Autoren suchen nicht die „Selbststeuerung“ nur oder bereits in der gesellschaftlichen Wirklichkeit, sie machen nicht eine im Faktischen schon angelegte Tendenz in Richtung harmonischer Ordnung zum Maßstab des Rechts. Das Recht wirkt vielmehr als Realität im gesellschaftlichen und politischen Kräftefeld, als tatsächliches Gewicht, als Anstoß oder Bremse in der Auseinandersetzung der dort wirksamen Energien, und zwar mit der spezifisch eigenen Zielsetzung „Gerechtigkeit“[11]. Resultat soll, bei Bartholomeyczik, eine „Selbstbestimmungsordnung“ sein, welche die „gesellschaftlichen Kräfte zur eigenverantwortlichen Sozialgestaltung ... entfaltet“[12].

Was aber die Erkundung des realen Wirkungsfelds von Recht angeht, so beklagt *Bartholomeyczik* im Zusammenhang, daß ein Rückzug der Juristen aus der Rechtssoziologie und Rechtstatsachenforschung festzustellen sei[13].

Waffengleichheit auf der Ebene kollektiver oder Gruppenmacht spricht er mit dem Begriff des „Gegengewichtsprinzips“ an, welches aber nur für das Wirtschaftsrecht eingehender behandelt wird[14]. Bei einem solchen Prinzip denkt *Bartholomeyczik* allerdings weniger an ein „allgemeines mechanistisches Gesetz der Entwicklung einer Gegenkraft“ gegen anderswo entwickelte (wirtschaftliche) Macht, als vielmehr an eine Gegengewichtsbildung durch staatliche Ordnungseingriffe, die somit Waffengleichheit herstellen. Die Zielfunktion rechtlicher Regelung ist bei Bartholomeyczik der „Versuch, die Gerechtigkeit im Vertrage zu erfüllen“[15].

Der Sinnzusammenhang für Waffengleichheit von (auch kollektiven) Vertragsparteien, den *Schmidt-Rimpler, Steindorff, Bartholomeyczik* herstellen, läßt sich auf die zusammenfassende Formel bringen: Gestaltung der Wirklichkeit durch rechtliche Institution eines Vertragsverfah-

---

[10] Vgl., auch zum folgenden, *Bartholomeyczik*, Äquivalenzprinzip, Waffengleichheit und Gegengewichtsprinzip in der modernen Rechtsentwicklung, AcP 166 (1966), S. 30 ff., bes. S. 54 ff.

[11] Zur spezifisch rechtlichen Zielsetzung, insbesondere zum Verhältnis von ökonomischer Richtigkeit und „rechtlicher Richtigkeit“ vgl. auch *Schmidt-Rimpler*, Stichwort „Wirtschaftsrecht“, in: HdSW, 12. Bd. 1965, S. 686 ff., bes. S. 703; auf S. 702 wird letztere mit dem Sozialstaatsprinzip in Verbindung gebracht.

[12] AcP 166 (1966), S. 74 f.

[13] AcP 166 (1966), S. 46.

[14] Vgl. hierzu und zum folgenden AcP 166 (1966), S. 64, 68 ff. Offen gelassen wird die Frage, „ob sich auch heute Gewicht und Gegengewicht in der Autonomie der Tarifpartner ausgleichen“, ebd., S. 66.

[15] AcP 166 (1966), S. 75.

rens, das, dank faktisch gleicher Verhandlungsstärke freier Vertragspartner, Gerechtigkeit der Ergebnisse verbürgt.

## II. Waffengleichheit insbesondere bei Kollektivverträgen: Tarifautonomie unter dem Vorbehalt der Gewährleistung von „Vertragsgerechtigkeit"

### *1. Die Definition der Kampfparität durch Rüthers*

*Rüthers* setzt an die Standortbestimmung *Bartholomeyczıks* an mit dem Hinweis, „die freie Initiative des einzelnen Bürgers und seiner organisierten Interessenrepräsentation" sei „ein ebenso unersetzliches wie unzureichendes Element für eine sinnvolle Globalsteuerung des Gemeinwesens"[16]. Was deren Durchführung angeht, so hatte bereits zuvor bei Rüthers die explizite Übernahme der Auffassungen *Schmidt-Rimplers* zur vielzitierten Formulierung geführt: Tarifautonomie bedeutet die versuchte Fortsetzung der Privatautonomie mit kollektivrechtlichen Mitteln[17].

Konsequent folgt eine Interpretation von Waffengleichheit der Tarifparteien im Arbeitskampf als Funktionsvoraussetzung des Vertrags, mit dem sie in einem bestimmten Verhältnis steht, und zwar dergestalt, daß sie die „Vermutbarkeit vergleichbarer Chancen bei der Gestaltung der Tarifinhalte" ermöglichen soll[18]. Hierfür muß versucht werden, eine bestehende „tatsächliche Ungleichheit" in der Machtverteilung zwischen den Sozialpartnern „durch die Schaffung von Gegengewichten zu korrigieren" — *Rüthers* spricht von einem „gewissen Mindestgehalt einer materiellen ... Gleichgewichtsforderung"[19].

Was das Arbeitskampfrecht generell angeht, so formuliert *Rüthers* im weiteren dessen Ordnungsauftrag, wie es *Steindorff* verlangt hatte: Das Arbeitskampfrecht muß in der „jeweiligen gesellschaftlichen Wirklichkeit" seine „Aufgabe der sozialen Gestaltung und Befriedung der Interessengegensätze im Arbeitsleben erfüllen", wobei „faire und gerechte" Ergebnisse im Sinne „rechtlicher Wertüberzeugungen" verlangt werden[20]. Im gleichen Sinn hebt Rüthers die „Verantwortung des Sozialstaates für die sozialen Fundamente des Gemeinwesens" hervor[21]. Die für rechtliche bzw. staatliche Eingriffe maßgeblichen „leitenden Gerechtigkeitsmaßstäbe" sind bei Rüthers nicht zuletzt von Bedenken gegen

---

[16] Arbeitgeber und Gewerkschaften — Gleichgewicht oder Dominanz, DB 1973, S. 1649.

[17] Zur Kampfparität im Arbeitskampfrecht, JurA 1970, S. 85 ff., bes. S. 104 und 106; ähnlich schon in: Der Staat 6 (1967), S. 110.

[18] Vgl. DB 1973, S. 1652.

[19] Vgl. JurA 1970, S. 110.

[20] JurA 1970, S. 108 und 110.

[21] DB 1973, S. 1649 f.

einen „möglichen Mißbrauch“ ihrer Macht durch die Tarifparteien geprägt[22].

Dennoch wird der Zugriff rechtlicher Regelung auf die Wirklichkeit letztlich zurückhaltend konstruiert, und zwar aus einer der „unersetzbaren“ Initiative von Individuen und Gruppen, d. h. der Koalitionsfreiheit verpflichteten Perspektive: Der Staat „darf den miteinander um einen Interessenausgleich ringenden Tarifparteien nicht einseitig willkürlich strategische Vorteile gewähren“[23].

### 2. *Der Ausbau des Paritätsbegriffs bei Seiter*

Wenn *Seiter* die Vorstellung zurückweist, die „Kampf- und Verhandlungsparität sei an einem objektiven materiellen Gerechtigkeitsmaßstab orientiert“[24], so liegt darin keine Absage an den Standpunkt, dem an einer unter normativen Maßstäben formulierten „Richtigkeit“ von Tarifvertragsinhalten liegt. „Gerechte“ Tarifinhalte lassen sich zwar nicht derart über das Recht in die Wirklichkeit umsetzen, daß dieses einen objektiven Maßstab gerechter Löhne und Arbeitsbedingungen formuliert. Die „gleichgewichtigen Verhandlungschancen“, mit denen auch Seiter den Inhalt eines Paritätsgrundsatzes identifiziert, sind vielmehr im Sinne einer „relativen, verfahrensmäßigen Richtigkeitsgewähr“ herzustellen[25]. Das Verhältnis zur — formbaren — Wirklichkeit, das die Strukturen des Arbeitskampfrechts einnehmen sollten, wird also dahingehend bestimmt, daß die Ausgestaltung des Paritätsgebots nur „das grundsätzliche Funktionieren eines gleichgewichtigen Auseinandersetzungsprozesses“ zum Ziel haben kann[26]. Maßstäbe dafür, was einen Vertragsinhalt als richtig erscheinen lassen könnte, findet Seiter sowohl im Sozialstaatsprinzip wie andererseits im Geltenlassen der freien Anstrengungen, Interessen in Verträgen durchzusetzen: Die nach *Rüthers* ebenso „unersetz-

[22] JurA 1970, S. 107 und 109.

[23] DB 1973, S. 1652. Eine zweite, unbefriedigendere Wurzel der Zurückhaltung mit arbeitsrechtlichen Eingriffen ist faktischer Natur: Solange Untersuchungen über das tatsächliche Kräfteverhältnis der Sozialpartner fehlen, gesteht *Rüthers* den Gerichten zu, formal, d. h. nur auf rechtliche Befugnisse und Wirkungen bezogen, zu argumentieren, was den Vergleich der beiderseitigen Kampfmittel betrifft, vgl. JurA 1970, S. 111. Diese formale Gleichbehandlung ist damit nichtsdestoweniger als ungenügendes Provisorium charakterisiert, als Zwischenlösung auf dem Weg zu einem Zustand, in dem vorliegende rechtstatsächliche Kenntnisse die Handhabung eines „materiellen“ Vergleichs der Kampfmittel ermöglichen.

[24] Streikrecht, S. 167.

[25] Streikrecht, S. 167. In einer Auseinandersetzung mit *M. Wolf* — vgl. zu dessen Position ZfA 1971, S. 151 ff. — wird dessen Forderung abgelehnt, bei jeweils einzelnen Tarifverträgen zu kontrollieren, ob die beteiligten Interessen entsprechend ihrem rechtlichen Wert berücksichtigt sind. I. ü. erscheint auch bei Seiter Kampfparität a priori im Dienste von Verhandlungsparität, bezogen auf Tarifvereinbarungen, vgl. *Seiter*, Streikrecht, S. 159.

[26] Streikrecht, S. 173.

bare wie unzureichende“[27] private Initiative taucht in diesem Zusammenhang wieder auf als „sinnvoller Kompromiß zwischen der Einräumung eines Freiheitsrechts und dem Sozialstaatsprinzip“[28].

Was das Funktionieren des Auseinandersetzungsprozesses zwischen den Tarifparteien angeht, so hatten grundlegend bereits zuvor *Zöllner* und *Seiter* ein „Gegengewichtsprinzip“ allgemeinerer Natur (nicht nur für Wirtschaft und Wirtschaftsrecht, sondern) auch für das kollektive Arbeitsrecht dargestellt[29]. Die Aufgabe des Staates, Arbeits- und Wirtschaftsbedingungen zu garantieren, die, als „gerechte“, den Interessen der an der Erstellung des Sozialprodukts Beteiligten entsprechen, war auch dort bereits der Angelpunkt eines funktionalen Verständnisses von Kampfparität: Insoweit traten „Richtigkeit“ der kollektiven Normsetzung, weiterhin „Richtigkeitsgewähr“ dadurch, „daß das Kräftegleichgewicht der sozialen Gegenspieler zu sachgerechten Ergebnissen führt“, in den Vordergrund[30].

Im weiteren scheint jedoch *Seiter* skeptisch gegenüber einer Position, für die „Richtigkeitsgewähr“ im Sinne tatsächlicher Voraussetzungen beim Abschluß von Tarifverträgen a priori vorhanden zu sein scheint — als vorgefundene Bedingung, die rechtlich nur zu formulieren ist[31]. Die Aufgabe des kollektiven Arbeitsrechts kann durchaus darin liegen, die Tarifparteien erst einmal in die Lage zu bringen, daß sie ihre Interessen gleichgewichtig durchsetzen können. Ob die Notwendigkeit ent-

---

[27] Vgl. DB 1973, S. 1649.

[28] So *Seiter*, Streikrecht, S. 171. Dabei interpretiert Seiter das Sozialstaatsprinzip nicht nur als Schutzprinzip für eine soziale Klasse, nämlich die Lohnabhängigen, sondern auch bzw. besonders für Dritte, von Ergebnissen und Ereignissen der Tarifauseinandersetzung betroffene Personengruppen, für die „Bevölkerung“, d. h. letztlich für die Allgemeinheit, vgl. *Seiter*, Streikrecht, S. 103 u. 551. *Seiter* hat zwar jüngst mit der Bekräftigung, die Verfassung gebiete nicht unmittelbar sozialstaatsgemäße Erfolge für eine Partei, eine eingeschränkte Interpretation des Sozialstaatsauftrags, bezogen auf die Arbeitnehmer, verbunden und diesem die Verantwortlichkeit des Staates für das gesamtwirtschaftliche Gleichgewicht (sogar) entgegengestellt, vgl. dazu JA 1979, S. 343. Jedoch kann man letztere genausogut als Konkretisierung oder moderne Fortentwicklung des Sozialstaatsgedankens ansehen, jedenfalls wenn man diesen auf die Allgemeinheit, auf Dritte, an der Tarifautonomie nicht Beteiligte erstreckt. Der Gedanke, daß Vertragsfreiheit der Koalitionen in einem bestimmten Verfahren praktiziert wird, das gleichgewichtige Partner benötigt, um „gerechte“ und das wirtschaftliche Ganze nicht bedrohende Ergebnisse zu zeitigen, geht jedenfalls über die Ausgestaltung eines Freiheitsrechts in Art. 9 III GG hinaus. Umgekehrt ist das (strapazierte) Sozialstaatsprinzip als Umschreibung der Verantwortlichkeit des Staates für „richtige“ Tarifinhalte, sei es begrenzt auf Gewährleistung durch ein bestimmtes Verfahren, das dann eben „materiell“ paritätisch sein muß, sicher nicht viel mehr als ein Etikett, eine Formel im Sprachgebrauch der vorliegenden Untersuchung.

[29] *Zöllner / Seiter*, Paritätische Mitbestimmung, S. 52 ff.

[30] Vgl. *Zöllner / Seiter*, Paritätische Mitbestimmung, S. 53 f., 60.

[31] Streikrecht, S. 164 ff.

sprechender Nachhilfe durch rechtsfortbildende Maßnahmen besteht, ist dabei nicht ohne die Ausleuchtung eines „sozioökonomischen" Hintergrunds rechtlich zulässiger Tarifauseinandersetzung zu entscheiden: Der Richter ist, in der Konsequenz bei Seiter, zur Ausgestaltung der Kampfinstrumente auf die Berücksichtigung dieses Hintergrunds, genauer, der „tatsächlichen Machtverhältnisse" verwiesen[32].

Zusammenfassend findet *Seiter* mit der Charakterisierung einer „abstrakt-materiellen Parität" den Begriff, der zugleich die verfahrensmäßige, vom Einzelergebnis abstrahierende Richtigkeitsgewähr des Tarifvertragsschlusses wie die Berücksichtigung des sozioökonomischen Hintergrundes einfaßt[33]. In der vorliegenden Untersuchung wird dieser als Etikett für das im vorhergehenden entwickelte, funktional auf Verhandlungsgleichgewicht und Vertragsgerechtigkeit bezogene Paritätsverständnis eingesetzt.

### *3. Die besonderen Akzente bei Zöllner: Betonung des normativen Charakters einer Gleichgewichtsentscheidung und Skepsis gegenüber den Möglichkeiten der Rechtstatsachenforschung*

Grundsätzlich bezieht auch *Zöllner* Parität auf den Tarifvertrag und nimmt die Formulierung auf, daß den Vertragsparteien ein gleichgewichtiger Einfluß auf dessen Inhalt einzuräumen sei[34]. Dabei möchte auch Zöllner zwar Parität der Sozialpartner oder sozialen Gegenspieler nicht als „soziologische Voraussetzung" betrachten und grenzt sich gegen diejenigen ab, die einer „weitgehenden Fixierung der Rechtsentwicklung"

[32] Streikrecht, S. 161, 279; ähnlich *Konzen*, AcP 177 (1977), S. 257. Als tatsächlich relevante Umstände für die Beurteilung der Positionen und Gewichte der Tarifvertragsparteien zählt *Seiter* z. B. auf: Mitgliederstärke des Verbandes und deren Kampfbereitschaft, Geldmittel des Verbandes, Arbeitsmarktlage, konjunkturelle Lage etc., vgl. S. 160. Gleichsam als erste Konsequenz der Berücksichtigung eines sozioökonomischen Hintergrundes von Tarifauseinandersetzungen ergibt sich für *Seiter* die Konstruktion einer „Parität zwischen Angriff und Abwehr": Die bestehende Eigentums- und Wirtschaftsordnung drängt die Gewerkschaft in die Rolle des typischen Angreifers, „während die Arbeitgeber grundsätzlich nur an der Abwehr von Angriffen ein legitimes Interesse haben können", vgl.: Streikrecht, S. 332, 163.

[33] Eine weitere Ergänzung, was die Bedeutung „abstrakt-materiellen" Verständnisses von Kampfparität betrifft, bringen *Seiters* Ausführungen zu einer „branchenspezifischen" Parität in der Seeschiffahrt, vgl. Arbeitskampfparität und Übermaßverbot, 1979, bes. 59 ff.: Da der Einsatz insbesondere der klassischen Kampfmittel Streik und Aussperrung je nach branchenmäßigem Hintergrund der Auseinandersetzung ganz unterschiedlichen Bedingungen und Schwierigkeiten unterliegen bzw., von der Effektivität her, ganz verschieden zu beurteilen sein kann, wären von Branche zu Branche verschiedenartige Kampfmittelausstattungen denkbar und von der Rechtsordnung bereitzustellen, die eine jeweils gleichgewichtige Auseinandersetzung versprechen.

[34] Aussperrung, S. 30, ähnlich bereits in RdA 1969, S. 256: „Parität heißt nicht äußere Gleichheit der Waffen, sondern Ermöglichung gleichgewichtigen Kampfes."

durch das Faktische das Wort reden. Nichtsdestoweniger soll die „ordnende Kraft des Bestehenden" nicht einer „pseudolegalen Zerstörung" durch (Um)formung rechtlicher Institute wie des Tarifvertragsverfahrens ausgesetzt, sondern allenfalls „auf politischem Weg" versucht werden[35].

Auch sieht Zöllner, was die Ausgestaltung rechtlicher Institute angeht, für eine fruchtbare Betrachtung der Realität, als Grundlage einer „richtigen" Regelung, wieder engere Grenzen: So führt er die Rechtstatsachenforschung, die Heranziehung sozialwissenschaftlicher Erkenntnisse etc. unter skeptischen Vorzeichen ein als „Programm", das „nicht hält, was es nach der Meinung seiner Urheber verspricht"[36]. Statt dessen betont Zöllner, — ähnlich, wie vor allem *Mayer-Maly* es tat[37], — daß die Frage des Gleichgewichts von Tarifpartnern eine rechtlich-normative, d. h. nach juristischen Maßstäben zu beurteilende sei. Diesem, nunmehr unter Betonung des normativen Charakters und Pessimismus gegenüber Tatsachenwissenschaften durchzuführenden Gleichgewichtsurteil möchte Zöllner durch Heranziehung der Form helfen, in der die Tarifparteien am Arbeitsmarkt agieren: konkret, ob sie sich beide als Monopolisten, als Konkurrenten oder eben in „ungleicher" Erscheinungsform gegenüberstehen.

Auch *Zöllner* befürchtet im übrigen, ähnlich wie *Rüthers* und auch *Seiter*[38], aus der Position des außenstehenden Dritten, bzw. des „Allgemeininteresses", einen Mißbrauch der Tarifautonomie durch die Verbände, verstanden im Sinne eines rücksichtslosen Ingangsetzens der Lohn-Preis-Spirale: Eine „paritätische" Gegengewichtigkeit der Arbeitgeber im Arbeitskampf mag hier a priori dämpfend wirken[39].

Wichtig ist letztlich, daß *Zöllner* in seine zur Ermittlung eines Verhandlungsgleichgewichts angestellten Vergleiche zwischen den Parteien generell die Handlungsmöglichkeiten ökonomischer Natur auf der Seite der Arbeitgeber (die ja zugleich Unternehmer sind) nicht einbeziehen will, welche, wie Preisgestaltung und Rationalisierung, nur den einzelnen Mitgliedern der Arbeitgeberkoalition zur Verfügung stehen, nicht aber der Koalition selbst[40]. Mit der Abgrenzung der „Kampfmittel", die man als relevant für die faktische Verhandlungsstärke von Tarifparteien ansehen will, verbindet sich im Arbeitskampfrecht eine Kontroverse, auf die zurückzukommen sein wird, wenn die vertretenen Positionen und Auffassungen zur Kampfparität sich vollständiger abzeichnen.

---

[35] Vgl.: Aussperrung, S. 31 und 33.

[36] Vgl. hierzu und zum folgenden: Aussperrung, S. 51 ff.

[37] Vgl. etwa RdA 1968, S. 433 f.; DB 1979, S. 98 und die Ausführungen weiter unten im 1. Teil, A, IV., 1.

[38] Vgl. *Rüthers,* JurA 1970, S. 109; *Seiter,* Streikrecht, S. 291 f.

[39] Vgl. *Zöllner,* Aussperrung, S. 54 f.

[40] Vgl.: Aussperrung, S. 25 ff.

### *4. Zusammenfassung*

Typische Merkmale der Paritätskonstruktionen von *Rüthers* bis, mit Einschränkungen, *Zöllner* sind: Zunächst die Forderung, daß vermittels eines Prozesses, welcher beiden Tarifparteien faktisch gleiche Chancen der Ergebnisbeeinflussung einräumt, billigenswerte, „gerechte“ Resultate wenigstens der Möglichkeit nach oder im Prinzip erreichbar sein müssen. Die Verantwortlichkeit des Staates und seiner Rechtsordnung für das Funktionieren und die Ergebnisse von Tarifautonomie, nicht nur im Interesse der Arbeitnehmer in ihrer historisch angestammten „sozial schwachen“ Rolle, sondern auch dem Dritter bzw. der „Allgemeinheit“ wurde vor allem mit dem Sozialstaatsprinzip in Verbindung gebracht[41].

Untersuchung der Wirklichkeit durch Rechtstatsachenforschung im interdisziplinären Zusammenhang erschien als unerläßliche, akzeptierte Voraussetzung für die Erfassung der sozialen Gegebenheiten durch das Arbeitskampfrecht und, falls nötig, zielgerichtete Veränderung im Sinne eines wirklichen, „materiellen“ Interessenausgleichs zwischen Arbeitnehmern und Arbeitgebern.

Was die Frage betrifft, wie man sich den spezifischen Zugriff des Rechts auf die Wirklichkeit vorstellt, so ergibt sich: Die zuletzt wiedergegebenen Theorien erwiesen sich als einem liberalen Verständnis durchaus verpflichtet, das der frei entfalteten Initiative von Einzelnen und Gruppen eine ganz wesentliche Funktion zuweist. Jedoch wird die Vorstellung gesellschaftlicher Selbstregulierungsprozesse, deren ungestörten Ablauf die Rechtsordnung (nur) zu schützen hat, aufgegeben zugunsten eines Mechanismus', innerhalb dessen rechtliche Regelungen selbst zielgerichtet Prozesse ins Werk setzen, im „freien Spiel der Kräfte“ selbst Schaltstellen einnehmen und Impulse geben. Kein ständig intervenierender Staat, sondern die Schaffung eines Skeletts rechtlicher Regeln, welche die Parteien von Fall zu Fall in bestimmte Bahnen zwingen, soll gewährleisten, daß, im allgemeinen, „richtige“ Ergebnisse bei Tarifauseinandersetzungen möglich sind.

---

[41] Letztlich wird in allen bisher referierten Ansätzen das Verständnis eines „sozialen Rechtsstaates“ deutlich, wie es Reuter als dasjenige des Urhebers dieses Begriffs, H. Hellers, zusammengefaßt: Danach „wird im sozialen Rechtsstaat die Gesellschaft zum Gegenstand staatlichen Gestaltungswillens nach dem Maßstab der sozialen Gerechtigkeit“, vgl. *Reuter*, Die Arbeitskampffreiheit in der Verfassungs- und Rechtsordnung der Bundesrepublik Deutschland, in: FS für F. Böhm zum 80. Geburtstag, 1975, S. 521 ff., bes. S. 524.

## III. Die Theorie der angestammten Kampfmittel und ihre Hinführung zur „materiellen" Parität

### 1. *Wirklichkeit und Paritätsgebot bei Nipperdey und Säcker*

Der Blick auf die Realität findet bei *Nipperdey* ein „freies Spiel der Kräfte" innerhalb einer marktwirtschaftlichen Ordnung vor[42]. Dabei stehen sich, wie *Nipperdey* und *Säcker* an anderer Stelle bemerkten, bei „realsoziologischer Betrachtung" die „beiden Sozialpartner im allgemeinen heute gleich stark" gegenüber[43]. Dieser Zustand bedarf der Bestätigung durch eine ihm angemessene Rechtsordnung, von der zunächst einmal eine positive Einstellung zu „bestimmten die Rechtsordnung beherrschenden Wertvorstellungen" verlangt wird: Insbesondere, die Frage nach der Erhaltung des „freien Spiels der Kräfte" zu stellen, „heißt, sie bejahen"[44].

Die Gleichsetzung normativer, „legitimer" Strukturen mit faktischen ist bei *Nipperdey* charakteristischer Baustein der Betrachtung[45]. Seine Umschreibung des „Legitimen", welches seine „innere Rechtfertigung aus den Grundprinzipien und dem Zusammenhang des kollektiven Arbeitsrechts" bezieht[46], verdeckt aber in der Folge, hinter ihrem gleichsam zirkelhaften Charakter, daß Herkunft und Fortentwicklung einer bestimmten sozialen Realität, die Verantwortlichkeit des Rechts dieser gegenüber, aus der Argumentation zu fallen drohen. Zusammen mit dieser Verantwortlichkeit tritt die für die Vertreter „abstrakt-materieller" Parität typische Vorstellung einer materialen, durch die Vertragsprozedur gewährleisteten Gerechtigkeit der Tarifergebnisse, eines aktiven Zugriffs des Rechts auf die Realität, um diese Prozedur zu garantieren, in den Hintergrund: Das Prinzip der Kampfparität, bei Nipperdey nunmehr identifiziert als Element „institutioneller Rechtfertigungsgründe", wel-

---

[42] Vgl.: Rechtsprobleme der Aussperrung und des Streiks, DB 1963, S. 1613 ff., bes. S. 1615.

[43] *Nipperdey / Säcker*, Anm. zu AP Nr. 39 zu Art. 9 GG Arbeitskampf, Bl. 156 R. (= BB 1969, S. 321 ff.), ähnlich *dieselben*, Lehrbuch des Arbeitsrechts II/2, 7. Aufl. 1970, § 47 B VI 2 a (S. 938). Diese Feststellung wurde von *Rüthers* angegriffen als „so undifferenziert, daß ihr jeder Aussagegehalt fehlt", DB 1969, S. 969. (Vgl. jedoch, ganz ähnlich wie *Nipperdey* und *Säcker*, *G. Müller*, DRdA 1968, S. 71.) Abgeschwächt formuliert *Säcker* nunmehr, die bestehende Gesetzeslage jedenfalls gehe davon aus, daß „die am Arbeitsmarkt agierenden Verbände typischerweise gleich stark sind", vgl. ZHR 137 (1974), S. 477. Jedoch könne aus dem rechtlichen Grundsatz staatlicher Neutralität nicht auf real bestehende Kampfparität geschlossen werden: Vgl. *Säcker*, Gruppenparität, S. 110.

[44] Vgl. DB 1963, S. 1615.

[45] Sie läßt sich v. a. auch im Begriff der sozialen Adäquanz entdecken, den Nipperdey 1953 in die arbeitsrechtliche Diskussion einbrachte. Vgl. zu Herkunft und Ausbreitung der Lehre von der Sozialadäquanz etwa *Brox / Rüthers*, Arbeitskampfrecht, 1965, S. 122 ff.

[46] DB 1963, S. 1615.

che das Recht beherrschende positiv bewertete Faktizitäten repräsentieren, besagt, in bezeichnenderweise negativer Formulierung, daß nicht die eine oder die andere Seite ihres angestammten Kampfmittels beraubt werden darf[47].

In der Folge haben *Nipperdey* und *Säcker*, insbesondere Säcker, die („doch recht unbändige“[48]) Freiheit jedenfalls der Arbeitgeber, von ihrem angestammten Kampfmittel Aussperrung Gebrauch zu machen, aber zunehmend eingeschränkt. Dies geschah mit Hilfe eines Grundsatzes der „Verhältnismäßigkeit der Mittel, der im Arbeitskampf eine spezifische Ausprägung als Ultima-ratio-Prinzip erfahren hat“[49].

### *2. Diktat der Wirklichkeit über das Recht? Die Auffassungen Kaisers*

Vertrauen in eine bereits vorhandene, „richtige“ Realität und die Tendenz, das Recht auf ein Herauslesen gegebener Strukturen, „legitimer“ Ordnung zu reduzieren, finden sich, differenzierter, bei *Kaiser* formuliert: Zwar verwahrt dieser sich gegen die Vorstellung, ein Prinzip der Rechtsgleichheit der Sozialpartner — in konkreter Gestalt: Waffengleichheit im Tarifarbeitskampf — sei „allein der rechtliche Reflex einer bestimmten Machtlage“. Dennoch bedeutet für Kaiser „Kampfparität“ die rechtliche Konsequenz eines „Strukturzusammenhangs, der durch ein faktisches Gleichgewicht der Partner gekennzeichnet ist“[50].

Für *Kaiser* ist die „Parität der Sozialpartner ... ein integrierender Bestandteil dieser konkreten Ordnung und hat Teil an der normativen Kraft der in ihr ... realisierten Idee guter und gerechter Ordnung des Arbeits- und Produktionsprozesses“, und er wendet sich gegen das „verführerische Vorgehen“, eine „Konkretisierung des unvollkommenen Rechts der Sozialpartner mit Hilfe ethischer Normen und Postulate zu gewinnen“. Der Zugriff des Sollens auf das Sein wird bei Kaiser in der Folge zur „Auffindung der rechtsnormativen Elemente einer gegebenen Sachlage“[51]. Eine überzeugende, eindeutige Gestalt der Strukturen

[47] Vgl. hierzu und zum vorhergehenden DB 1963, S. 1614 und 1615. Es ist offensichtlich, daß mit „Wertvorstellungen“ faktisch-soziale Gegebenheiten angesprochen werden, bestehende soziale Verhaltens- und Auseinandersetzungsmuster. Das „Sein“ ist nicht Verwirklichung eines „Sollens“, sondern scheint a priori zu bestimmen, was „gesollt“ wird.

[48] So *Bötticher*, Waffengleichheit, S. 8, über die, der von Nipperdey gleichenden, Kampfmittelgestaltung durch das BAG.

[49] Vgl. *Nipperdey / Säcker*, Anm. zu AP Nr. 39 zu Art. 9 GG Arbeitskampf, Bl. 157 R. und Bl. 162 sowie *dieselben*, Lehrbuch des Arbeitsrechts II/2 § 49 B II 7; außerdem *Säcker*, DB 1969, S. 1943.

[50] Vgl. dazu und zum vorhergehenden *Kaiser*, Die Parität, S. 3 und 9.

[51] Vgl. zum vorhergehenden: *Kaiser*, Die Parität, S. 24, 38, 34. Indem *Kaiser* die „Elemente unserer durch das Recht ... umschriebenen Ordnung der Wirtschaft“ betont, vgl. Die Parität, S. 3, beruft er sich auf den Neoliberalismus der „Freiburger Schule“ — vgl. *Kaiser*, Die Parität, im Vorwort S. VII f. —

des Sollens ergibt sich auf diesem Weg schwerlich — vielmehr zeichnet sich die Gefahr ihrer (willkürlichen) Verselbständigung ab, indem sie preisgegeben werden an eine Parallelisierung mit dem, was man am Bestehenden für „normativ" halten möchte. Im besonderen Fall genügen Kaiser die vorhandenen „reziproken Funktionen der Sozialpartner", Kampfparität zu fordern und als „rechtliche Gleichwertigkeit von Streik und Aussperrung" zu übersetzen[52].

### 3. *Konvergenz der Resultate: Abstrakt-materielle Parität*

Fand man in den Ansätzen von *Rüthers* (herkommend vom Vertragsmodell *Schmidt-Rimplers*)[53] und auch *Seiter*[54] einen gestaltenden Zugriff der Rechtsordnung auf die Wirklichkeit umschrieben, manifestiert sich demgegenüber in den Paritätsmodellen von *Nipperdey* und *Kaiser* die Macht des Faktischen über das Recht, so hat sich *Säcker* von der letztgenannten Position in vermittelnder Weise nunmehr entfernt: Er definiert staatliche Neutralität als „paritätsbezogenes, sozialstaatsgebundenes Prinzip der Förderung des Unterlegenen bei imparitätischer Situation, als Nicht-Einmischung bei paritätischer Situation". Sie verweist „zurück auf die Struktur des Sachbereichs und die politisch-ökonomische Bewertung des Kräfteverhältnisses"[55].

Die „Struktur des Sachbereichs" bzw. „Hervorhebung des jeweils vom Sachgebiet her gebotenen eigenen Handlungs- und Entscheidungsmaßstabes", welcher die staatliche Neutralitätsverpflichtung dient, erscheint als, freilich abgeschwächte, Wiederkehr des Gedankens von der „Auffindung der rechtsnormativen Elemente einer gegebenen Sachlage" bei *Kaiser*[56]. So betrachtet, droht die „Struktur des Sachbereichs" zu einer neuen Zauberformel zu werden, einem ominösen Begriff[57], der vorgefundenen Wesensgesetzlichkeiten zum Durchbruch verhelfen soll. Nichtsdestoweniger tritt die aktiv gestaltende Rolle von Recht und Staat jetzt auch bei *Säcker* unübersehbar in Erscheinung: Insbesondere sind „Ver-

welche eine, auch für das Recht maßgebliche, gesellschaftliche und wirtschaftliche Gesamtordnung als „ordo" zu konstruieren versuchte. *Rüthers*, AöR 99 (1974), S. 486, allerdings nimmt die Freiburger Schule gegen die Konsequenzen in Schutz, die Kaiser aus ihren Ansichten zu ziehen können glaubt. In der Tat hoben die Begründer der neoliberalen Freiburger Schule einen Gestaltungsanspruch des Rechts deutlicher hervor als Kaiser, vgl. etwa *Böhm, Eucken* und *Großmann-Doerth* in der Einleitung zu: *Böhm*, Die Ordnung der Wirtschaft als geschichtliche Aufgabe und rechtsschöpferische Leistung, 1937, S. XI.

[52] Vgl. *Kaiser*, Die Parität, S. 39 und S. 8.

[53] Vgl. dazu weiter oben I., 1 und II., 1.

[54] Vgl. dazu weiter oben II., 2.

[55] Gruppenparität, S. 110 f.

[56] Die Parität, 1973, S. 34.

[57] Vgl. *Konzen*, AcP 177 (1977), S. 480 über die „ominöse Basis" einer geschichtlich gewordenen, sozialethischen, vorgefundenen Ordnung des Arbeitslebens.

trags- und Kampfparität" dann durch neue „Organisationsgesetzgebung" wiederherzustellen, wenn für eine der Parteien „aufgrund der typischen faktisch-realen Situation strukturell die Gleichgewichtigkeit ihrer Verhandlungsposition gefährdet ist"[58].

Damit formuliert *Säcker* ein „abstrakt-materielles" Paritätsverständnis, auch wenn dessen Provenienz weniger „Vertragsgerechtigkeit" (als normatives Ziel), sondern „Struktur des Sachbereichs" (als etwas tatsächlich Vorgefundenes) lautet. Folgerichtig schließt Säcker eine Forderung nach Heranziehung von Rechtstatsachen an: Das Urteil über gleiche Verhandlungschancen sollte nur unter umfassender wirtschafts- und sozialwissenschaftlicher Beratung gefällt werden[59]. Im Ergebnis trifft sich Säckers Auffassung also auch hier mit dem der weiter oben behandelten[60] Vertreter „abstrakt-materieller" Kampfparität.

## IV. „Formelle" Kampfparität? Die Auffassungen von Mayer-Maly, Reuß und Bötticher

### *1. Ein Verfechter „formeller" Parität: Mayer-Maly*

Ein „formelles" Kampfparitätsverständnis wird gewöhnlich dergestalt definiert, daß danach die rechtlichen Wirkungen der Kampfmittel gleich sein müssen: Einer Seite darf beispielsweise nicht ein die individuellen Arbeitsverhältnisse lösendes Kampfmittel zugestanden werden, wenn die andere nur ein diese suspendierendes hat[61]. Man nimmt ausschließlich und unmittelbar auf rechtliche Wirkungen der Kampfmittel und deren Verhältnis zueinander Bezug, ohne zusammenhängende Betrachtung eines faktisch-realen Hintergrunds der Kampfmitteleffekte.

Für *Mayer-Maly* insbesondere wird zwar eine „gesellschaftliche Wertentscheidung über die Kampfmittel" getroffen, welche nicht — wie etwa bei *Kaiser* und *Nipperdey*[62] — „im Zeichen der Zwangsläufigkeit, sondern des Wollens" steht[63]. Diese Entscheidung (jedoch) wird erst gar nicht „auf der Ebene der sozioökonomischen Voraussetzungen und Wir-

---

[58] Vgl.: Die Institutions- und Betätigungsgarantie der Koalitionen im Rahmen der Grundrechtsordnung, ArbR-GW 12 (1974), S. 17 ff., bes. S. 45; sowie: Gruppenparität, S. 102.

[59] Gruppenparität, S. 111. *Säcker* spricht von einem „Tatsachenurteil" über die fragliche paritätische Situation.

[60] Unter II.

[61] Vgl. z. B. die Wiedergabe „formeller" Kampfmittelbetrachtungsweise bei *Seiter*, Streikrecht, S. 161.

[62] Vgl. hierzu weiter oben III., 1 und 2.

[63] So *Mayer-Maly*, Zum Verständnis der Kampfparität, RdA 1968, S. 432 ff., bes. S. 433 f. (auch zum folgenden). An anderer Stelle betont *Mayer-Maly*, daß das „Verhältnis zwischen Faktum und Recht" mit der Bejahung des Vorrangs des Rechts aufgelöst werden müsse: Österreichisches Arbeitsrecht, 1970, S. 201.

kungen“ des Arbeitskampfes gefällt — womit Mayer-Maly gewissermaßen das Nichtwissen über diese zur Methode macht. Nach Abtrennung der Bezüge zum realen Hintergrund kann die gesellschaftlich wertende Entscheidung über die Tarifarbeitskampfmittel auf eine „formale Entsprechung der jeweiligen Einwirkungen von Streik und Aussperrung auf das Arbeitsverhältnis“ hinauslaufen, wobei jede andere konkrete Ausgestaltung der Kampfmittel, etwa in ausländischen Rechtsordnungen, a priori als „Imparität“ angesprochen wird.

Jedoch hat auch *Mayer-Maly* ein solches Paritätsverständnis jüngst modifiziert[64]. Nach wie vor aber erachtet er es als einen dem Juristen nicht anstehenden Glauben, „aus irgendwelchen Daten über die Wirkungsweise von Streikformen und Aussperrungsformen ableiten zu können, was dem Paritätsgebot entspricht und was ihm zuwiderläuft“[65]. Parität sei vielmehr als ein „die gesamte Rechtsordnung durchziehender Rechtsgedanke zu qualifizieren“. Treten aber Anspruch und Aufgabe von Recht, die Wirklichkeit zu formen und über gerechte Ergebnisse des Gestaltens in der Realität Rechenschaft abzulegen, nicht in Erscheinung, so bleibt unklar, woher „die Rechtsordnung beherrschende Rechtsgedanken“ bei Mayer-Maly überhaupt notwendige Gestalt beziehen[66]. Was für *Nipperdey* und *Kaiser* die Wirklichkeit war: ein Reservoir für herauszulesende Strukturen, denen normativer Charakter, kraß ausgedrückt, beliebig beigelegt werden konnte, ist nun für Mayer-Maly die Rechtsordnung.

---

[64] *Mayer-Maly* hält jetzt verschiedene Arbeitskampfordnungen mit jeweils zugehörigem Geltungsbereich für möglich und spricht davon, daß die Bewertung von Arbeitskampfmaßnahmen auch auf „die spezielle Konstellation in einem bestimmten Arbeitskampf“ abzustellen hat, vgl. DB 1979, S. 99. Nichtsdestoweniger kann man seine Paritätskonstruktion nach wie vor als „formell“ im weiteren Sinn bezeichnen, d. h. als aus Rechtsformen abgeleitet, ohne Einbau des „materiellen“ Hintergrundes.

[65] Vgl. hierzu und zum folgenden *Mayer-Maly*, DB 1979, S. 98.

[66] Welcher Rechtsgedanke dominierte beispielsweise die Rechtsordnung, speziell des kollektiven Arbeitsrechts, als es noch gar keine konkurrierenden Verbände auf dem Arbeitsmarkt gab, und wann wurde jener der Parität aktuell? Was ein Gewerkschafter vielleicht als momentane „Waffenstillstandslinie“ betrachten würde, als provisorischen Zustand, welcher einen ablöste, in dem mangels beiderseits gewichtiger sozialer Gegenspieler logisch nicht über Parität nachzudenken war, läßt sich kaum in einen Wesenszug unserer Rechtsordnung als solcher um- und festschreiben, wie es *Mayer-Maly* versucht. Ähnlich wie er sprach allerdings auch *Richardi* Parität auf kollektiver Ebene als Axiom des Tarifvertragsrechts an, RdA 1970, S. 72, oder als normatives Prinzip, RdA 1971, S. 337. Aber *Richardi* betont andererseits den Gedanken einer materiellen Richtigkeitsgewähr des Tarifvertrags, NJW 1978, S. 2061, was er konsequenterweise mit dem Hinweis verbindet, daß die Tarifautonomie in Frage gestellt wäre, wenn eine „Realanalyse“ ergäbe, daß eine Gleichgewichtslage nicht besteht: RdA 1971, S. 337, NJW 1978, S. 2061.

### 2. *Ein Befürworter „formeller" Parität als advocatus diaboli: Reuß*

Zu dem Eindruck, auch *Reuß* wolle nur über die rechtlichen Wirkungen von Kampfmitteln auf den Arbeitsvertrag diskutieren, könnte die Kritik verleiten, die dieser an der Rechtsprechung des BAG übte[67]: Er setzte sich mit dessen Ansichten (im Beschluß vom 28. 1. 1955) in der Tat vornehmlich unter dem Aspekt auseinander, ob man dem suspendierenden Streik der Arbeitnehmer eine die Arbeitsverhältnisse lösende Aussperrung entgegensetzen darf. Jedoch verbindet sich die ablehnende Behandlung der höchstrichterlichen Vorstellungen hierzu nicht mit einer entsprechenden Begrenzung von Reuß' eigener Perspektive auf diesen Argumentationsbereich: In der Kritik daran, „alle sozialen Schutzgesetze für unanwendbar" anzusehen, „wenn die Arbeitgeberseite in den Kampf zieht"[68], und, später, in der Feststellung, eine „dem Art. 3 GG entsprechende materielle Gleichbehandlung müßte die grundsätzliche Unterlegenheit der Arbeitnehmerseite berücksichtigen"[69], gibt Reuß eine Position nicht nur „materiellen" Paritätsverständnisses, sondern darüber hinaus einer inhaltlichen Parteinahme für eine Seite der Auseinandersetzung zu erkennen. Wenn Reuß daher meint, es müßten an beide Arbeitskampfmittel, Streik und Aussperrung, gleiche Rechtsfolgen geknüpft werden, so kennzeichnet das einen Versuch, das BAG mit eigenen Waffen zu schlagen und nach einer vorläufigen Linie von breitem Konsens zu suchen[70].

### 3. *Übernahme der „Waffengleichheit" Böttichers im Arbeitskampfrecht: Ein Mißverständnis*

In einer Kritik des BAG-Beschlusses vom 28. 1. 1955 setzt auch *Bötticher* sich mit der Meinung des Großen Senats vornehmlich in der Weise auseinander, daß die unterschiedliche Wirkung der neu geschaffenen kollektivrechtlichen Kampfbefugnisse auf den Arbeitsvertrag verglichen werden: Hierbei scheint das „juristische Gewissen", das sich gegen eine lösende Abwehraussperrung sträubt, tatsächlich in erster Linie aus Bedenken gegen die ungleichen rechtlichen Wirkungen der Kampfmittel beider Seiten zu bestehen[71].

---

[67] Rechtsfolgen der Aussperrung, AuR 1963, S. 225 ff.

[68] AuR 1963, S. 228.

[69] Juristische Begriffsmanipulationen, dargelegt an Beispielen aus dem Arbeitsrecht, AuR 1972, S. 193 ff., bes. S. 204. Reuß spricht sich an dieser Stelle wohl deutlich genug dafür aus, Kampfmittel unter Berücksichtigung der jeweils „unterschiedlichen wirtschaftlichen und sozialen (Macht-)Position" beider Seiten bereitzustellen.

[70] Vgl. hierzu AuR 1963, S. 231; AuR 1972, S. 204, wo als „Kuriosum" bezeichnet wird, daß das BAG „trotz der platonischen These von der Gleichbehandlung" die beiden Seiten „weder formell noch materiell gleichbehandelt".

*Bötticher* sprach den Gedanken von Waffengleichheit schon in einem früheren Beitrag an[72]. Es finden sich dort die Bestimmungen, daß Waffengleichheit für die Parteien „den gleichen Start und die gleichen Chancen“ bringe, aber auch, daß die „Waffengleichheit nur eine formale, unbeeinflußt vom materiellen Recht“ sei. Hier — vor allem mit der Tatsache, daß Bötticher Waffengleichheit im Prozeß untersuchte — erhebt sich die Frage, ob diese Umschreibungen überhaupt mehr Bedeutung für die arbeitskampfrechtliche Problematik haben als die Gleichheit des verwendeten Begriffs: Das Gewicht oder die „Macht“ der besseren rechtlichen Stellung beispielsweise der Partei im Zivilprozeß soll, eben durch die Gleichheit vor dem Richter, möglichst unbeeinflußt und unverzerrt durch asymmetrische Förderungen und Behinderungen zum Zuge kommen[73]. Diese Macht ist gerade keine „auszutarierende“, sondern eine gänzlich gutgeheißene, akzeptierte, die per se, gerade in ihrer unterschiedlichen Verteilung, sich auswirken soll.

Demgegenüber ist es evident eben die Frage, ob nicht die Gewichte, die die beiden Seiten in den „Prozeß Tarifauseinandersetzung“ einbringen, einer Austarierung und Nivellierung bedürfen. Vor allem: Daß die Machtposition, welche die materiellen Normen einer Partei im Zivilprozeß einräumen, erst einmal ungehindert artikuliert werden soll und kann, hängt mit dem Vorhandensein eines Richters zusammen, der letztlich über die Durchsetzung der „Macht“ ein Urteil spricht — und eben der fehlt gerade in der Tarifauseinandersetzung.

Im übrigen enthält die in einem späteren Zusammenhang formulierte Auffassung *Böttichers*, daß staatliche Neutralität und „zuwartende Haltung“ gegenüber der Tarifautonomie „sich aus der Überzeugung rechtfertigen läßt, es werde die Vertragsgerechtigkeit der tariflichen Partnerschaft sich notfalls in der kampfweisen Durchsetzung der widerstreitenden Interessen finden und wahren lassen“[74], ein eindeutiges Bekenntnis zu abstrakt-materieller, auf prinzipiell gleichgewichtige Verhandlungschancen bezogener Kampfparität.

---

[71] Vgl.: Waffengleichheit, S. 9. Im Sinne „formeller“ Parität wird der Begriff auch gebraucht in BB 1957, S. 623.

[72] Vgl. hierzu: Die Gleichheit vor dem Richter, 2. Aufl. 1961 (1. Aufl. 1953), S. 9.

[73] In diesem Zusammenhang wird verständlich, warum Bötticher Definitionselemente „materieller“ und „formeller“ Herkunft so dicht nebeneinanderstellen kann: Formale Gleichheit soll materielle „Rechtsmacht“, gleich, wie sie verteilt ist, ungehindert in Szene setzen.

[74] Vgl. *Bötticher*, RdA 1969, S. 369.

## V. Auseinandersetzung zwischen Arbeit und Kapital und die Parteinahme des Sozialstaats

### 1. *Freiheit der Tarifparteien und sozialstaatliche Verantwortung bei Ramm*

Bei der Behandlung der Vertreter „abstrakt-materieller“ Kampfparität zeigte sich ein bestimmter Zusammenhang zwischen „gerechten“ Tarifergebnissen und dem Sozialstaatsprinzip: Beispielsweise beschreibt *Seiter*[75] diesen als Kompromiß zwischen dem „Auftrag an den einfachen Gesetzgeber zur Verwirklichung sozialer Gerechtigkeit“, den das Sozialstaatsprinzip bedeutet, und der Garantie eines autonomen Freiheitsbereichs zur kollektiven Selbstbestimmung in Art. 9 GG. Im Ergebnis wird eine Verantwortung des Staates, für richtige oder gerechte Arbeitsbedingungen Sorge zu tragen, bejaht, jedoch die sozialstaatliche Verpflichtung, speziell durch Eingriffe in ein freies Tarifvertragssystem „die sozial schwächere Stellung der Arbeitnehmer zu verbessern“, verneint, jedenfalls soweit damit nicht nur Garantie bzw. Erhaltung eines für sachgerechte Ergebnisse generell tauglichen Verfahrens, sondern „Entmachtung“ der Arbeitgeber gemeint ist. Dies erklärt sich nicht zuletzt aus der Schwierigkeit, gerechte Tarifergebnisse hoheitlich zu formulieren, weshalb es besser ist, diese Bestimmung möglichst weitgehend den Tarifparteien selbst zu überlassen — und in eben diesem Maß zugleich dem Schutzgut Freiheit gerecht zu werden. Als wichtiges Anwendungsgebiet des durch Art. 9 III GG eher zurückgedrängten als repräsentierten Sozialstaatsprinzips tritt in der Folge der Schutz Dritter, der Bevölkerung in den Vordergrund, die von Auswirkungen der Tarifauseinandersetzung betroffen sind[76].

Eine deutliche Abwandlung, was ein solches Verständnis des Sozialstaatsprinzips angeht, findet sich zunächst bei *Ramm*[77]. Für ihn hat sich der Staat in einer bestimmten historischen Phase durch das Sozialstaatsprinzip „auf die Seite der Arbeitnehmer gestellt“. Folglich kann sich der Staat mit einer Ungleichbehandlung der Parteien „auf dem rechten Weg“ befinden, wenn er die „Relevanz des Sozialstaatsprinzips“ richtig erkennt.

*Ramm* betont jedoch auch die Bedeutung des Art. 2 I GG: Eine „gewisse Parität“ der sozialen Gegenspieler ergibt sich insofern daraus, daß sie zu Kampfmitteln grundsätzlich greifen können, wenn sie wollen.

---

[75] Vgl. zum folgenden: Streikrecht, S. 100 ff. Stärker noch hebt *Rüthers* die, gerade durch die Sozialstaatsklausel begründete, „Verantwortung des Staates für die reale Funktionstüchtigkeit der Tarifautonomie im Interesse der Gesamtordnung“ sowie die „letzte Verantwortung des Staates für die Ergebnisse der Tarifautonomie“ hervor, vgl. JurA 1970, S. 109.

[76] Vgl. *Seiter,* Streikrecht, S. 103.

[77] Vgl. zum folgenden: *Ramm,* Der Arbeitskampf, S. 199 ff., siehe auch S. 200, dort Fußn. 58.

Verglichen mit dem Versuch, im Modell des paritätischen Vertragsmechanismus die Gedanken von Freiheit der Parteien wie der hoheitlichen Verantwortung für „menschen- und sozialstaatsgerechte Arbeitsbedingungen“ vereinbar zu machen, stehen sich bei *Ramm* Freiheit vom Staat und sozialstaatlicher Impetus ohne umfassenderen Integrationsversuch gegenüber: Die sozialstaatliche Verantwortlichkeit jedenfalls bezieht sich weniger auf Erzeugung funktionierender Mechanismen freier Auseinandersetzung als auf Hilfestellung gegenüber einer Seite[78].

### *2. Absage an hoheitlich auferlegte „Spielregeln“ des tarifautonomen Verfahrens: Die Freiheit der Arbeitnehmer und ihrer Organisationen bei Kittner, Däubler und Hoffmann*

Schon bei *Ramms* Behandlung des Art. 2 I GG klang es an: Die mehr oder weniger offensichtliche Identifikation mit einer Seite der Tarifauseinandersetzung, nämlich den Arbeitnehmern, führt zunächst zu einer Abwehr staatlicher Bevormundungsansprüche und damit zu einem tendenziell urwüchsig-liberalistischen Freiheitsbegriff[79].

Deutlich wird dies in dem Bild, das *Kittner* von der Tarifauseinandersetzung entwarf[80]: Koalitionsfreiheit und Tarifautonomie als „Schutz- und Gestaltungsrechte der abhängig Beschäftigten“ sollen von diesen sozusagen unbeeinträchtigt durch irgendwelche Paritätsvorstellungen wahrgenommen werden. Damit verbindet sich die Zurückweisung einer Ordnungsfunktion des Tarifvertrags aus übergeordneter, staatlicher Perspektive. *Schmidt-Rimplers* zumindest bedingt „Gerechtigkeit“ garantierender Vertragsmechanismus erscheint bei dieser Betrachtung als „oberflächliche Pluralismusvorstellung“, wobei Kittner selbst hier wohl zu großzügig auf weitere Differenzierungen verzichtet[81]. Die derart weit gehenden Rechte der Arbeitnehmer werden aus dem Sozialstaatsprinzip als einer der „Grundstrukturen unserer Demokratie“ abgeleitet[82].

---

[78] Immerhin jedoch leitet *Ramm* daraus, daß die auf kollektiver Ebene ausgehandelten Tarifbestimmungen „nach der Vorstellung der liberalen Gesellschaftsordnung eine gerechte Regelung der widerstreitenden Interessen“ darstellen, eine inhaltliche Untergrenze für Ziele einer Angriffsaussperrung ab: Tarifliche Bedingungen dürfen nicht herabgesetzt werden, vgl.: Der Arbeitskampf, S. 201 f., ähnlich BB 1964, S. 1178.

[79] Der Gesetzgeber kann nicht „die Aussperrung als solche verbieten oder den ‚wilden‘ Streik für rechtswidrig erklären“, vgl. *Ramm*, Der Arbeitskampf, S. 200.

[80] Vgl. zum folgenden v. a.: *Kittner*, Parität im Arbeitskampf? GMH 1973, S. 91 ff., bes. S. 94 f., 102.

[81] Vgl. GMH 1973, S. 94. Kritisch führte auch *Seegert* das Gegengewichtsprinzip auf Vorstellungen von einem funktionierenden Markt zurück, vgl. BlSt. 1978, S. 337 ff.

[82] Insgesamt zurückhaltender schloß *Kittner* jüngst aus einer „bewußten Parteinahme“ des Sozialstaats „zugunsten der vielen wirtschaftlich und sozial Benachteiligten“, daß „Chancen zur gleichgewichtigen Gestaltung der Ar-

Ähnlich stellte auch schon *Däubler* den geschlossenen Mechanismus von sozialstaatlicher Regelung und Selbstbestimmung, das als in sich stabil gedachte Modell der Vertreter „materieller" Parität in Frage[83]: Postulate hinsichtlich der gesellschaftlichen Wirklichkeit, zugunsten der Gruppe oder Klasse der Arbeitnehmer, werden zum Hintergrund der Argumentation. Gegenüber den hervorgehobenen Möglichkeiten einer Veränderung der „bestehenden Ordnung samt ihren Unterprivilegierungen und Ungerechtigkeiten"[84] tritt der Versuch, das Spannungsverhältnis von Staatsmacht und Freiheit durch Konstruktion selbststeuernder Mechanismen zu lösen, eher zurück.

Die charakteristischen Positionen: Betonung einer vergleichsweise urwüchsigen Durchsetzungsfreiheit der Arbeitnehmerorganisationen, Ablehnung einer den Tarifparteien übergeordneten sozial- bzw. gesamtstaatlichen Perspektive[85] und damit auch eines Regelungsmechanismus' im Sinne von Staat wie Tarifparteien umfassender Selbststeuerung, werden am pointiertesten bei *Hoffmann* formuliert[86]. Angelpunkt des Verständnisses ist dabei Hoffmanns Mißtrauen gegen den Staat, der a priori „der produzierenden Gesellschaft gegenüber ein Allgemeininteresse der Individuen als etwas ihnen Fremdes und von ihnen Unabhängiges" nicht geltend machen kann[87]. Er ist nicht etwa „Mächtigster auch im Sozialen"[88], sondern nur für gewisse „Eingriffe in die bürgerlichen Freiheiten des Privateigentums" tauglich. Für die Arbeitnehmer aber gilt es, einen „Prozeß der Umgestaltung der Wirtschafts- und Gesellschaftsordnung voranzutreiben", vor allem unter dem Zeichen des Sozialstaatsprinzips, das, nach Hoffmann, einer „progressiven Einschränkung" von „Machtausübung und Spielraum" des Privateigentums an Produktionsmitteln

beits- und Wirtschaftsbedingungen im Interesse der Arbeitnehmer" zu eröffnen seien, vgl.: Verbot der Aussperrung, o. J. (1979), S. 44 f.

[83] Vgl. hierzu und zum folgenden: Die unverhältnismäßige Aussperrung, JuS 1972, S. 642 ff., bes. S. 645, 648. Nach *Däublers* jüngst konkretisiertem Verständnis des Art. 9 III GG strebt die Verfassung einen für Verschiebungen in der Zukunft offenen Kompromiß zwischen einer sozialistischen Lebensordnung und sozialer Marktwirtschaft an, dem bis heute eine veränderliche Kompromißlinie zwischen Arbeitnehmer- und Arbeitgebereinflüssen auf die Arbeits- und Wirtschaftsbedingungen entspricht. Dabei wird die Möglichkeit einer historischen Veränderung dieser Gewichte betont, weshalb „Parität heutigen Zuschnitts" „keinen Ewigkeitswert" hat, vgl.: Legalität, S. 10 ff.

[84] Vgl. *Däubler*, JuS 1972, S. 648.

[85] Vgl. dazu etwa auch *Zachert / Metzke / Hamer*, Die Aussperrung, 1978, S. 165: Statt der Selbstregulierung ihrer „ureigenen" Verhältnisse durch „gesellschaftliche Kräfte und Gruppen" werde derzeit durch staatliche Organe „im Sinne eines feudalpatriarchalischen Staatsverständnisses hoheitlich-obrigkeitlich verfügt."

[86] Der Grundsatz der Parität und die Zulässigkeit der Aussperrung, in: Kittner (Hrsg.), Streik und Aussperrung, 1974, S. 47 ff.

[87] Vgl. hierzu und zum folgenden *Hoffmann*, in: Kittner, Streik und Aussperrung, 1974, S. 85 f.

[88] Vgl. dazu *Rüthers*, DB 1973, S. 1652.

zustrebt[89]. Eine „Reduzierung des Funktionsbereichs der Arbeitnehmerkoalition" in Gestalt eines „rechtlichen Auswiegens von Gleichgewichten" wird hier natürlich abgelehnt.

### *3. Feld und Mittel arbeitskampfrechtlich relevanter Auseinandersetzung — Die Reichweite des Paritätsgebots und der Gedanke der „Gewährleistung" beim Kollektivvertrag*

Trotz aller Ablehnung von „Spielregeln" eines Tarifauseinandersetzungsprozesses bleibt „Parität" als Argumentationsfigur auch in den Beiträgen zumindest von *Kittner* und *Däubler*[90] präsent: Jedoch wird der von der Rechtsprechung angebotene Begriff als Vehikel benützt, um den Bereich vergleichend betrachteter — und eventuell zu beschneidender — Machtausübungsmöglichkeiten insbesondere hinsichtlich der Arbeitgeber, die zugleich Unternehmer sind, über das Tarifverhandlungs- und -arbeitskampfgeschehen im engeren Sinne hinaus auszudehnen.

So nahm *Kittner*, in erster Konsequenz eines Postulats empirischer Untersuchung der Kampfsituation, d. h. einer Analyse der gesamten sozioökonomischen Stellung der Kampfparteien, ad hoc eine Untersuchung von Rechtstatsachen, freilich in gewagter Kürze vor[91]: Sie kommt zu einem Bild „eindeutiger Ungleichheit", wobei für Kittners empirische Forschungsansätze der Umstand bestimmend ist, daß die Arbeitnehmer „die Bedingungen des Verkaufs ihrer Arbeitskraft nur durch eine Gestaltung des Arbeitgeber-/Arbeitnehmerverhältnisses beeinflussen" können, wohingegen der Arbeitgeber aus seiner gleichzeitigen Kapitaleigentümerstellung weitere wirtschaftliche Beeinflussungsmöglichkeiten hat. Jüngst schlüsselte Kittner die Übermacht der Unternehmer in solche über Einkommen und Vermögen, über Preise, Arbeitsplätze sowie in gesellschaftliche und politische Macht auf[92].

---

[89] Vgl. zum vorhergehenden und folgenden *Hoffmann*, in: Kittner, Streik und Aussperrung, 1974, S. 68 und 56.

[90] *Kittner* wollte prüfen, „ob wenigstens die Schlußfolgerungen des BAG durch seine eigenen Prämissen gedeckt werden", GMH 1973, S. 96; deutlich positiver gegenüber Parität „im Sinne gleichgewichtiger Einflußmöglichkeiten auf die Gestaltung der Arbeitsbedingungen" scheint seine Einstellung in: Verbot der Aussperrung, o. J. (1979), S. 22. Vgl. weiter *Däubler*, JuS 1972, S. 44 sowie: Legalität, S. 11, wo der Nachweis versucht wird, die Aussperrung sei „unparitätisch". Auch *Hoffmann* denkt eigentlich noch in Kategorien von Parität, wenn er „faktische Ungleichheiten durch reziproke rechtliche ausgleichen" will, vgl. in: Kittner, Streik und Aussperrung, 1974, S. 68.

[91] Vgl. hierzu und zum folgenden *Kittner*, GMH 1973, S. 100 f. An anderer Stelle meint er, bei der Erforschung der den Kampfmittelgarantien zugrundeliegenden tatsächlichen Verhältnisse werde „der Schwerpunkt aller weiteren Diskussionen zur Fortentwicklung des Arbeitskampfrechts in der BRD zu liegen haben", vgl. die Anm. zum Beschl. des BVerfG vom 19. 2. 1975, AP Nr. 50 zu Art. 9 GG Arbeitskampf.

[92] Verbot der Aussperrung, o. J. (1979), S. 22 ff.

Auch *Däubler* konstatierte, in typischer Ausweitung der vergleichenden Perspektive, fehlende Parität als Unterlegenheit des „Faktors Arbeit“ in der Auseinandersetzung zwischen Art. 14 und Art. 9 III GG[93]. Wenn Däubler in diesem Rahmen die Verfolgung gewerkschaftlicher Ziele praktisch nur an einem Mittel, dem Tarifvertrag mißt, so vernachlässigt er zwar natürlich die weiteren Möglichkeiten der Durchsetzung, die auch Gewerkschaften z. B. im vorparlamentarischen und parlamentarischen Raum nutzen. Umgekehrt kann man aber auch nicht die über die eigentliche Tarifauseinandersetzung hinausreichenden, mit deren Gegenständen nichtsdestoweniger in Zusammenhang stehenden Einflußmöglichkeiten der Arbeitgeber gänzlich ignorieren — insbesondere nicht die ökonomischen Maßnahmen und Entscheidungen einzelner Unternehmen, die *Zöllner* z. B. als für Koalitionen nicht handhabbar von Anfang an aus dem Spiel lassen will[94]. Ähnlich schließt *Seiter* alle Handlungsmöglichkeiten der sich gegenüberstehenden Lager von Paritätsvergleichen aus, die sich nicht unmittelbar auf das rechtliche Regelungsmittel des Tarifvertrages beziehen[95].

Das Problem, das aus der Regelung des Tarifarbeitskampfes nicht glaubwürdig verdrängt werden kann, bringt *Däubler* auf den Nenner: „Durch Investitionen oder Produktionsverlagerungen können Arbeitsplätze eingespart, durch Preiserhöhungen sämtliche Steigerungen des Nominallohns zunichte gemacht werden[96].“ Sehr deutlich wird hierzu eine wirtschaftswissenschaftliche Stimme: „Solange die Konjunkturpolitik Preiserhöhungen erlaubt und Preiskontrollen, die auf einem administrativen Weg Überwälzungen ausschließen sollen, aus allokativen Gründen ausgeschlossen bleiben, gibt es auf dem Arbeitsmarkt kein Gleichgewicht der Kräfte, das die Stabilität sichern hilft[97].“ Mit daran anzuknüpfenden Überlegungen scheint sich eine „Lösung der Parität

[93] JuS 1972, S. 645. Vgl. ebenso den Hinweis auf den „lautlosen Zwang“ der Eigentumsordnung zugunsten der Arbeitgeber und auf deren Möglichkeiten, sich über die Wahrnehmung unternehmerischer Funktionen gewerkschaftlichen Forderungen zu widersetzen, in: Legalität und Legitimität der Aussperrung, 1979, S. 5 ff.

[94] Aussperrung, S. 26 ff. Derartige Maßnahmen der Arbeitgeber, konkret z. B. Produktionsverlagerungen, hat jedoch auch *Reuter* in die Diskussion gebracht: Vgl. FS für F. Böhm zum 80. Geburtstag, 1975, S. 544 f. Schon *Wiedemann*, RdA 1969, S. 333, fragte, ob „es eine Waffengleichartigkeit gibt, wenn der Arbeitgeber in der Massenänderungskündigung und in der Neubesetzung der Arbeitsplätze über ‚Ersatzwaffen‘ verfügt.“

[95] Streikrecht, S. 162.

[96] Das Arbeitsrecht, 1976, S. 158. In: Legalität, S. 7 f. weist Däubler auf Möglichkeiten der Lohnkostenüberwälzung, insbesondere bei sog. administrierten Preisen, auf Einsparung von Arbeitsplätzen durch Rationalisierung und auf Produktionsverlagerungen hin. Zu Kampfmittelvergleichen, die an sich wirtschaftliche (unternehmerische) Handlungsmöglichkeiten miteinbeziehen, vgl. weiter *Wohlgemuth*, Staatseingriff und Arbeitskampf, 1977, S. 144 ff. sowie in BB 1979, S. 113 ff.; jüngst auch *Wolter*, AuR 1979, S. 196 f.

[97] So *Teichmann*, Lohnpolitik, 1974, S. 42 f.

von der isoliert betrachteten Tarifgestaltung", wie *Konzen* sie kritisiert bzw. befürchtet[98], nicht unbedingt zu verbinden:

Die Frage ist vielmehr, ob man den Arbeitnehmern im Tarifvertrag Löhne und Arbeitsbedingungen „verkaufen" kann, die hinterher zum Spielball von Preissteigerungen und Rationalisierung werden. Das hat weniger mit gesamtgesellschaftlichem Paritätsdenken zu tun als mit (juristischen) Bedenken gegen eine „Vertragsgerechtigkeit ohne jede Gewährleistung" — wie sie nicht im Sinne von *Schmidt-Rimplers* Vertragsmodell sein kann, weil dann das Funktionieren seines, tendenziell „Gerechtigkeit" erzeugenden, Mechanismus nicht mehr gesichert sein dürfte.

## VI. Öffentlich-rechtliche Aspekte der Kampfparität: Staatliche Gestaltungsmacht hinsichtlich der Verhaltensweisen im Tarifarbeitskampf und „unfertig verfaßte" Verantwortung der Tarifparteien in der pluralistischen Gesellschaft

### *1. Die Gutachten von Evers und Lerche zum Art. 29 V der Hessischen Landesverfassung*

Bei *Evers* bleibt ein Prinzip „materieller Parität" zunächst erhalten; diese ist allerdings auch dann nicht „verfehlt, wenn derartige Schemata nicht aufgehen", wie die Gleichbehandlung von Streik und Aussperrung[99]. Ebenfalls scheint Evers' Ansatz vertraut, wenn für ihn „Arbeitskampf immer nur Mittel der Vertragsgerechtigkeit ist"[100].

Im Verhältnis zum, weiter oben vorgestellten[101], „abstrakt-materiellen" Paritätsmodell wird jedoch der Sozialstaatsgedanke weiter vorgeschoben: Von einem übergelagerten, freiheitlichen Selbstwert eines Gegengewichtsprinzips bleibt demgegenüber, bei der Behandlung des Funktionszusammenhangs der Kampfmittel im Lichte des Art. 2 I GG, nicht viel übrig. Vielmehr greift *Evers* ein Kampfmittel, nämlich die Aussperrung heraus und stellt, im Grunde zwangsläufig mit Recht, fest, daß eine Einstufung als „schutzwürdige Entfaltung der Persönlichkeit" nicht möglich ist — ebensowenig wie das beim Streik der Fall wäre: „Arbeitswilligen die Arbeitsmöglichkeit entgegen der vertraglichen Verpflichtung zu nehmen und sie wegen ihres Lebensunterhaltes auf eine — im einzelnen ungewisse — Unterstützung der Gewerkschaft zu verweisen, kann keine als solche schutzwürdige Entfaltung der Persönlichkeit sein — ebensowenig wie die kollektive Nichterfüllung der vertraglichen Arbeitspflicht im Falle des Streiks."

---

[98] AcP 177 (1977), S. 529.

[99] Vgl. *Evers*, Arbeitskampffreiheit, S. 33.

[100] Vgl. dazu und zum folgenden: Arbeitskampffreiheit, S. 38 f., 41 f., 49 ff. (Im Grund erhält die Sozialstaatsklausel fast die „beherrschende Vorrangstellung", die Evers ihr zunächst absprícht.)

[101] Unter II.

*Evers* stellt allerdings im Rahmen seiner Interpretation des Sozialstaatsprinzips die Frage, ob die Gewerkschaften als solche eines besonderen, ihnen vorbehaltenen Schutzes bedürfen, und verneint sie mit Hinweis auf deren politische und wirtschaftliche Mächtigkeit. Er nimmt aber für den hessischen Landesgesetzgeber in Anspruch, daß dieser einen individuellen, dem einzelnen Arbeitnehmer zustehenden „schutzwürdigen und schutzbedürftigen Raum menschlicher Freiheit sichert" mit dem „Interesse am Arbeitsplatz".

Einer derartigen gesetzgeberischen Schutzvorkehrung, d. h. einem Aussperrungsverbot stellt sich bei *Evers* nur noch ein schwaches Kampfparitätsgebot entgegen, welches fragt, ob ein solches Verbot „in nicht zu rechtfertigendem Umfang die Arbeitgeber und die Arbeitgeberverbände in der gleichberechtigten Mitwirkung an der Gestaltung der Lohn- und Arbeitsbedingungen behindert". Evers verneint diese Frage[102].

Was *Lerches* Standpunkt angeht, so scheint ebenfalls, wenn „die fundamentale Organisationsfreiheit des Gesetzgebers innerhalb Art. 9 III GG" nicht durch „irgendwelche externen Paritätssätze wieder zugeschüttet" werden darf[103], von diesen nicht viel übrig zu bleiben. Dennoch ist es gerade Lerche, welcher Polarität der sozialen Gegenspieler und ihre Einbindung in das staatliche und gesellschaftliche Ganze, Bejahung der Tarifautonomie unter dem Vorbehalt sachgerechter Ergebnisse, für die speziell das Auseinandersetzungsverfahren selbst Gewähr bieten muß, erneut auf den Begriff bringt — eben charakteristische Elemente mithin auch des durch *Schmidt-Rimpler* fundierten Modells vom Vertragsmechanismus zwecks Vertragsgerechtigkeit[104].

Indem *Lerche* „Koalitionsfreiheit als unfertig verfaßte Verantwortung der Tarifpartner" definiert, nimmt er die widerstreitenden Parteien, die „gesellschaftlichen Eigeninitiativen" in „einen besonderen Bereich gesellschaftspolitischer Eigenverantwortung"[105]. Die Konkretisierung dessen, was auch als „Bindung an das Gemeinwohl" bzw. Inhalt des Gemeinwohls umschrieben wird, erfolgt aber, mangels vorliegender materieller Definitionen, über Zuweisungen von Kompetenzen zur Definition. Diese nun richten sich im besonderen Fall nicht an eine einzelne, staatliche Stelle, sondern an die „Sozialpartner ... in ihrem antagonistischen Zusammenwirken". Was dem gesellschaftlich-staatlichen Ganzen (und zugleich den Parteien) dient, wird somit Schritt für Schritt festgelegt

[102] Vgl.: Arbeitskampffreiheit, S. 33 sowie etwa S. 46. Insgesamt hebt *Evers'* Gutachten stark die Gestaltungsfreiheit des Gesetzgebers gegenüber den von der Verfassung gezogenen Grenzen hervor, vgl. etwa S. 36, 41.

[103] Vgl.: Verfassungsrechtliche Zentralfragen des Arbeitskampfes, 1968, S. 70.

[104] Vgl. hierzu weiter oben I.

[105] Vgl. hierzu und zum folgenden *Lerche*, Verfassungsrechtliche Zentralfragen des Arbeitskampfes, 1968, S. 26 ff., bes. S. 29 ff.

im Einwirkungsprozeß der Sozialpartner aufeinander „mit dem Endziel vernünftiger Verständigung“. Voraussetzung für das Gelingen eines solchen Prozesses ist allerdings, daß die Aufgabe der Sozialpartner „nicht in der bloßen Selbstdarstellung gesellschaftlicher Gruppeninteressen, sondern in der Einordnung dieser Interessen in eine eben dadurch immer wieder zustandekommende soziale Ordnung“ erblickt wird. Auf das Erfordernis einer solchen, grundsätzlich kooperativen Haltung der sozialen Gegenspieler ist sogleich noch etwas näher einzugehen.

### 2. *Parität und kommunikativer Konsens bei Scholz — das Problem des Pluralismus*

Ein differenziertes Bild der Pole von Wirklichkeit und Recht, weiterhin von Freiheit und staatlichem Eingriff zeichnet *Scholz*[106].

Das Verfassungsrecht meint, nach *Scholz,* zwar in Art. 9 III GG nur „Rechtsgleichheit“, welche auch mit einer Gleichheit rechtlich gewährter Positionen identifiziert wird. Daß „soziale Koalitionsparität“ letztlich doch zur Berücksichtigung tatsächlicher Chancengleichheit zwingen soll, wird bei Scholz aber verständlich aus zwei weiteren, über die Konkretisierung des Art. 9 III GG als Spezialfall des allgemeinen Gleichheitssatzes hinausreichenden verfassungsrechtlichen Gesichtspunkten. Sie lassen sich mit den Begriffen des Sozialstaates, der „ die Staatlichkeit zur Gewährleistung der sozialen Gerechtigkeit“ „beruft“[107], umschreiben sowie mit dem „Prinzip des legitimierenden Sinnkonsenses“: „Das freiheitliche Konsensverfahren erweist sich ... als das maßgebende, gesellschaftsverfassungsrechtlich vorgegebene Strukturgesetz der kommunikativ verfaßten Gesellschaft[108].“

Das Sozialstaatsprinzip soll dabei vor allem auf eine „Ausgleichung gesellschaftlicher Gegensätze“ hinwirken, es dient — hier zitiert Scholz *E. R. Huber* — der „Bändigung des sozialen Konflikts im sozialen Kontakt“[109]. Hinzu tritt als „konstitutionelles Ordnungsprinzip“ der Verfassung ein „ständiger Appell, sich im Wege des kommunikativen Konsenses zusammenzufinden“ und dabei zu inhaltlichen Verständigungen zu kommen, welche „Allgemeinheit“ beanspruchen können im Sinne von Übereinstimmung der Individuen. Das „Sinnprinzip der Allgemeinheit“, repräsentiert etwa in allgemeingültigen, für möglichst viele Individuen identifikationsfähigen Urteilen und Erkenntnissen, hat für Scholz Verfassungsrang. „Die Allgemeinheit bildet das Ziel des integrierenden Kommunikationsprozesses“, und insbesondere: „Das Koalitionsverfahren sucht die Allgemeinheit im Kompromiß der Sozialpartner.“ Dabei

---

[106] Die Koalitionsfreiheit, zum folgenden bes. S. 263 ff.

[107] Die Koalitionsfreiheit, S. 181.

[108] Die Koalitionsfreiheit, S. 289 f.

[109] Die Koalitionsfreiheit, S. 182. Zum folgenden vgl. v. a. S. 304 ff., 318.

begnügt sich das „Sinnprinzip der Allgemeinheit" nicht — hier findet sich Scholz' Bekenntnis zu materieller Parität — mit der „förmlichen Gleichberechtigung beider Parteien", sondern es „verlangt die wirkliche Parität". Wenn daher das freiheitliche Koalitionsverfahren als „dauernder Prozeß von Einigung und Auseinandersetzung", gebaut auf ein „Verhältnis labiler Balancen", „schlechthin gestört" oder „funktionsunfähig" geworden ist, muß „die staatliche Sozialverantwortung eingreifen und die nötigen Korrekturen vornehmen"[110].

Letztlich findet die „gesellschaftliche Ordnung" im (tatsächlich stattfindenden) „kommunikativen Konsens" ihre „reale faktische Legitimierung"[111]. Damit ist wieder eine bestimmte gesellschaftliche Wirklichkeit angesprochen, aber nicht als harmonistisches Produkt des freien Spiels der Kräfte, sondern als Leistungsbeweis einer gesellschaftsordnenden Verfassung, die als ganz wesentliches Element Parität derer fordert, welche an Kommunikation und sozialem Kontakt teilnehmen.

*Scholz'* verfassungsrechtliches Modell formuliert in wesentlichen Punkten die Kennzeichen, die für Vertreter materieller Parität im kollektiven Arbeitsrecht typisch waren[112]: die „wirkliche" Ausgeglichenheit der Verhandlungspositionen und den Anspruch sozialer Gerechtigkeit an die Ergebnisse des tarifautonomen Prozesses. Als Schauplatz des freiheitlichen, jedoch Parität erfordernden Konsensverfahrens spricht Scholz an verschiedenen Stellen die „pluralistische Gesellschaft" an[113]. Auch diese Voraussetzung läßt sich den weiter oben besprochenen Vertretern „abstrakt-materieller" Parität im Arbeitskampfrecht weitgehend unterstellen.

Eigenarten und Gefahren jedes „pluralistischen" Konzepts hat *F. Neumann* einmal formuliert[114]. Seine Befürchtungen sollen an dieser Stelle die Möglichkeit bzw. Grundlage bieten, auch auf das, teilweise recht komplexe, Modell von *Scholz* noch eine kritische Perspektive zu gewinnen. „Pluralismus" wäre kurz umschrieben als Versuch, einen „Kompromiß zwischen allen sozialen und politischen Gruppen" herzustellen, wobei die gegensätzlichen Interessen gerade durch Zulassung weitgehend freier Artikulation und Repräsentation „harmonisiert" werden sollen. Der Staatsapparat erscheint dabei nicht als eine diesem Verständigungsprozeß übergeordnete Größe, vielmehr nimmt er daran gewissermaßen gleichberechtigt oder jedenfalls auf gleicher Ebene teil, um bestimmte staatliche Aufgaben zu erfüllen, insbesondere das Ziel eines

---

110 Vgl. *Scholz,* Die Koalitionsfreiheit, S. 264 f.

111 So *Scholz,* Die Koalitionsfreiheit, S. 289 (die Formulierung stammt von *Hättich*).

112 Vgl. dazu weiter oben II.

113 Die Koalitionsfreiheit, z. B. S. 192, 289, vgl. auch S. 303, 307, 311 f.

114 Behemoth (deutsche Übersetzung), 1977, bes. S. 32 ff.

funktionierenden gesellschaftlichen Auseinandersetzungs- und Konfliktlösungsmechanismus an kritischen Stellen zu verfolgen und durchzusetzen[115].

Wenn aber „der Staat erst einmal darauf reduziert ist, schlicht eine gesellschaftliche Institution unter anderen zu sein und somit seiner obersten Zwangsgewalt beraubt ist, dann wird nur ein Bündnis zwischen den in der Gesellschaft herrschenden unabhängigen sozialen Organisationen die konkrete Befriedigung der allgemeinen Interessen bewirken können. Damit derlei Vereinbarungen zustande kommen und eingehalten werden, muß es eine fundamentale Verständigungsbasis unter den beteiligten gesellschaftlichen Gruppen geben, kurz: die Gesellschaft muß grundsätzlich harmonisch sein. Wenn jedoch die Gesellschaft in Wirklichkeit antagonistisch ist, muß die pluralistische Doktrin früher oder später zusammenbrechen. Entweder wird eine gesellschaftliche Gruppe die souveräne Macht an sich reißen, oder es wird, falls die verschiedenen Gruppen sich gegenseitig paralysieren und neutralisieren, die Staatsbürokratie allmächtig werden ...“[116].

Fraglich ist, ob „grundsätzliche gesellschaftliche Harmonie“ und Kooperationsbereitschaft mit den *Scholz*schen Begriffen von „Konsens“ und „Allgemeinheit“ ausreichend erfaßt sind[117]. Durch individuelle Einsicht als Vorstufe zu Konsens und allgemeiner Einsicht scheint die gesellschaftliche Wirklichkeit, um deren richtige Gestaltung es letztlich auch bei Scholz geht, nicht umgetrieben und verändert zu werden: Die Schnittlinie von politischem Druck und Gegendruck, die jeweils neue, aktuelle, gegenseitig abgezwungene und provisorische Arrangements in der Gesellschaft konfligierender Gruppen markiert, ist in Scholz' Terminologie unbefriedigend angesprochen.

Ähnlich verhält es sich mit der Antwort auf die Frage, wie ein politisch den Regierten — welche im pluralistischen Machtausgleich womöglich nur sich selbst in Schach halten, nicht aber auf das Wachstum des Staates kontrollierenden Druck ausüben — zu wenig verantwortlicher Staat durch klare Formulierung seiner Gestaltungsaufgaben am Zügel gehalten werden soll: Soweit der Staat bei *Scholz* eine eingreifende, nicht-passive Rolle spielt, wird diese, als Integration beliebig widersprüchlicher Positionen und Interessen, im Sinne eines formalen Prinzips beschrieben — gegenüber den möglichen inhaltlich-politischen Standpunk-

---

[115] Vgl. für die Charakterisierung von „Pluralismus“ im vorhergehenden v. a. *F. Neumann*, Behemoth, 1977, S. 32 f. Ein entsprechendes Modell von Staat und Gesellschaft sucht eben *Scholz* anzusprechen mit der Formulierung: Die Gesellschaft „ist vom Staat geschieden und doch mit ihm identisch. Ihr Verhältnis zur organisierten Staatlichkeit ist allein funktional bestimmt“, vgl. Die Koalitionsfreiheit, S. 192.

[116] So *Neumann*, Behemoth, 1977, S. 33 f.

[117] Vgl. dazu etwa *Scholz*, Die Koalitionsfreiheit, S. 304 ff. oder 289 f.

ten bleibt die Konstruktion farblos. Wenn aber ein pluraler Machtausgleich der sozialen Gegenspieler, insbesondere am Arbeitsmarkt, derzeit bis zu einem gewissen Grad faktisch funktioniert, so scheint das weniger die Bestätigung einer gültigen, durch „soziale Integration" wie auch durch „kommunikativen Konsens" gekennzeichneten Form der Auseinandersetzung zu sein als die der weitgehenden Annäherung oder Vereinbarkeit der beteiligten Positionen und Interessen ihrem Inhalt nach[118]. Dies gilt jedenfalls, was die Repräsentanten, konkret die Tariforganisationen angeht.

Die Lebensfähigkeit eines pluralistischen, gesellschaftlichen Selbststeuerungsmodells Tarifautonomie — das soll das Fazit an dieser Stelle sein — hängt vor allem davon ab, in welchem Maß die pluralen Positionen sich inhaltlich weiter harmonisieren lassen — viel mehr als von einem Prozeß, dem man Neutralisierung oder Aufhebung sich entgegenstehender Kräfte, zum Wohl der „Allgemeinheit", zutraut. Sich hochsteigerndes antagonistisches Verhalten der sozialen Gegenspieler ist durch Konstruktion bestimmter Auseinandersetzungsverfahren, prozedural, nur sehr begrenzt abzuwehren, notwendig ist grundsätzliche Einigkeit über eine gemeinsame Basis[119]. Diese hängt weniger von „Konsens" und sinnstiftenden kollektiven Erkenntnisverfahren ab als davon, inwieweit Staat, Wirtschaft und Gesellschaft die Ansprüche der um die gemeinsamen Früchte und Vorteile konkurrierenden Gruppen erfüllen und sie für prinzipielle Kooperationsbereitschaft einnehmen können[120].

## B. Höchstrichterliche Rechtsprechung zum Grundsatz der Kampfparität oder Waffengleichheit

### I. Die Beschlüsse des Bundesarbeitsgerichts vom 28. 1. 1955 und 21. 4. 1971

Nach Vorwegnahme der rechtswissenschaftlichen Positionen — sie sollte durch deren gravierenden Einfluß gerade auf die im Arbeitskampf-

---

[118] Daß die inhaltliche Vereinbarkeit gesellschaftspolitischer Standpunkte im Vordergrund der Betrachtung stehen muß und nicht ein, insbesondere im eingreifenden Staat repräsentiertes, Integrationsprinzip als solches, wird auch durch — grundsätzlich durchaus vergleichbare — Geschehnisse der historischen Vergangenheit nahegelegt: Unter der ersten pluralistisch angelegten deutschen Verfassung, der von Weimar, war eben zwischen Nationalsozialisten, Deutschnationalen, Sozialdemokratie und Kommunisten kein integrierender Ausgleich, keine pluralistische Balance mehr möglich.

[119] Diese „Bereitschaft zur dauerhaften Kooperation" betonte auch schon *Rüthers,* DB 1973, S. 1654, als Grundlage aller Paritätskonstruktionen.

[120] Der wichtige Gedanke, daß der Paritätsbegriff als solcher, insbesondere durch seinen inneren Zusammenhang mit einer pluralistischen Vorstellung von Gesellschaft, grundsätzlichen Kooperationswillen der Beteiligten impliziert, kann an dieser Stelle nicht gebührend vertieft werden.

recht typische normsetzende Tätigkeit von Gerichten[1] gerechtfertigt sein — sind Entstehung und aktuelle Bedeutung des Kampfparitätsgrundsatzes in der Rechtsprechung des BAG zu betrachten.

Der Beschluß des Großen Senats vom 28. 1. 1955 sprach den „Grundsatz der Waffengleichheit, der Kampfparität"[2] erstmals an. Untersucht man, woraus dieser entnommen wurde, stechen hervor: die „Anerkennung des Arbeitskampfes" und der „Grundsatz der Kampffreiheit, genauer der Freiheit der Wahl der Kampfmittel". Bestimmend für die Interpretation dieser Grundlagen ist der „Gesamtzusammenhang unserer wirtschafts- und sozialverfassungsrechtlichen Grundprinzipien. Zu diesen Grundprinzipien gehört das freie Spiel der wirtschaftlichen Kräfte, das die gegensätzlichen Interessen der am Wirtschafts- und Sozialleben Beteiligten ausbalanciert." „Anerkennung" des Arbeitskampfes kann hier eigentlich nicht viel mehr bedeuten als „zur Kenntnis nehmen" — ein Prozeß, in dem aus Fakten Prinzipien und aus Prinzipien Grundsätze des Rechts werden. Eine Verantwortung des Rechts oder der staatlichen Organe für bestimmte, insbesondere vom Sozialstaat geforderte Ergebnisse der Tarifauseinandersetzung, zumindest die Tauglichkeit hierfür, tritt kaum in Erscheinung: Die einzige Formulierung vom „sozialen und wirtschaftlichen Ausgleich auf dem Gebiete der Arbeitsbedingungen" bleibt vage.

Die durch grundlegend bejahende Haltung gegenüber dem vorgefundenen oder vermeintlichen, der Gesellschaft innewohnenden Ordnungsmodell gekennzeichnete Betrachtungsweise[3] schlägt sich im Urteil über die Kampfmittelausstattung der Parteien deutlich nieder: Kriterium, welche Waffe einer Seite der Tarifauseinandersetzung zugestanden werden soll, ist danach, daß es sich um das „ihr gemäße, historisch überkommene" Kampfmittel handelt. Auf die Balance der überkommenen, angestammten Potentiale im Sinne von Kampfparität, als Ergebnis freien Spiels der Kräfte, wird vertraut.

Neben jenem vom 28. 1. 1955 hat der Beschluß des Großen Senats vom 21. 4. 1971[4] eine Schlüsselposition für die Rechtsprechung des BAG

---

[1] Vgl. dazu etwa *Rüthers*, Die unbegrenzte Auslegung (Taschenbuchausgabe), 1973, S. 475.

[2] Vgl. hierzu und zum folgenden: BAGE 1, 291 (308 ff.) = AP Nr. 1 zu Art. 9 GG Arbeitskampf.

[3] Hier ist, was die weiter oben unter A. vorgestellten Positionen in der rechtswissenschaftlichen Literatur angeht, v. a. die Parallele zu den Auffassungen *Nipperdeys* zu ziehen, vgl. dazu A., III., 1.

[4] BAGE 23, 292 ff. = AP Nr. 43 zu Art. 9 GG Arbeitskampf. Das BAG hielt es nach dem Ablauf von 16 Jahren für geboten, die gesamte Problematik des Arbeitskampfrechts neu zu überdenken, zumal auch eine Entwicklung eingetreten war, die es zu berücksichtigen galt: Sie wird vom BAG als „stärkere Hervorhebung des Gedankens des sozialen Rechtsstaates" angesprochen, wobei Beispiele eines stärkeren Bestandsschutzes des Arbeitsplatzes aufgeführt werden, vgl. BAGE 23, 292 (305).

zum Arbeitskampfrecht inne. Er spricht von einer „verflochtenen und wechselseitig abhängigen Gesellschaft“[5], in welcher Folgen von Streiks und Aussperrungen über die unmittelbar Betroffenen hinaus auch Nichtstreikende, Dritte, generell die „Allgemeinheit“ berühren, und leitet daraus ab: „Arbeitskämpfe müssen deshalb unter dem obersten Gebot der Verhältnismäßigkeit stehen[6].“ Dieser Grundsatz wird zunächst auf die Wirkungen von Arbeitskämpfen hinsichtlich der „wirtschaftlichen Gegebenheiten“ und des „Gemeinwohls“ bezogen, gleich darauf aber auch auf den jeweiligen Gegner im Kampf selbst: Auch er muß fair behandelt, darf insbesondere nicht vernichtet werden.

Angesichts dessen, daß der ganze Beschluß eine Art Ordnungsmodell anspricht, in dem Staat, Tarifparteien und Dritte „verflochten“ sind, äußert sich in diesen Verhaltensanforderungen mehr als der gewollte Schutz der Parteien um ihrer selbst willen. Vielmehr liegt in dem artikulierten Interesse, daß beide Parteien der Auseinandersetzung aktionsfähig erhalten bleiben, das Bekenntnis zu einem funktionierenden Auseinandersetzungs- und Kompromißfindungsmechanismus als solchem. Was den gewünschten Ablauf und das Gelingen der Kompromißfindung anbelangt, so sieht das BAG Waffengleichheit der Parteien als Bedingung an, wobei diese nunmehr identifiziert wird mit der Möglichkeit, „Druck und Gegendruck“ auszuüben[7]. Es darf nicht eine Seite „allein das Kampfgeschehen bestimmen“ — gemeint sind die Gewerkschaften — und nicht eine Seite „auf ein Dulden und Durchstehen des Arbeitskampfes beschränkt werden“ — nämlich die Arbeitgeber. Könnte man solchen Gefahren noch durch formell orientierte Zuteilung von Kampfmitteln nach Symmetrie in der rechtlichen Wirkung einigermaßen begegnen — auch wenn natürlich Möglichkeiten, „Druck“ auszuüben im „Kampfgeschehen“, wohl immer rechtstatsächlich zu überprüfen wären — so wird eine Notwendigkeit der Heranziehung sozioökonomischer Umstände im folgenden zunehmend deutlicher: „Vorbehaltlich der konkreten, insbesondere auch der wechselnden wirtschaftlichen Situation, die vorgegeben ist, muß im Prinzip sichergestellt sein, daß nicht eine Tarifvertragspartei der anderen von vornherein ihren Willen aufzwingen kann, sondern daß möglichst gleiche Verhandlungschancen bestehen.“

---

[5] Vgl. hierzu und zum folgenden BAGE 23, 292 (306). Der Hinweis auf die „Verflochtenheit der arbeitsteiligen Wirtschaft in unserer Industriegesellschaft“ findet sich auch in den Veröffentlichungen *G. Müllers* in DRdA 1968, S. 72; AuR 1972, S. 5.

[6] Vgl. zu einem solchen Verhältnismäßigkeitsgrundsatz, auf den hier nicht weiter eingegangen werden kann, allgemein *Seiter*, Streikrecht, S. 146 ff.; in jüngerer Zeit *Richardi*, NJW 1978, S. 2059; zum „Eindruck der Unsicherheit über die Tragweite des Grundsatzes“ *Löwisch*, ZfA 1971, S. 319 ff. *Konzen*, AcP 177 (1977), S. 510 ff., spricht von einer „Allerweltsformel“.

[7] Vgl. hierzu und zum folgenden BAGE 23, 292 (308).

In der Beachtung der Verhandlungschancen kann man eine Zuwendung zu „materiellem" auf den Tarifvertrag bezogenen Paritätsverständnis und im Absehen von der konkreten wirtschaftlichen Situation des Einzelfalls, in der Sicherstellung gleicher Chancen „im Prinzip", ein Bekenntnis zur „abstrakten" Beurteilung der Parität sehen. Explizit wendet sich das BAG gegen eine nur historische Betrachtung der Kampfmöglichkeiten: Es ist nicht mehr die Überlegung z. B. ausschlaggebend, „Lösung des Arbeitsverhälnisses sei in Deutschland von jeher Folge der Aussperrung gewesen"[8], vielmehr werden die Kampfmittelwirkungen jetzt betont auf die „Wiederherstellung des Arbeitsfriedens" bezogen und dabei „Ziel und Zweck" des Arbeitskampfes „als eines zeitlich befristeten Kampfes" in den Vordergrund gestellt[9].

Implizit, d. h. von der Logik des Beschlusses her, lehnt das BAG aber auch die formelle Parität ab im Sinne eines Gebotes absolut rechtlich gleicher Kampfmittelwirkungen: Der konstruierte Zusammenhang von Freiheit in der Wahl der Kampfmittel und Einschränkung durch das Gebot der Verhältnismäßigkeit verwirklicht Parität unterschiedlich nach Phasen und Rollen des Arbeitskampfes. Sowohl die anfängliche Beschränkung des Angreifenden auf suspendierende Kampfmittel wie der Rückgriff des Angegriffenen auf das lösende Kampfmittel bei längerer Dauer bzw. großer Intensität des Arbeitskampfes sind offensichtlich unter dem Aspekt von Waffengleichheit adäquate Lösungen der Aufgabe, möglichst gleiche Verhandlungschancen der Tarifparteien herzustellen. Die gleiche rechtliche Kampfmittelwirkung auf die einzelnen Arbeitsverträge ergibt sich allenfalls für den Normalfall und die Anfangsphase des Arbeitskampfes, und zwar eben aus dessen „Ziel und Zweck", so daß sich das Paritätsverständnis des BAG, außer als „abstrakt-materiell", auch als „teleologisch-funktional" charakterisieren ließe: Die Kampfmittel sollen jedenfalls die Arbeitsverträge nicht lösen, damit die Rückkehr zum Arbeitsfrieden erleichtert wird.

## II. Das Urteil des Bundesgerichtshofs vom 18. 12. 1967

Was weitere höchstrichterliche Rechtsprechung angeht, so trug eine zivilrechtliche Entscheidung des BGH vom 18. 12. 1967[10] zur konkreten Definition von Kampfparität bei.

In der von vornherein auf den Tarifvertrag, also Verhandlungsparität bezogenen Formulierung des BGH gehört es „zu den sachbedingten Voraussetzungen der Tarifautonomie, daß die Tarifparteien einander grundsätzlich mit annähernd paritätischen Verhandlungschancen gegen-

[8] So noch BAGE 1, 291 (310).

[9] BAGE 23, 292 (317).

[10] AP Nr. 38 zu Art. 9 GG Arbeitskampf.

überstehen, weil sonst ein echt ausgehandelter Vertragsschluß zwischen ihnen nicht gesichert wäre und sich das Diktat des Stärkeren in einem freiheitswidrigen Sinne durchsetzen würde"[11].

Es ist demnach Sache der Tarifautonomie, „echtes" Verhandeln und Kompromisse hervorzubringen. Waffengleichheit erscheint hierbei, entsprechend dem weiter oben von *Schmidt-Rimpler* bis *Seiter*[12] vorgestellten Modell, als Voraussetzung funktionierender Tarifautonomie, deren Vorliegen im Bereich des Rechtstatsächlichen nachzuweisen ist, d. h. somit durch den Gesetzgeber oder rechtsfortbildenden Richter nur unter Berücksichtigung des „sozioökonomischen" Hintergrunds geschaffen werden kann[13]. Grundsätzlich sind auch die Vorstellungen des BGH mithin von der Möglichkeit bestimmt, durch das Recht in abgegrenzten Bereichen die Voraussetzungen für eine gesellschaftliche Selbststeuerung durch Verträge herzustellen. Aufklärung über die Tatsachen, welche die Verhandlungschancen bestimmen, wird zum kaum hinwegzudenkenden Bestandteil der Konstruktion.

### III. Die Rechtsprechung des Bundesverfassungsgerichts

Das Bundesverfassungsgericht entnahm in einem Beschluß vom 19. 2. 1975 dem Art. 9 III 1 GG jedenfalls das Postulat, die Parteien müßten imstande sein, „einen effektiven Arbeitskampf zu führen"[14]. Trotzdem ist den Verbänden durch die Tarifautonomie jedenfalls nicht ein „inhaltlich unbegrenzter und gesetzlich unbegrenzbarer" Handlungsspielraum gewährt. Im besonderen Fall, in dem die Arbeitgeber sich dagegen wehrten, daß Betriebsratsmitglieder nach der neuen BAG-Rechtsprechung nur noch suspendierend ausgesperrt werden konnten, wird auch sogleich eine Grenzziehung vorgenommen: Unter Zugrundelegung einer maßgeblichen historischen Entwicklung hebt das Gericht die besondere Bedeutung der Betriebsräte für die Wahrung und Förderung der Wirtschaftsbedingungen hervor und begrenzt die Kampfmittelwirkung in jedem Fall auf Suspendierung ihrer Arbeitsverhältnisse. Angesichts dessen läßt das Gericht die Frage offen, ob der Verfassung überhaupt etwas zu entnehmen ist zur Frage der rechtlichen Auswirkungen einer Aussperrung auf das Arbeitsverhältnis: Ein Verstoß gegen einen denkbaren Gehalt könnte sich jedenfalls im konkreten Fall nicht ergeben.

Auch wenn man diese Entscheidung vielleicht unter dem Aspekt auslegen muß, daß die fragliche rechtliche Veränderung an einem Kampf-

---

[11] AP Nr. 38 zu Art. 9 GG Arbeitskampf, Bl. 106.

[12] Vgl. dazu *Schmidt-Rimpler*, AcP 147 (1941), S. 130 ff.; *Seiter*, Streikrecht, S. 158 ff., sowie die Ausführungen weiter oben unter A., I., 1 und II., 2.

[13] Vgl. dazu *Seiter*, Streikrecht, S. 161.

[14] Vgl. BVerfG AP Nr. 50 zu Art. 9 GG Arbeitskampf, Bl. 579 f. = BVerfGE 38, 386 (395); ebenso in MDR 1978, S. 731.

mittel der Arbeitgeber schon vom Gewicht her nicht angetan sein dürfte, eine angenommene Parität in Frage zu stellen — auch *Zöllner* hielt sie in seinem Gutachten nicht für unzulässig[15] —, so wird doch klar, daß das Bundesverfassungsgericht ein Paritätsprinzip überhaupt mehr in den Hintergrund schiebt. Für diesen Gesamteindruck ist die ebenfalls offen gelassene Frage, „ob Art. 9 III GG eine solche Kampfmittelparität überhaupt garantiert"[16], nur die explizite Formulierung.

Daraus, daß die „Fähigkeit des Arbeitgebers, einen effektiven Arbeitskampf zu führen", für relevant erachtet wird, läßt sich jedoch schließen, daß in der Folge eine umfassende Betrachtung bzw. Untersuchung dieser Fähigkeiten anhand rechtstatsächlicher Erforschung geboten ist[17]. Das BVerfG hat jüngst diese Formel wieder aufgegriffen, und zwar konkret bezogen auf die finanziellen Mittel der Arbeitgeber[18]: ein weiteres Indiz für (wenn überhaupt) ein „materielles" Paritätsverständnis.

## C. Ergebnisse

### I. Die Konturen des vorherrschenden Verständnisses von Kampfparität

a) Ein Blick auf die in der rechtswissenschaftlichen Literatur vertretenen Vorstellungen von Kampfparität ergibt zunächst ein eindeutigeres Bild, als der Ruf des umstrittenen Begriffs es hätte erwarten lassen: Wer derzeit Kampfparität fordert, fordert fast ausschließlich „materielle" Kampfparität der Tarifparteien.

Die Schwierigkeiten beginnen jedoch, wenn umschrieben werden soll, was das Etikett „materiell" meint. Eindeutig zielen materielle Paritätsvorstellungen darauf, daß ein Gleichgewicht der Tarifparteien nicht nur an formalen Eigenschaften der ihnen zur Verfügung stehenden Waffen zu messen ist. Vielmehr tritt die generelle Eignung des arbeitskampfrechtlichen Instrumentariums in den Vordergrund, wirklichen Druck zu erzeugen und bestimmte inhaltliche Tariferfolge, zumindest der Möglichkeit nach, erzielen zu können. Schon die weitere, verbreitete Formulierung aber, es gehe um gleichgewichtige faktische „Verhandlungschancen"[1], ist nicht außer Streit, weil sie die Einflußnahmen auf das Tarifergebnis definitorisch ausschließt, die parallel zu den Verhandlun-

---

[15] Vgl. *Zöllner*, Aussperrung, S. 59.

[16] BVerfG AP Nr. 50 zu Art. 9 GG Arbeitskampf, Bl. 580 = BVerfGE 38, 386 (396); ebenso MDR 1978, S. 731.

[17] So auch *Kittner* in seiner Anmerkung zu dieser Entscheidung: AP Nr. 50 zu Art. 9 GG Arbeitskampf, Bl. 582 R.

[18] Vgl. den Beschluß vom 14. 2. 1978 zur Kostentragungspflicht der Arbeitgeber bei Teilnahme von Betriebsratsmitgliedern an gewerkschaftlichen Schulungsveranstaltungen, MDR 1978, S. 731.

[1] Vgl. z. B. *Seiter*, Streikrecht, S. 170.

gen oder danach wirken, insbesondere die aus wirtschaftlichen Entscheidungsmöglichkeiten resultierenden „Waffen“ der Unternehmer wie Preisgestaltung, Rationalisierung u. ä.

Man kann für die Definition eines Oberbegriffs „materieller“ Parität daher nur noch allgemeiner an die Aussichten der sozialen Gegenspieler anknüpfen, die periodisch sich ändernden Tarifinhalte zu beeinflussen, weil im weiteren Streit besteht, unter welchen Gesichtspunkten diese Einflußmöglichkeiten abzugrenzen und in Vergleiche einzustellen sind. So werden teilweise sämtliche Handlungsmöglichkeiten insbesondere der Arbeitgeberseite, seien sie wirtschaftlicher oder tarifpolitischer, organisationspolitischer Art, sei es, daß sie spezifisch der Arbeitgeber- oder aber der Unternehmerfunktion zuzurechnen sind, in die Betrachtung einbezogen[2]. Derzeit typisch für die überwiegende Art, Vergleiche zwischen den Parteien der Tarifauseinandersetzung anzustellen, dürften jedoch normativ fundierte Grenzziehungen bei der Berücksichtigung von „Kampf“mitteln vor allem der Arbeitgeberseite sein: Entsprechend werden beispielsweise die für die Unternehmerfunktion typischen Handlungsmöglichkeiten a priori vom „Gewichtsvergleich“ ausgeschlossen[3] oder aber auch die speziellen rechtlichen Aktionsmöglichkeiten der Arbeitgeber danach abgegrenzt, ob sie in ihrer rechtlichen Wirkung überhaupt unmittelbar auf den Tarifvertrag zielen und nicht auf den Individualarbeitsvertrag[4].

b) Materielle Parität im umfassend skizzierten Sinn wird mit unterschiedlichen Intentionen gefordert — soweit sie überhaupt gefordert wird: Von einem Standpunkt aus, der für die Arbeitnehmerseite alle politische und wirtschaftliche Macht beansprucht, mag nicht einmal als Zwischenziel ein Gleichgewicht zwischen Kapital und Arbeit in irgendeiner Form in Frage kommen[5]. Neben diesem extremen Standpunkt werden gleichgewichtige faktische Chancen, Tarifergebnisse zu beeinflussen, nichtsdestoweniger zumindest aktuell oder als vorläufiges Ziel postuliert durch Arbeitsrechtswissenschaftler, die sich im Sinne eines emanzipierenden politischen Einflusses der Arbeitnehmerorganisationen engagieren[6].

Dominierend sind jedoch die Vertreter einer Theorie, für die ein labiles oder lebendiges, ständig neu herzustellendes Gleichgewicht der Einflüsse von Arbeitgeber- und Arbeitnehmerseite kein Zwischenziel

[2] Vgl. zu diesem Paritätsverständnis insbesondere von *Däubler, Kittner* und *Hoffmann* weiter oben A., V., 2 und 3.

[3] So das Vorgehen von *Zöllner*, vgl. weiter oben A., II., 3.

[4] So insbesondere *Seiter*, Streikrecht, S. 162; vgl. auch weiter oben A., II., 2 und V., 3.

[5] In diese Richtung scheinen die Auffassungen *Hoffmanns* zu weisen, vgl. weiter oben A., V., 2 und 3.

[6] So etwa läßt sich die Position von *Däubler* und *Kittner* bestimmen, vgl. weiter oben A., V., 2 und 3.

oder Durchgangsstadium bedeutet, sondern eine ideale Modellvorstellung, was die funktionierende Auseinandersetzung gegensätzlicher, pluraler Interessen in einer Gesellschaft angeht[7]. Die hinzutretende, im Arbeitskampfrecht erst beginnende theoretische Würdigung faktisch bestehender Einflüsse des Staates als des „Mächtigsten" auch „im Sozialen" sowie die Ansätze, sozialstaatliche Verantwortung und „soziale Gerechtigkeit" zu berücksichtigen, sind weitere Kennzeichen dieses „spätpluralistischen" bzw. -liberalen Verständnisses von Kampfparität. Als Instrument durch den Sozialstaat kontrollierter gesellschaftlicher Selbststeuerung, für eine vorhandene Pluralität mächtiger Interessenvertretungsorganisationen in der Gesellschaft, insbesondere am Arbeitsmarkt, tritt der Vertrag in den Mittelpunkt, dessen Bedeutung und Funktionsfähigkeit, gerade auf kollektivrechtlicher Ebene, es von neuem zu betonen und zu schützen gilt.

So erscheinen als Grundlage der Begriffsbestimmung von Kampfparität Überlegungen zum Vertragsmechanismus[8]: Ergebnisse der tarifvertraglichen Einigung, die sowohl den Parteien dienen, wie sie weiteren Bevölkerungsgruppen nicht schaden, und in denen darüber hinaus auch eine besondere sozialstaatliche Verantwortung gegenüber den Arbeitnehmern zum Ausdruck kommt, deren gesellschaftliche Lage konsequent weiter zu verbessern, — ohne indessen die Positionen der Arbeitgeber und der „Allgemeinheit" zu verschlechtern —, sollen gewährleistet werden eben durch den Mechanismus des Vertrags. Dabei meint (jeder) „Mechanismus" seinem Begriff nach einen künstlich geschaffenen Prozeß, für dessen Installierung im gesellschaftlichen Bereich, konkret was den Tarifvertrag angeht, der soziale Rechtsstaat verantwortlich zeichnet. Als Bedingung für die Funktionstüchtigkeit des Tarifvertragsmechanismus', die nicht „realsoziologisch" gegeben, sondern u. U. immer wieder neu herzustellen ist, findet die geforderte materielle Parität, d. h.: Gleichgewicht faktischer Verhandlungschancen, ihren Platz. Mit der Betonung der Verhandlungschancen, nicht ihrer Realisierung, erweist sich die materielle Parität darüber hinaus als „abstrakte", vom einzelnen, konkreten Ergebnis abgelöste, nichtsdestoweniger jedoch auf ein zu sachgerechten Resultaten generell taugliches Verfahren bezogene.

c) Durch das eben skizzierte Verständnis von sozialem Staat und gesellschaftlicher Selbststeuerung über Verträge wurde die Forderung weitgehend abgelöst, den Parteien sollten die ihnen „angestammten" Kampfmittel belassen bleiben[9] — eine Forderung, die mehr klassisch li-

[7] Vgl. dazu die zusammenfassenden Ausführungen bereits unter A., II., 4. (Es handelt sich um die Konstruktionen von *Rüthers* und *Seiter*, mit Einschränkungen auch die von *Zöllner*.)

[8] Hier gewannen Überlegungen von *Schmidt-Rimpler* und, im kollektiven Arbeitsrecht daran anschließend, *Rüthers* zentrale Bedeutung, vgl. oben A., I., 1 und II., 1.

beralen bzw. harmonistischen Bildern von Staat und Gesellschaft entspricht und die man abgekürzt mit dem Stichwort „historischer“[10] Parität belegen könnte. Ähnlich tritt aber auch in manchen Konzeptionen „materieller“ Parität gelegentlich die Rolle eines — faktisch unstreitig zu tiefgreifenden, ständigen Eingriffen im gesellschaftlichen Bereich gezwungenen — Staates stark in den Hintergrund zugunsten einer vorgefundenen, gesellschaftlichen „Struktur des Sachbereichs“[11]: Hier kann der Staat nach wie vor nur als Garant prästabilisierter gesellschaftlicher Harmonie erscheinen, auch wenn diese gelegentlich von ihm wieder ins Lot zu bringen ist.

d) Ein „formelles“ Verständnis von Kampfparität letztlich in dem freilich etwas eng gefaßten Sinn, daß es lediglich auf einen Vergleich der rechtlichen Wirkungen von Tarifarbeitskampfmitteln hinsichtlich der Individualarbeitsverhältnisse ankomme[12], wird in der rechtswissenschaftlichen Literatur praktisch nicht mehr vertreten. Dies schließt allerdings nicht aus, daß sich der Versuch findet, ein Paritätsgebot lediglich als Ausdruck rechtlicher Formen zu begründen und in seinem Inhalt von Tatsachenerkenntnissen völlig unabhängig zu machen[13]: Auch hier muß man von „formeller“ oder „formaler“ Parität sprechen.

e) Parallel zu den Vorgängen in der Literatur ist die Rechtsprechung der obersten Bundesgerichte auf ein „materielles“ Paritätsverständnis eingeschwenkt[14]: Sowohl die vom Bundesarbeitsgericht wie vom Bundesverfassungsgericht zuletzt gefundenen Formulierungen — die des Bundesgerichtshofs ohnehin — sind nur auf der Grundlage sinnvoll interpretierbar, daß es auf einen Vergleich faktischer oder wirklicher Chancen der Tarifparteien ankommt, notfalls durch Ausübung von Druck oder Gegendruck die eigenen Vorstellungen vom Tarifergebnis in effizienter Weise durchzusetzen.

### II. Das Interesse an Rechtstatsachen

Zunehmend häufigere Versuche innerhalb der arbeitskampfrechtlichen Diskussion um materielle Parität, diese anhand der Ergebnisse von

[9] Vgl. zu dieser Theorie, wie sie *Nipperdey* und, früher, *Säcker* vertraten, weiter oben A., III., 1.

[10] Vgl. *M. Wolf*, ZfA 1971, S. 151 f. sowie, im Anschluß daran, *Wohlgemuth*, Staatseingriff und Arbeitskampf, 1977, S. 115.

[11] So die Formel von *Säcker*, vgl. dazu weiter oben A., III., 3. Zumindest werden bei Säcker Gestaltungsziele eines die Gesellschaft zunehmend unmittelbar steuernden Staates, dessen wachsende Macht auch er anerkennt, hintangestellt zugunsten eines Prinzips, das zunächst einmal das Vorhandene positiv würdigt. Der Staat als Souverän droht dann aber, bildlich gesprochen, zu einem Muskelprotz ohne Gehirn zu werden.

[12] Vgl. die Wiedergabe „formellen“ Paritätsverständnisses z. B. bei *Seiter*, Streikrecht, S. 161.

[13] Vgl. zu solchen Versuchen *Mayer-Malys* weiter oben A., IV., 1.

[14] Vgl. dazu weiter oben B.

Tarifverhandlungen als Kriterium bei der Beurteilung von Tarifarbeitskampfmitteln faktisch erfüllt, gleichzeitig als sinnvolles normatives Postulat bestätigt zu sehen[15], geben Zeugnis von einem, die aktuelle Arbeitskampfrechtsdogmatik prägenden, Verantwortungsbewußtsein für die realen Voraussetzungen und Resultate des Tarifkampfes.

Auch wenn eine sozialstaatliche Garantenstellung nicht unmittelbar auf Ergebnisse, die die Arbeitnehmer befriedigen, bezogen wird, sondern nur auf ein bestimmtes Verfahren der Ergebnisfindung, reicht der Gedanke der „Legitimation durch Verfahren“ zur Erschöpfung des Sinns materieller Parität nicht aus. Darin, daß Legitimation durch Verfahren nicht in einem mehr oder weniger beliebigen, z. B. nur formell kampfparitätischen Tarifauseinandersetzungsprozeß gesucht wird, sondern eine „materielle“ Ausgeglichenheit der Machtmittel gefordert wird, liegt das Zugeständnis: Ergebnisse werden nicht nur durch Verfahren, sondern auch das Verfahren durch Ergebnisse legitimiert[16]. Das gilt um so mehr, wenn man sozialstaatliche Verantwortung nicht nur auf eine Partei der Tarifauseinandersetzung (die Arbeitnehmerorganisationen) oder auf beide Parteien, sondern darüber hinaus auf die Allgemeinheit mit ihrem Bedürfnis nach gemeinwohlunschädlichen Tarifergebnissen bezieht.

In den sporadischen Vorstößen, Resultate von Tarifauseinandersetzungen als Nachweise für die Richtigkeit der normativen Konstruktion materieller Parität zu erfassen, manifestiert sich die Hoffnung, daß die Rücknahme des Sozialstaatsgebots auf die Garantie eines bestimmten Verfahrens nicht durch sozialstaatswidrige Ergebnisse unglaubwürdig wird. Sowohl Ergebnisse, die die Arbeitnehmer benachteiligen, wie solche, die ihnen gemeinwohlschädliche Extremerfolge attestieren, müßten zur Überprüfung der Konstruktion eines sozialstaatlich — zurückhaltend — überwachten Kollektivvertragsmechanismus führen. Die Tariferfolge der sozialen Gegenspieler stehen daher im Brennpunkt des Interesses, für die arbeitskampfrechtliche Paritätsdiskussion eine empirische Grundlage zu schaffen.

---

[15] Vgl. dazu die in der Einleitung dieser Arbeit erwähnten Beispiele empirischen Interesses an Tariferfolgen.

[16] Allerdings bemerkt *Seiter*, in einem stark liberal akzentuierten Verständnis von Kampfparität, Verwirklichung eines paritätischen Kampfmittelsystems könne nicht vom inhaltlich richtigen, „angemessenen“ Ergebnis her beurteilt werden. Dies gilt wohl für einzelne, konkrete Ergebnisse der Tarifauseinandersetzung und für staatliche Eingriffe in ihr Zustandekommen, wie Seiter sie bei einem „rein sozialstaatlich oder neomarxistisch geprägten“ Paritätsverständnis für möglich hält, vgl. Streikrecht, S. 178. Das „abstrakt-materielle“ Paritätsmodell ist aber gemischt liberal-sozialstaatlich. Es kann sich deshalb den inhaltlich prüfenden Blick auf „sachgerechte“ Tarifresultate“ nicht ganz ersparen.

*Zweiter Teil*

# Der Erfolg von Gewerkschaften und Arbeitgeberverbänden in Tarifverhandlungen: Möglichkeiten seiner rechtstatsächlichen Erfassung als Grundlage von Schlüssen auf Parität und auf Effektivität des Kampfmitteleinsatzes

## A. Kritik des vorliegenden empirischen Materials und Konkretisierung der Fragestellung

Ziel und notwendiger Fortgang der Untersuchung werden deutlich, wenn man sich die Tabelle vor Augen führt, die *Bertele* und *Raiser* für die Betrachtung von Aussperrung und Kampfparität herangezogen haben[1]:

| Verlorene Arbeitstage | | voller | teilweiser<br>Erfolg der Arbeitnehmer | kein | unbekannter |
|---|---|---|---|---|---|
| 1949: | 270 716 | 36 874<br>(13,7 %) | 215 709<br>(80,1 %) | 14 575<br>(5,0 %) | 3 291<br>(1,2 %) |
| 1950: | 380 121 | 13 403<br>(3,5 %) | 337 927<br>(90,0 %) | 21 179<br>(5,6 %) | |
| 1951: | 1 592 892 | 24 973<br>(1,6 %) | 1 420 531<br>(89,3 %) | 144 493<br>(9,1 %) | |
| 1952: | 442 877 | 38 247<br>(8,9 %) | 379 743<br>(87,8 %) | 14 367<br>(3,3 %) | |
| 1953: | 1 488 218 | 13 898<br>(0,9 %) | 1 338 096<br>(89,9 %) | 136 244<br>(9,2 %) | |
| 1954: | 1 586 523 | 58 028<br>(3,7 %) | 1 488 890<br>(94,6 %) | 27 614<br>(1,7 %) | |
| 1955: | 846 647 | 4 263<br>(1,5 %) | 148 117<br>(52,7 %) | 128 958<br>(45,8 %) | |
| 1956: | 263 884 | 7 212<br>(2,7 %) | 223 062<br>(84,9 %) | 31 479<br>(12,4 %) | |
| 1957: | 2 320 927 | 401<br>(0,02 %) | 2 314 926<br>(99,76 %) | 5 231<br>(0,22 %) | |
| 1958: | 779 911 | | | | |

In den Kategorien der wiedergegebenen Zusammenstellung werden Erfolg und Mißerfolg mit einem sehr groben Raster gemessen[2]. Natürlich

[1] *Bertele*, Rechtsnatur, S. 31; *Raiser*, Die Aussperrung, S. 81.

braucht jeder Meßvorgang aber nur so genau zu sein, wie es das weitere Ziel der Untersuchung, für die die Messung vorgenommen wird, erfordert. Der Diskussion im kollektiven Arbeitsrecht über Kampfparität könnten Kenntnisse über faktische Erfolge der Parteien in den periodischen Tarifrunden unter zwei Aspekten förderlich sein:

Zum einen wird vielleicht angesichts der längerfristig von beiden Seiten erzielten Ergebnisse ein Schluß möglich in der Frage, ob gleichgewichtige Verhandlungschancen zwischen den jeweiligen Tarifpartnern bestehen, die zu vergleichbaren Erfolgen der Kontrahenten führen, oder ob dies nicht der Fall ist. Zum anderen wäre es bereits von Vorteil, wenn relative Veränderungen der Ergebnisse von Tarifrunde zu Tarifrunde — getrennt für die Seiten betrachtet und ohne Rücksicht auf einen absoluten „Wert" des einzelnen Ergebnisses — spezifische Wirkungen des Kampfmittelgebrauchs signalisieren würden, z. B. in dem Sinne, daß der Gewerkschaftserfolg deutlich absinkt, wenn ausgesperrt wurde.

Bezogen auf Zusammenhänge zwischen Kampfmittelgebrauch — bzw. Nichtgebrauch — und Ergebnissen argumentiert in der arbeitskampfrechtlichen Diskussion *Wohlgemuth,* wenn er anhand dreier verschiedener Fälle von Streiks in der Metallindustrie nachzuweisen versucht, „daß den Arbeitgebern auch dann, wenn sie die Aussperrung nicht als Waffe eingesetzt haben, zumindest eine teilweise Abwehr der gewerkschaftlichen Forderungen möglich war"[3]. Im wesentlichen dieselben Beispiele, ergänzt durch einige konkrete Fälle von Streiks in anderen Organisationsbereichen als dem der IG Metall, zog auch *Kittner* heran mit dem gleichen Interesse, nachzuweisen, daß trotz des Verzichts der Arbeitgeber auf Aussperrung in diesen Fällen es kein „Diktat" der Gewerkschaft gegeben habe, sondern mindestens einen „ausgewogenen Kompromiß"[4]. Wie diese Kompromisse im Verhältnis zu Forderungen und Ange-

---

[2] Insbesondere in der Unbestimmtheit der mittleren Kategorie („teilweiser Erfolg") sieht Volkmann das schwierigste Problem der Erfolgsmessung. Wenn der Anteil der Kompromisse „in den Jahren 1949 - 57 über 90 % erreicht, dann ist die analytische Kraft der traditionellen Erfolgskategorien erschöpft, der Verzicht sie weiter" (statistisch) „zu erheben, verständlich", vgl. *Volkmann,* Modernisierung, in: Kaelble u. a., Probleme, S. 110 ff., bes. S. 141. Volkmann versucht, nichtsdestoweniger, durch einen Kunstgriff dieser Statistik wenigstens für die Jahre von 1899 - 1913 eine „Erfolgsquote" zu entnehmen, indem er jeweils den Prozentsätzen des vollen (gewerkschaftlichen) Erfolgs die Hälfte der Teilerfolgsquote zuschlägt. Für die Kategorie der „vollständigen Gruppenstreiks", die der modernen Form gewerkschaftlich geführter Streiks am ehesten entsprechen dürfte, kommt Volkmann auf „Erfolgsquoten" um 50 %. Art der Erhebung und weit zurückliegender Beobachtungszeitraum dürften jeden Schluß auf die heutigen Erfolgsrelationen organisationsmäßig geführter Tarifarbeitskämpfe verbieten. Das gilt auch für *Volkmanns* gekürzte Ausführungen in GMH 1979, S. 353 f.

[3] So *Wohlgemuth,* BB 1979, S. 114.

[4] *Kittner,* Verbot der Aussperrung, Schriftenreihe der IG Metall, o. J. (1979), S. 40.

boten konkret ausgesehen haben, gibt Kittner nicht wieder, Wohlgemuth nennt wenigstens die Ziele der IG Metall und die Ergebnisse für seine Beispielsfälle. Kittner wies z. B. auch darauf hin, daß es für das Zustandekommen bestimmter Tariferfolge des Streiks unbedingt bedurft hätte, wehrt sich andererseits jedoch gegen den Eindruck, Abwehraussperrungen seien immer erfolgreich zu überwinden. Auch seine diesbezüglichen Ausführungen unterstützt er („schlaglichtartig") mit zwei konkreten Beispielen: dem Streik um den Lohnrahmen II in Nordwürttemberg-Nordbaden (1973) und dem Arbeitskampf 1978, beide im Bereich der metallverarbeitenden Industrie[5].

Kann man Schlüsse der eben beschriebenen Art aus jeweils erreichten Tarifergebnissen ziehen, zumal, wenn man nur einzelne Beispiele mit Arbeitskampf verlaufener Tarifrunden heranzieht, d. h. nicht alle Arbeitskämpfe in einem bestimmten, abzugrenzenden Bereich, geschweige denn, daß mit allen dazwischenliegenden Runden verglichen wird, die friedlich verliefen?

Die Schwierigkeiten der weiteren Untersuchung solcher Fragestellungen betreffen einmal die Definition und Messung von „Erfolgen". Dies gilt vornehmlich für die Frage nach einem von Einzelergebnissen indizierten längerfristigen Gleichgewicht, deren Beantwortung notwendig über einen Vergleich der beiden Seiten mit ihren jeweiligen Erfolgen verläuft. Jedoch setzen auch Betrachtungen der relativen Ergebnisveränderungen auf einer Seite, im Zusammenhang mit den von ihr eingesetzten Mitteln, ihre Ziele durchzusetzen, Vergleiche voraus, welche Definitions- und Meßprobleme aufwerfen: Dies wird insbesondere deutlich, wenn die jährlichen Forderungen, bzw. Angebote inhaltlich nicht immer derselben Kategorie (z. B. Nominallohn) angehören und damit ohne weiteres in sich vergleichbar sind, sondern wenn schwer zu taxierende „Erfolge" auf „immateriellen" Gebieten (z. B. Schutz gewerkschaftlicher Vertrauensleute) erzielt werden.

Ohne aber weitere, auf die vorliegende Untersuchung zukommende Probleme andeuten zu müssen, läßt sich feststellen: Für die Betrachtung, ob Kompromisse (oder Kapitulationen) in einzelnen Tarifrunden Anzeichen für Gleichgewicht (oder Ungleichgewicht) sind, reichen die Bezeichnungen „voller Erfolg" und „Teilerfolg" jedenfalls nicht aus. Ebenfalls läßt sich der Nutzen des Kampfmittelgebrauchs durch Vergleich von Runden mit Arbeitskampf und solchen, die friedlich verlaufen, nicht ablesen, wenn unter der Rubrik „Teilerfolg" z. B. sowohl 90%ige wie 10%ige Erfolge einer Partei (gemessen an den Forderungen) stehen.

[5] *Kittner*, S. 12 f. Umgekehrt erwähnt *Hanau*, Wirtschaftspolitische Chronik, 1978, S. 189, die IG Metall hätte, „trotz arg strapazierter Kampfkasse" durch den Arbeitskampf um die Verdienstsicherung, in der Lohnrunde 1978 ein ansehnliches Ergebnis erzielt. Jedoch waren Abgruppierungsschutz und Lohn gleichzeitig Gegenstände der Tarifrunde 1978 mit ihrem großen Arbeitskampf.

Ohnehin trägt die Tabelle, wie *Raiser* sie verwertet[6], nur Ergebnisse von Streiks (ohne Rücksicht übrigens auf Aussperrungen) zusammen, so daß ein Vergleich erfolgten und unterbliebenen Kampfmitteleinsatzes erst gar nicht möglich wird. Die gleichzeitige Betrachtung nicht erkämpfter Ergebnisse, d. h. solcher, über die dieselben Tarifparteien sich friedlich einigten, scheint aber unerläßlich für die Fundierung der Debatte um Arbeitskampfparität, weil sich sonst nicht abzeichnen kann, auf welche Kampfmittel bzw. inwieweit es überhaupt auf den Kampf und seine gleichgewichtige Ausgestaltung ankommt. Auch für die Beurteilung eines längerfristigen Gleichgewichts der Parteien sollte eine lückenlose Reihe aufeinanderfolgender Ergebnisse herangezogen werden, nicht nur beliebig herausgegriffene Ergebnisse von Arbeitskämpfen oder auch die vollständige Reihe der Kampfergebnisse eines bestimmten Verhandlungsbereichs.

Die Aufgabe besteht also darin, die pauschale Definition und Einstufung, d. h. Messung von Erfolgen in der Zusammenstellung bei *Bertele* und *Raiser* zu differenzieren, zu verfeinern und nach Möglichkeiten zu suchen, aussagekräftigere, in sich vergleichbare Ketten von Ergebnissen zusammenzustellen, die nicht nur erkämpfte „Erfolge" miteinbeziehen. Kann man der Tabelle ein anderes Gesicht geben, welches sie als Schlußgrundlage für das Bestehen arbeitskampfrechtlicher Parität aussagekräftiger macht? Die im folgenden zu entwickelnden Fragen bzw. Teilfragen gehen in die Richtung: Was könnte man als „Erfolg" in eine solche Tabelle eintragen, d. h. wie sehen die Verhandlungsgegenstände und ihre Bewertung aus? Wie kommen in sich homogene Ketten von Ergebnissen, deren Rahmenbedingungen, z. B. räumlicher Art, ihre Vergleichbarkeit in sich und untereinander gewährleisten, zusammen? Bereits an dieser Stelle der Untersuchung bieten sich dabei zwei Feststellungen an:

1. Der Schluß von einzelnen Tariferfolgen auf Gleichgewicht der Tarifparteien in ihren Verhandlungschancen, wie ihn *Raiser* zu ziehen versuchte, wird um so plausibler, je längere und lückenlosere Reihen von Ergebnissen über etliche Tarifrunden hinweg zusammengetragen werden. Freilich müssen die untersuchten Erfolge, auf jeweils einer Seite betrachtet, immer — ganz allgemein bezeichnet — ein und demselben Verhandlungssubjekt zugeschrieben werden können und dieses muß seinem Gegenüber, seinem Kontrahenten in der theoretischen Betrachtung vergleichbar sein, was Aufbau und Organisation der Tarifparteien angeht: Hierauf wird noch zurückzukommen sein.

Das Gebot, ein Urteil über bestehendes oder fehlendes Verhandlungsgleichgewicht von Tariforganisationen nur auf eine längerfristige Be-

[6] Die Aussperrung, S. 81.

trachtung der erzielten Ergebnisse zu stützen, entspricht auch der Vorstellung des BAG von Parität[7]: Danach geht es insbesondere um ein Gleichgewicht „vorbehaltlich der ... wechselnden wirtschaftlichen Situation", eine Parität „im Prinzip", was nur heißen kann, im längerfristigen Durchschnitt erzielter Einzelergebnisse. Ebenso ergibt sich die Forderung, längere, lückenlose Ergebnisketten zusammenzustellen, aus dem in der rechtswissenschaftlichen Literatur im Vordringen begriffenen „abstrakt-materiellen" Verständnis von Kampfparität[8]: Danach kann die rechtliche Regelung von Tarifvertrag und Arbeitskampf ohnehin nicht gewährleisten, daß es „im Einzelfall zu einem materiell gerechten Interessenausgleich kommt"[9], vielmehr kann sich ein solcher Ausgleich nur im Rahmen eines bestimmten Tarifauseinandersetzungsverfahrens längerfristig ständig neu einpendeln.

2. Die Reihen von Tarifergebnissen, die für eine aussagefähige Zusammenstellung in Betracht kommen, sollten nach Möglichkeit durchsetzt sein von Erfolgen bzw. Tarifabschlüssen, die von Zeit zu Zeit auf Arbeitskampf beruhen. So bestünden jedenfalls am ehesten Chancen, zu Aussagen über die Wirkung des Kampfmittelgebrauchs, im Gegensatz insbesondere zu friedlichen Verhandlungsversuchen, zu kommen und in der Folge mit speziellen Kampfmittelwirkungen argumentieren zu können, derart wie es *Kittner* und *Wohlgemuth* bereits versuchen.

## B. Zum Bezugspunkt für ein Kampfparitätsurteil: Wie sind Kontrahenten und Auseinandersetzungsfeld abzugrenzen?

### I. Überlegungen zu einem räumlichen und organisatorischen Rahmen, innerhalb dessen Gleichgewicht der Tariforganisationen zu fordern denkbar oder sinnvoll wäre — Das Beispiel der Metallindustrie

Ein einzelner Tarifabschluß ist nur ein kleines Element innerhalb eines Mosaiks oder Gefüges von Löhnen und Arbeitsbedingungen durch die verschiedenen Industrien hindurch[1], und auch innerhalb eines Industrieverbandes sind die für diesen typischen oder repräsentativen Verhältnisse durch Abschlüsse in einzelnen Tarifbereichen u. U. wenig festgelegt. Dieser Umstand lenkt auf die Frage: Aus welchen Bereichen — ganz allgemein gesagt — müßte oder könnte man Einzelergebnisse aus Tarifauseinandersetzungen überhaupt heranziehen oder zusammenfassen, um sie für einen Kräftevergleich fruchtbar zu machen?

---

[7] Vgl. dazu BAGE 23, 292 (308).

[8] Vgl. *Seiter*, Streikrecht, S. 164 ff.

[9] So *Seiter*, Streikrecht, S. 167.

[1] Man spricht von der „Lohnstruktur". Auf die einschlägige wissenschaftliche Terminologie wird unter B., II., 3 weiter eingegangen.

Die Frage nach den Einheiten, denen vergleichsfähige Erfolgsdaten entnommen werden können, d. h. innerhalb derer Erfolgsrelationen sowohl auf den jeweiligen Seiten sinnvoll abgebildet, als auch miteinander verglichen werden können, läßt sich zunächst als Frage nach einer räumlichen Grenzziehung aufrollen.

Bei der Suche nach einem territorialen Bezugspunkt für „Waffengleichheit", wie das kollektive Arbeitsrecht sie versteht, fällt auf, daß die abstrakte, theoretische Bestimmung eines räumlichen (und organisatorischen) Rahmens in etwa bei der Feststellung endet, Parität sei zwischen den Parteien des ins Auge gefaßten Tarifvertrags herzustellen[2]. Dieses Fazit — zugleich Ausgangspunkt weiterer Betrachtungen — gibt zwar nur den Stand jener Theorie von Kampfparität wieder, die an den Tarifvertrag als im Tarifarbeitskampf letztlich angestrebtes Regelungsmittel der Arbeits- und Wirtschaftsbedingungen anknüpft und insofern a priori den Bereich von Gleichgewichtsbetrachtung und -gewährleistung beschränkt[3]. Man kann diese Betrachtungsweise aber eher für die typische oder repräsentative nehmen, was den rechtswissenschaftlichen Diskussionsstand angeht, als eine, die Parität allgemein als Gleichgewicht zwischen Kapital und Arbeit definieren und auch über die Auseinandersetzung um den Tarifvertrag hinaus untersuchen bzw. etablieren will[4]. Auf diese Frage wurde bereits eingegangen[5].

Eine weitere Feststellung, was die Behandlung räumlicher Bereiche der Tarifauseinandersetzung in der rechtswissenschaftlichen Literatur anbelangt, besteht darin, daß die Bestimmung des Kampfgebietes, insbesondere die Flächenausweitung, selbst als Zweck des Kampfmitteleinsatzes angesehen wird[6]. Geht man aber davon aus, daß das Kampfgebiet nicht rechtlich zulässig über das Gebiet hinaus ausgedehnt werden kann, für das die ausgehandelten Tarife gelten sollen[7], liegt es nahe, bei der Betrachtung bestehender oder nicht bestehender Parität an das Gebiet anzuknüpfen, für das verhandelt wird. Schon diese Formulierung bedeutet u. U. etwas anderes als eine Anknüpfung an die formellen Vertragsparteien: Die Bezirksleitungen der IG Metall verhandeln offenbar als Vertretung ihrer Organisation auf Bundesebene. Daher ist der

[2] Vgl. zur Vorstellung von Parität als einem Gleichgewicht zwischen Vertragspartnern zusammenfassend *Raiser*, Die Aussperrung, S. 65.

[3] Repräsentativ für diese Richtung *Seiter*, Streikrecht, S. 162.

[4] Vgl. z. B. *Kittner*, Verbot der Aussperrung, o. J. (1979), S. 22 ff., der gegen die Streikmöglichkeit der Arbeitnehmerorganisationen die ganze wirtschaftliche, gesellschaftliche und politische Macht der Unternehmer ins Feld führt.

[5] Vgl. dazu im 1. Teil dieser Untersuchung Kap. A., V., 3.

[6] Vgl. dazu z. B. *Seiter*, Streikrecht, S. 323 ff.

[7] Das ergibt sich aus der Notwendigkeit eines tariflich regelbaren Ziels im Tarifarbeitskampf. Zur umstrittenen Frage nach der Zulässigkeit von Sympathiearbeitskämpfen, auf die hier nicht eingegangen wird, vgl. jedoch *Seiter*, Arbeitskampfparität und Übermaßverbot, 1979, S. 44 ff.

„Machtbereich" einer Tarifvertragspartei nicht unbedingt mit dem Gebiet kongruent, für das sie verhandelt.

Jedoch bringt ein kurzer Blick auf die Wirklichkeit der Tarifverhandlungen die Erkenntnis, daß z. B. die IG Metall mit der mehr oder weniger erklärten Absicht nicht zentral auf Bundesebene verhandeln will, das Verhandlungsgebiet — und damit das Kampfgebiet — kleinzuhalten. Dies hindert sie nicht daran, anschließend das im einzelnen Tarifgebiet — sehr oft war es in der Vergangenheit der Metalltarifverhandlungen Nordwürttemberg-Nordbaden[8] — erzielte Ergebnis zum Maßstab für das ganze Bundesgebiet zu machen. Die Metallarbeitgeber tragen diesen Gegebenheiten Rechnung, indem sie eine sogenannte Kernkommission des Gesamtverbands metallindustrieller Arbeitgeberverbände („Gesamtmetall") der Reihe nach zu Verhandlungen in die einzelnen Bezirke schicken. Unter diesen Umständen aber droht eine Betrachtung von Kampfparität im einzelnen Tarifbezirk irreführend und nutzlos zu werden: Kommt z. B. im Metall-Tarifbezirk Hessen während einer Tarifrunde dasselbe Ergebnis ohne Kampf zustande, wie es inhaltlich zu Beginn der Tarifrunde im Zuge eines Arbeitskampfes in Nordwürttemberg-Nordbaden erreicht wurde, so würde eine isolierte Betrachtung der hessischen Verhältnisse ohne weiteres den Schluß zeitigen, für akzeptable Kompromisse bedürfe es keiner Kampfmittel. Dieser Schluß würde aber der Praxis, innerhalb des Industrieverbandes der Metallverarbeitung zunächst in einzelnen Bereichen zu Ergebnissen zu kommen, die sodann in einen Zusammenhang gebracht werden zu den Verhandlungen in anderen Bereichen, vielleicht durch unmittelbare Übertragung, nicht hinreichend Rechnung tragen[9].

Wenn im folgenden, wie im bisherigen, für die Entwicklung eines territorialen Bezugspunktes der Organisationsbereich der IG Metall, speziell: der metallverarbeitenden Industrie, herangezogen wird, so sei das zumindest vorläufig damit begründet, daß in diesem Sektor spektakuläre Lohnkämpfe mit Streik und Aussperrung in regelmäßigen Abständen vorkamen: 1963, 1971, 1978. Die Geschehnisse in der metallverarbeitenden Industrie erscheinen damit schon prima facie als geeigneter Prüfstein methodischer Überlegungen für rechtstatsächliche Untersuchungen.

Allgemein sind die Gewerkschaften in der Bundesrepublik nach dem sogenannten Industrieverbandsprinzip organisiert, welches die Grenzen

---

[8] Für einen historischen Überblick vgl. *Bergmann / Jacobi / Müller-Jentsch*, Gewerkschaften, S. 231 ff. oder *Beckord*, Lohnführerschaft, S. 114 ff.

[9] Vgl. dazu *Kittners* aufschlußreiche Feststellung, 1978 habe die IG Metall das in Nordwürttemberg-Nordbaden erkämpfte Ergebnis in vollem Umfang auf die anderen Bezirke übertragen können: Verbot der Aussperrung, o. J. (1979), S. 13. Auf ein Auseinanderfallen „juristischer" und „faktischer" Tarifbereiche wies *Bredemeier* hin, Lohnbestimmung, S. 9.

der Industriebereiche auf nationaler Ebene in den Vordergrund treten läßt[10]. Die Industriegewerkschaften sind in sich hierarchisch durchorganisiert auf die Vorstände auf Bundesebene hin[11]. Die Gründe, weshalb zwar in der IG Metall die Tarifträgerschaft der Bezirke weiterhin betont und aufrechterhalten wird, sind bereits angedeutet: Gewiß ist maßgeblich, daß die IG Metall bundesweite Arbeitskämpfe wesentlich weniger lang finanziell durchhalten würde als solche in Bezirken, da in diesem Fall die Arbeitgeber auch bundesweit aussperren könnten. Weiterhin kann die IG Metall auch nur in bestimmten Bezirken streiken, die von der Größe und vom Organisationsgrad her geeignet sind. So ist es ein offenes Geheimnis, daß der Zusammenschluß der Bezirksleitungen Essen, Köln, Hagen und Münster, deren neuerlicher Trennung die Arbeitgeber wohlweislich auch nicht zustimmen, einen nicht mehr streikfähigen Mammuttarifbereich hervorgebracht hat[12].

Das gilt jedenfalls, was die metallverarbeitende Industrie in diesem Bezirk angeht. Einen Sonderfall in mehrerer Hinsicht bildet innerhalb des Organisationsbereichs der IG Metall die Eisen- und Stahlindustrie. Man wird sie wie einen eigenen Industrieverband behandeln müssen, was insbesondere dadurch nahegelegt wird, daß die auf Tarifvertragsabschlüsse bezogene Organisation der Arbeitnehmer zwar auch unter dem Dach der IG Metall, aber räumlich parallel zur tariforganisationsmäßigen Vertretung der Arbeitnehmer in der metallverarbeitenden Industrie verläuft. Auf Arbeitgeberseite wurden die Verbände der Eisen- und Stahlindustrie mit der Geltung der Montanmitbestimmung aus dem Gesamtverband metallindustrieller Arbeitgeberverbände ausgegliedert. Die organisierte Eisen- und Stahlindustrie ist ohnehin nur in einigen Bezirken der IG Metall konzentriert und von erheblicher Bedeutung, v. a. in Nordrhein-Westfalen und dem Saarland. An sich umfaßt die IG Metall also einen zweiten, allerdings zahlenmäßig wesentlich weniger bedeutenden Industrieverband, zumindest eine ausgegliederte Branche. Dieser bzw. diese nahm, vor allem im Gefolge des Montanmitbestimmungsmodells, seit Jahren eine Sonderentwicklung, die nach dem Absterben von Arbeitskämpfen schlechthin aussah. Das hat sich jüngst aber geändert, als die IG Metall gerade im Bereich der Eisen- und Stahlindustrie die 35-Stunden-Woche mit Hilfe eines Streiks durchzusetzen versuchte, dem die Arbeitgeber mit Aussperrung begegneten.

---

[10] Vgl. zum gewerkschaftlichen Aufbau nach dem Industrieprinzip in der Bundesrepublik anschaulich *Beckord*, Lohnführerschaft, S. 89 ff.

[11] Vgl. zu den Organisationsstrukturen z. B. die zusammenfassenden Ausführungen für die DGB-Gewerkschaften bei *Himmelmann*, Lohnbildung, S. 108 ff.

[12] Zusätzlich weist *v. Beyme*, Gewerkschaften und Arbeitsbeziehungen in kapitalistischen Ländern, 1977, S. 162 f., auf die mangelnde Konfliktfreudigkeit der Arbeitnehmer im Ruhrgebiet hin. Dieses Urteil wurde aber jüngst durch den Arbeitskampf um die 35-Stunden-Woche in Frage gestellt.

Ob die weitere Entwicklung in der Eisen- und Stahlindustrie in Richtung größerer Militanz verlaufen wird oder nicht, läßt sich schwer abschätzen, da der bisher für diesen Industrieverband typische Zustand fehlender Arbeitskämpfe wohl nicht zuletzt deshalb unterbrochen wurde, weil die Entscheidung des BVerfG über das Mitbestimmungsgesetz 1976 bevorstand: Diese sah man nämlich auch als von der Überlegung abhängig an, ob Arbeitskämpfe — als Merkmale funktionierender, verfassungsmäßig garantierter Tarifautonomie — in mitbestimmten Bereichen überhaupt noch vorkommen. Insgesamt erscheint es angeraten, die Eisen- und Stahlindustrie mit ihrem Arbeitskampf von 1978/79, wegen ihrer etlichen „einmaligen" Kennzeichen, von der Betrachtung zunächst auszuklammern und sich auf das Wirken der IG Metall im Bereich der metallverarbeitenden Industrie zu konzentrieren.

Im Bereich der metallverarbeitenden Industrie jedenfalls ist die IG Metall gezwungen, es für Nordrhein-Westfalen, trotz hoher Organisationsgrade in den Betrieben, bei (obligatorischen) Arbeitskampfdrohungen bewenden zu lassen — wegen der finanziellen Risiken einer Flächenaussperrung. In anderen, kleineren Tarifbezirken der metallverarbeitenden Industrie fehlt es wiederum am notwendigen hohen Organisationsgrad in wirtschaftlich dominanten Betrieben, die deren reibungslose Stillegung durch den Streikaufruf garantiert. Die Bezirke im Organisationsbereich der IG Metall sind daher unter dem Aspekt, ob sie für Arbeitskämpfe in Betracht kommen, keineswegs vergleichbar und unter sich austauschbar.

Weiterhin scheint für die Abgrenzung eines „Kampfparitätsbereichs" von evidenter Bedeutung, daß, wenn in einem Bezirk gekämpft wird, der Vorstand der IG Metall — wie auch der anderen Industriegewerkschaften — zentral die Entscheidungen trifft. Gerade für die IG Metall läßt sich ein Prozeß der Verlagerung von Entscheidungsbefugnissen hin zum Vorstand beobachten, je mehr es einem Arbeitskampf zugeht[13]; generell darf innerhalb des DGB nach dessen „Richtlinien ... zur Führung von Arbeitskämpfen" nur der Vorstand der (industrieverbandsmäßig organisierten) Einzelgewerkschaft Urabstimmungen genehmigen und Streiks beschließen. Auch dieser Umstand spricht dafür, Kampfparität auf Bundesebene im Industrieverband zu betrachten — abgegrenzt also in räumlicher und wirtschaftlich-funktionaler Hinsicht zugleich.

Wäre einerseits die nach dem Industrieverband, d. h. dem organisierten Industriebereich auf Bundesebene nächstniedrigere Betrachtungsebene für Kampfparität die der Bezirke — jedenfalls im Fall der IG Metall — so käme als nächsthöhere noch der Deutsche Gewerkschaftsbund in Fra-

---

[13] Diese Umstände werden auch von *Himmelmann*, Lohnbildung, S. 108 ff. und *Weitbrecht*, Effektivität, S. 79 hervorgehoben.

ge. Versuchte man für ein Paritätsurteil an die Organisationseinheit des DGB bzw. an alle Industrieverbände im Bund anzuknüpfen, so stünde dem entgegen, daß der Deutsche Gewerkschaftsbund faktisch durch die Wahrnehmung anderer Aufgaben als der kämpferischen Durchsetzung gewerkschaftlicher Ziele charakterisiert ist. Der DGB hat seinen aufgabenmäßigen Schwerpunkt so sehr in der Geltendmachung politischer Einflußmöglichkeiten, neben oder über der unmittelbaren Auseinandersetzung mit dem sozialen Gegenspieler, daß man die Vorstellung eines Generalstreiks, gegen die Arbeitgeber gerichtet, beispielsweise als abwegig bezeichnen kann[14]. Bezieht man also Kampfparität auf die organisatorischen Einheiten der Tarifpartner, denen man auch die Kampfhandlungen in einem weiteren, vernünftigen Sinne zuordnen kann, so ist auf gewerkschaftlicher Seite die Ebene des Industrieverbandes angesprochen.

Der maßgeblichen Rolle der einzelnen DGB-Gewerkschaftsvorstände bei der Durchführung von Arbeitskämpfen entspricht auch die Organisation der Arbeitgeber, zumindest in der Metallindustrie: Die „Verfahrensordnung II für Verhandlungen von Gesamtmetall auf Grund von Vollmachtserteilung“ von 1963, welche die schon erwähnte Verhandlungskernkommission verankerte, läßt den „Tarifpolitischen Ausschuß“ von Gesamtmetall als entscheidendes Steuerungsorgan von Tarifkonflikten im Industrieverband erscheinen[15].

Auf der Ebene des Industrieverbands sind nicht zuletzt die finanziellen Mittel, insbesondere der Gewerkschaften, d. h. auch der „Streiktopf“, konzentriert: So erhalten die Organe unterhalb des Bundesvorstandes, der die Finanzhoheit hat, ihre Mittel zugeteilt; Streikgelder darf nur der Hauptvorstand aus seiner Kasse ausbezahlen[16]. Auf Arbeitgeberseite wurden die Tarifkonflikte in der Metallindustrie, z. B. 1978 und 1971, durch eine „Gefahrengemeinschaft“ auf der Ebene des Gesamtverbands metallindustrieller Arbeitgeberverbände („Gesamtmetall“), also auf Industrieverbandsebene, finanziert. In diesem zentralen Fonds sind die Unterstützungsfonds der Tarifträgerverbände der Metallindustrie zusammengeschlossen. Dem (regionalen) Verband der Metallindustrie Baden-Württemberg oblag somit im wesentlichen die Verteilung der in der „Gefahrengemeinschaft“ aufgebrachten Unterstützungszahlungen an die

---

[14] DGB und BDA pflegen, ungeachtet des § 2 III TVG, den die Gewerkschaften bei der Entstehung des Gesetzes bezeichnenderweise für unnötig hielten, selbst keine Tarifverträge abzuschließen. Daher fehlt es für einen Arbeitskampf auf der Ebene der Spitzenorganisationen auch am Vorliegen eines tariflich geregelten Ziels, vgl. *Wiedemann / Stumpf*, Tarifvertragsgesetz, 5. Aufl. 1977, § 2, Anm. 202, 209.

[15] Vgl. hierzu auch die Darstellung der zentralisierten Kompetenzen im Bereich von Gesamtmetall bei *Weitbrecht*, Effektivität, S. 50 ff.

[16] Vgl. auch hierzu die Zusammenfassung gemeinsamer organisatorischer Merkmale der DGB-Gewerkschaften bei *Himmelmann*, Lohnbildung, S. 109.

Verbandsmitglieder. Demgegenüber haben Hilfeleistungen zur Führung von Arbeitskämpfen auf der Ebene der Spitzenorganisationen zusammengefaßter Industrieverbände, also von BDA (Bundesvereinigung der Deutschen Arbeitgeberverbände) bzw. DGB bisher noch keine erhebliche Bedeutung gewonnen. Die „Schutzgemeinschaft" der BDA für Konflikte von erheblicher, grundsätzlicher Bedeutung wurde offenbar bisher noch nicht in Anspruch genommen. Im Fall der IG Druck und Papier allerdings scheint 1978 eine DGB-Gewerkschaft erstmals zur Finanzierung von Arbeitskampffolgen solidarischer Unterstützungsaktionen der Dachorganisation sowie der anderen DGB-Gewerkschaften bedürftig gewesen zu sein[17].

Ein letzter Blick auf andere Gewerkschaften als die IG Metall im übrigen, die Arbeitskämpfe geführt haben, bestätigt die Hypothese, daß Parität auf Bundesebene der Organisationen, die die jeweiligen Industrie- bzw. Wirtschaftsbereiche voneinander abgrenzen[18], zu untersuchen ist: Im öffentlichen Dienst wurde ohnehin bundesweit verhandelt und (1974) gestreikt, ebenso wie Tarifverträge und Arbeitskämpfe in der Druckindustrie (1976 und 1978) sich auf das ganze Bundesgebiet erstreckten. Die IG Chemie, Papier, Keramik verhandelt über den eigentlichen Bereich der chemischen Industrie hinaus, für den ähnliche Organisationsverhältnisse gelten wie für die in Bezirke aufgegliederte IG Metall, getrennt für weitere Branchen wie Gummiindustrie, Hohlglasindustrie[19]. Vereinzelte kleine Arbeitskämpfe in diesen Industrien stellten aber bezeichnenderweise „manteltarifliche Durchbruchsaktionen"[20] für den weiteren Organisationsbereich der Gewerkschaft dar.

[17] Wobei Art und Umfang der Unterstützung durch den DGB schwer zu ermitteln sind. Jedenfalls genießt die IG Druck und Papier beim DGB Beitragsfreiheit für die Jahre 1978 und 1979, vgl. dazu *Hensche*, Arbeitskämpfe in der Druckindustrie 1976 und 1978, in: Bieback u. a., Streikfreiheit und Aussperrungsverbot, 1979, S. 23 ff., bes. S. 65.

[18] In ähnlicher Weise wie in den vorangegangenen Überlegungen hat jüngst auch *Seiter* angenommen, daß es eine „branchenspezifische" Kampfparität gibt: vgl. Arbeitskampfparität und Übermaßverbot, 1979, S. 61 f. Der nur wirtschaftlich-funktionale, nicht territoriale Aspekt der Abgrenzung hängt mit der Eigenart der von Seiter untersuchten Kampfmaßnahmen zusammen, die zwar in Häfen stattfanden, sich aber gegen die Seeschiffahrt, d. h. die Reeder richteten. Umgekehrt dürfte im Fall der „bodenständigeren" Industrien, wo das Bedürfnis für eine auch territoriale Abgrenzung von Gleichgewichtsbereichen besteht, der Begriff der Branche, zumindest für die metallverarbeitende Industrie, als Anknüpfungspunkt ausscheiden: Automobilindustrie, elektrotechnische Industrie etc. als „Branchen" der metallverarbeitenden Industrie haben, was die Organisation im Hinblick auf kämpferische Auseinandersetzungen angeht, keine eigenen Konturen.

[19] Vgl. zur tarifpolitischen Organisationsstruktur und Zuständigkeit der IG Chemie, Papier, Keramik *Beckord*, Lohnführerschaft, S. 146 ff. Die Lohnrunden in den Tarifgebieten der chemischen Industrie werden von den Tarifgebieten Nordrhein, Rheinland-Pfalz und Hessen angeführt.

[20] So die eingehende Analyse der von der IG Chemie betriebenen Tarifpoli-

Insgesamt also legt die Betrachtung der Praxis von Tarifverhandlungen den vorläufigen Schluß nahe: Die Ebene, auf der nach Parität geforscht werden muß, ist die der Industrie- bzw. Wirtschaftsbereiche im Bund, d. h. vereinfachend, der Industriebereichsverbände oder Industrieverbände.

## II. Konkretisierung des Untersuchungsgegenstandes, insbesondere unter Berücksichtigung wirtschaftswissenschaftlicher Forschungsansätze zur Lohnstruktur: Parität auf der Ebene des „kämpferischen“ Industrieverbandes

### *1. Gleichschritt der Tariflöhne im Industrieverband?*

Mit der Untersuchung von Parität auf der Ebene des Industrieverbands verknüpft sich natürlich die Annahme, daß die Gewerkschaft, im konkreten Beispiel die IG Metall, versucht, die Löhne der Bezirke, allgemein der regionalen Untergliederungen im Gleichschritt zu bewegen, insbesondere orientiert an den Abschlüssen des kampffähigen Bezirks. Umgekehrt wird es schwieriger, Auswirkungen von Kampfmittelgebrauch und dessen rechtlicher Regulierung im Hinblick auf eine Parität der Industrieverbände zu kalkulieren, je weiter der zumindest potentiell umkämpfte regionale Tarif und der Bundesdurchschnitt auseinanderfallen.

Eine Gleichförmigkeit der Bewegung stellte *Beckord* bei der Untersuchung der Tariflöhne seit 1948 innerhalb des Bereichs wichtiger Industriegewerkschaften, darunter Metall und Chemie, fest[21]. Dabei hebt Beckord zwar, ohne überhaupt auf Arbeitskämpfe näher einzugehen, bei der IG Metall als „Lohnführerbezirke“ außer Nordwürttemberg-Nordbaden auch Nordrhein-Westfalen hervor, wobei er vor allem auf die hohen Gewerkschaftsmitglieder- und Beschäftigtenzahlen in diesen Bezirken hinweist[22]. Das steht aber einer Annahme nicht im Weg, daß es der kampfbereite Bezirk ist, der vorgeschickt wird, wenn es notwendig erscheint, um das ganze Lohngefüge des Industrieverbandes anzuheben, bedrohte soziale Besitzstände zu verteidigen und neuartige Forderungen, z. B. nach Humanität am Arbeitsplatz, mit Nachdruck in die Auseinandersetzung einzubringen. Sollte umgekehrt der Lohnführerimpuls einmal von einem anderen Tarifbezirk ausgehen, so wird das für den Industrieverband repräsentative Ergebnis auch in Nordwürttemberg-Nordbaden zu finden sein.

---

tik bei *Dzielak / Hindrichs / Martens / Stanislawski / Wassermann,* Belegschaften, S. 86.

[21] Vgl. dazu *Beckord,* Lohnführerschaft, S. 111 ff. Beckord untermauert insgesamt eindrucksvoll die Annahme, daß innerhalb der Industriebereiche Abschlüsse bestimmter Tarifbezirke Modelleigenschaften haben, d. h. auf andere Bezirke weitgehend übertragen werden.

[22] *Beckord,* Lohnführerschaft, S. 138 und 208 f.

Empirisch soll in einem für die vorliegende Arbeit besonders relevanten Ausschnitt dieser Zusammenhänge untersucht werden, ob die Lohnzuwächse der metallverarbeitenden Industrie im Bundesgebiet sich von denen des Bezirks Nordwürttemberg-Nordbaden stark unterscheiden[23]:

*Schaubild 1*

*Veränderungen des Tariflohnniveaus* in der metallverarbeitenden Industrie des Bundes (—) und des Bezirks Nordwürttemberg-Nordbaden (**—**) von 1961 - 1978

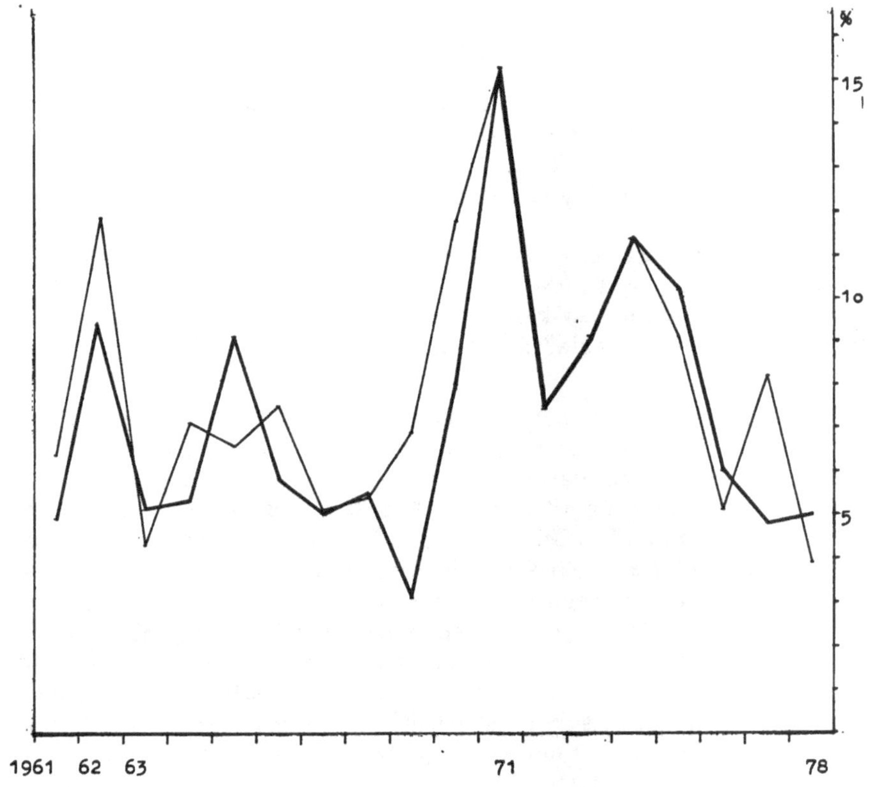


[23] Die Daten für das folgende Schaubild sind dem Index für Veränderungen der Tarifverdienste aus „Wirtschaft und Statistik" sowie der Fachserie (des Statistischen Bundesamtes) M, Reihe 11, Tariflöhne entnommen. Generell gilt für diese empirische Detailstudie, wie für alle in dieser Untersuchung vorgelegten, daß sie weniger versuchen, dem Anspruch an eine wirtschaftswissenschaftliche Professionalität der Methoden und Rechenoperationen Genüge zu tun: Umgekehrt soll der Vorteil leichter Nachprüfbarkeit, d. h. Evidenz in der Gewinnung empirischer Befunde gewahrt bleiben, was gerade dann zu beherzigen ist, wenn das Untersuchungsfeld allgemein theoretisch bzw. rechtswissenschaftlich umstritten ist, die verfügbaren Daten und Zahlen unvollständig oder aber gezielter Auswahl zugänglich sind.

Vor jeder weiteren Interpretation der Kurven muß gesagt werden: Differenzen im jeweiligen Verlauf können sich schon aus der Art der Erhebung der empirischen Daten ergeben. Die Werte für Nord-württemberg-Nordbaden wurden als Veränderungen eines Querschnitts durch die Lohngruppen des Tarifvertrags, der im wesentlichen für das jeweilige Jahr galt, berechnet, wobei die Laufzeit der Abkommen sich nicht unbedingt auf das ganze Jahr erstreckte. Dagegen sind die prozentualen Veränderungen des bundesweiten Tariflohnniveaus aus dem Index des Statistischen Bundesamtes für Veränderungen der Tarifeinkommen berechnet, wobei hier Durchschnittswerte für Kalenderjahre verwendet wurden. Dadurch treten natürlich Verschiebungen ein, wenn neue, höhere Tarife bereits vor Ende eines Jahres in Kraft sind, die sich dann nur auf die Kurve der Tariflöhne im Bund auswirken. Das war 1969 und auch 1961, 1964 der Fall. Außerdem sind in den nordwürttembergisch-nordbadischen Werten, die sich nur aus Daten für Stundenlöhne gemäß dem Lohntarifvertrag errechnen, all die materiellen Verbesserungen nicht berücksichtigt, die sich aus manteltarifvertraglichen Bestimmungen, Urlaubsabkommen, aufgrund von Auswirkungen des Lohnrahmens, d. h. der Einteilung in Lohngruppen und Bewertung der Tätigkeiten u. ä. ergeben.

Stellt man diese Umstände in Rechnung, so scheint die Parallelität der Entwicklungen im Bund und im Bezirk Nordwürttemberg-Nordbaden in der Tat sehr groß. Es ist insgesamt vertretbar, mit der vereinfachenden Annahme weiter zu operieren, daß die Löhne innerhalb der regionalen Untergliederungen des Industrieverbands der IG Metall sich im Gleichschritt nach oben bewegen[24]. Dabei muß vorbehalten bleiben, daß „Reibungsverluste" bei der Übertragung von Ergebnissen eines Bezirkes auf den anderen, falls notwendig, neu thematisiert bzw. problematisiert werden.

### *2. Zusammenstellung von Ergebnissen im kampfbereiten Industrieverband: zugleich Grenze der vorliegenden Untersuchung*

Wenn man also Kampfparität der Industrieverbände betrachtet, so ist die Summe der Ergebnisse innerhalb aller Untergliederungen des Industrieverbandes, der regional begrenzt zum Kampf bereit ist, bzw. ein für diese repräsentativer Abschluß zur Konstruktion von „Gewichtsvergleichen" der sozialen Gegenspieler heranzuziehen.

[24] Mit dem gewählten territorialen und funktionalen Bezugspunkt für Kampfparität verbindet sich die weitere Vorstellung, daß diese a priori als Vertrags- oder Verhandlungsparität gesehen bzw. in deren Dienst gestellt wird, so daß die in etwa gleichzeitigen Tarifverträge eines Industrieverbandes mit „Kampfparität" in Verbindung zu bringen sind.

Eine hierüber hinausgehende Frage ist, wie es in Industriebereichen aussieht, in denen nicht oder nicht mehr gekämpft zu werden pflegt, beispielsweise im Bereich der IG Bau, Steine, Erden. Dieses Problem stellt sich nicht mehr als eines der Kampfparität dar, sondern allenfalls als eines der Verhandlungsparität — eigentlich nicht als Gegenstand des Arbeitskampfrechts, wenn auch des kollektiven Arbeitsrechts, insbesondere Tarifvertragsrechts. Mag man auch Kampfparität nämlich richtigerweise in den größeren Zusammenhang von Verhandlungsparität stellen und auf diese bezogen definieren, so sind doch für das Arbeitskampfrecht und für die Untersuchung arbeitskampfrechtlicher Parität nur die Tarifergebnisse von unmittelbarem Interesse, die wenigstens auf der Kampfbereitschaft, dem potentiellen Arbeitskampf, bezogen auf ein bestimmtes Gebiet bzw. einen bestimmten Industriebereich beruhen. Es läßt sich zwar nicht leugnen, daß allgemein für eine sachgemäße kollektiv-arbeitsrechtliche Regelung der Verhältnisse in Industrie- (bzw. Wirtschafts)bereichen mit kämpferischer Gewerkschaft — traditionell IG Metall, IG Druck und Papier, zunehmend IG Chemie, auch ÖTV — der Blick in andere Organisationsbereiche — z. B. Bau, Bergbau, Handel, Banken und Versicherungen, Nahrungsmittel- und Gaststättenbranche etc. — nicht unterbleiben kann. Das ist aber keine Frage der Kampfparität, sondern eine nach dem Verhältnis zwischen — paritätisch oder imparitätisch — kämpfenden Industrieverbänden und solchen, die gar nicht kämpfen, d. h. eine über die Ermittlung von Kampfparität hinausreichende Frage nach der Bedeutung von Arbeitskämpfen für die Lage der Arbeitnehmer.

### *3. Zur „interindustriellen Lohnstruktur“: Ein empirischer Vergleich zwischen Industriebereichen mit „kämpferischen“ und anderen Gewerkschaften*

Untersuchungsgegenstand und -rahmen können anhand der wirtschaftswissenschaftlichen Forschung, bzw. Terminologie zur sogenannten Lohnstruktur noch einmal verdeutlicht werden. Als Lohnstruktur sei grundlegend der Inbegriff aller Verhältnisse von Löhnen verschiedener Industrien, Branchen, Regionen, Arbeitnehmergruppen zueinander bezeichnet[25]. In diesem Zusammenhang unterscheidet die Untersuchung von *Beckord* zum Phänomen der Lohnführerschaft, unmittelbar aufbauend auf eine Einteilung von *Ross*, im wesentlichen zwischen der in-

[25] Die Lohnstruktur hat einen internen Aspekt des Lohngefüges im Betrieb sowie einen externen Aspekt der Beziehungen zu Löhnen in anderen Betrieben, anderen Unternehmen, Branchen, Industrien. Mit der externen Lohnstruktur hat sich besonders der amerikanische Wirtschaftswissenschaftler und Gewerkschaftsforscher („labor economist“) *Ross* beschäftigt: The External Wage Structure, in: Taylor Pierson (eds.), New Concepts in Wage Determination, 1957, S. 203 f. sowie in AER 1947 (Vol. 37), S. 801 ff. „Billige Vergleiche“ zwischen den Elementen dieser externen Lohnstruktur spielen nach seiner Ansicht für die Lohnbildung eine große Rolle.

terindustriellen, der intraindustriellen und der intergewerkschaftlichen Lohnstruktur[26]. In dieser Terminologie ist für die vorliegende Untersuchung die interindustrielle Lohnstruktur insoweit nicht unmittelbar Gegenstand, als nicht kämpfende Industrieverbände höhere Ergebnisse bei den Tarifen aus kämpfenden Bereichen übernehmen — diese machen die Frage nach Parität in den kampfbereiten Industrieverbänden allenfalls dringlicher. Die umgekehrte Überlegung, daß kämpfende Industrieverbände sich durch schlechtere Ergebnisse (oder Kosten von Arbeitskämpfen, Notwendigkeit hoher Mitgliederbeiträge) eventuell selbst relativ benachteiligen könnten, wirft normative Probleme auf im Bereich von Vereinigungs- bzw. Arbeitskampffreiheit und des Arbeitnehmerschutzgedankens, welche hier nicht behandelt werden sollen und können.

Ohne die prinzipiell gezogene Grenze für die weitere Untersuchung in Frage stellen zu wollen, seien an dieser Stelle einige empirische Daten zum Verhältnis kämpfender und nicht kämpfender Industriebereiche eingefügt, d. h. etwas von dem vergleichenden Blick über die gewerkschaftlichen Organisationsbereiche versucht, um ansatzweise wenigstens den Kontext der Frage nach Kampfparität zu erhellen.

Vorweg: Wenn von „Industriebereichen“ und von nach dem „Industrieverbandsprinzip“ organisierten Gewerkschaften die Rede ist, so ist diese Kategorienbildung nicht erschöpfend, weil z. B. der Bereich Handel, Banken und Versicherungen zwar unter den weiteren Begriff der gewerblichen Wirtschaft fällt, nicht aber unter den der Industrie. Die Arbeiter und Angestellten der Gebietskörperschaften fallen auch nicht unter den Oberbegriff der gewerblichen Wirtschaft. Will man die Gewerkschaften „HBV“ (Handel, Banken und Versicherungen) und „ÖTV“ (Öffentliche Dienste, Transport, Verkehr) in die Betrachtung mit einbeziehen, so müßten deren genannte Bereiche auch erfaßt werden. Problematisch ist hier, daß in der eigentlichen Industrie die Arbeiterlöhne für die Arbeitnehmerverdienste repräsentativer sind als die Angestelltengehälter; umgekehrt sind z. B. bei Banken und Versicherungen kaum Arbeiter vorhanden, weshalb vom Statistischen Bundesamt auch nur Durchschnittswerte zu Gehältern veröffentlicht werden. Vom „Zuständigkeitsbereich“ der Gewerkschaft Handel, Banken und Versicherungen ist in den folgenden Tabellen nur, soweit möglich, der Handel erfaßt. Generell fehlen für direkte Vergleiche zwischen Arbeiterverdiensten des einen und Angestelltenverdiensten des anderen Wirtschaftsbereichs unmittelbar geeignete Zahlen[27].

---

[26] Vgl. dazu *Beckord*, Lohnführerschaft, S. 64. *Beckord* faßt den Ansatz von *Ross* auf S. 62 ff. zusammen.

[27] Das angebotene statistische Material ist so beschaffen, daß sich nicht auf den denkbaren interessierenden Vergleichsebenen — absolute Höhe der Tarifeinkommen, absolute Höhe der Effektivverdienste oder relative Veränderung der Tarifverdienste — alle Wirtschaftsbereiche bzw. gewerkschaftlichen

*Tabelle 1*

*Rangliste verschiedener Industriebereiche nach Bruttostundenlöhnen* der männlichen Arbeiter im Durchschnitt der Jahre 1977, 1970, und 1962

| Industriebereich | Lohn 1977 (DM u. Pfg.) | Lohn (und Plazierung) 1970 | Lohn (und Plazierung) 1962 | gewerkschaftlicher Organisationsbereich | „kämpferische" Gewerkschaft? |
|---|---|---|---|---|---|
| 1. Chemische Industrie (ohne Chemiefaserherstellung) | 12,89 | 6,96 (1.) | 3,62 (2.) | IG Chemie, Papier, Keramik | „k" |
| 2. Bergbau | 12,20 | 6,55 (4.) | 3,64 (1.) | IG Bergbau und Energie | |
| 3. Papier- und Pappeverarbeitung/ Druckerei und Vervielfältigung | 12,14 | 6,77 (2.) | 3,61 (3.) | IG Druck und Papier | „k" |
| 4. Investitionsgüterindustrie (Metallverarbeitung) | 12,11 | 6,48 (5.) | 3,52 (4.) | IG Metall | „k" |
| 5. Baugewerbe | 11,39 | 6,67 (3.) | 3,49 (5.) | IG Bau, Steine, Erden | |
| 6. Nahrungs- und Genußmittelgewerbe | 11,18 | 5,88 (6.) | 3,24 (6.) | Gew. Nahrungsmittel, Gaststätten, Genuß | |
| 7. Textilindustrie/Bekleidungsindustrie | 10,40 | 5,67 (7.) | 3,17 (7.) | Gew. Textil, Bekleidung | |

Insgesamt zeitigte eine Zusammenstellung statistischen Materials[28] — mit für den verfolgten Zweck eines illustrativen Überblicks vertretba-

---

Organisationsbereiche: Industrie, Handel, Banken, Versicherungen, Gebietskörperschaften unmittelbar miteinander vergleichen ließen. Auf Umrechnungen von Arbeiter- und Angestellteneinkommen wurde verzichtet, weil bei (weiter notwendiger) Berücksichtigung der Frage, wie groß die jeweils geleisteten Arbeitszeiten waren, präzise Ergebnisse schwer zu erhalten sind. Die folgenden Tabellen stellen daher den bestmöglichen Kompromiß aus dem gegebenen Material dar.

[28] Alle Daten sind „Wirtschaft und Statistik" (Hrsg.: Statistisches Bundesamt) entnommen, im einzelnen:
— den „Indizes der tariflichen Arbeitszeiten, Stundenlöhne und Monatsgehälter der Arbeiter und Angestellten in der gewerblichen Wirtschaft und bei den Gebietskörperschaften".
— der Tabelle „Durchschnittlich bezahlte Wochenstunden und durchschnittliche Bruttostundenverdienste der Arbeiter in der Industrie".

*Tabelle 2*

***Rangliste verschiedener Bereiche der gewerblichen Wirtschaft, sowie der Gebietskörperschaften, nach Indexpunkten für die Veränderung der tariflichen Arbeiterstundenlöhne*** von 1962 - 1977. (Zusätzlich sind die jeweiligen Veränderungen während der Zeiträume 1970 - 1977 und 1962 - 1970, mit entsprechenden Ranglistenplazierungen, getrennt angegeben)

| Wirtschaftsbereich | Summe gewonnener Indexpunkte 1962 - 1977 | 1970 - 1977 (Plazierung) | 1962 - 1970 (Plazierung) | gewerkschaftlicher Organisationsbereich | „kämpferische“ Gewerkschaft? |
|---|---|---|---|---|---|
| 1. Gebietskörperschaften | 196,2 | 115,6 (1.) | 80,6 (3.) | Gew. Öffentliche Dienste, Transport, Verkehr | „k“ |
| 2. Chemische Industrie | 179,4 | 86,1 (7.) | 93,3 (1.) | IG Chemie, Papier, Keramik | „k“ |
| 3. Handel | 172,0 | 102,3 (2.) | 69,7 (6.) | Gew. Handel, Banken und Versicherungen | |
| 4. Textilgewerbe/Bekleidungsgewerbe | 166,2 | 96,5 (3.) | 69,7 (5.) | Gew. Textil, Bekleidung | |
| 5. Papierverarbeitung/Druckgewerbe | 165,9 | 81,3 (8.) | 84,6 (2.) | IG Druck und Papier | „k“ |
| 6. Nahrungs- und Genußmittelindustrien | 160,8 | 91,9 (5.) | 68,9 (8.) | Gew. Nahrungsmittel, Gaststätten, Genuß | |
| 7. Investitionsgüterindustrie (Metallverarbeitung) | 156,1 | 86,5 (6.) | 69,6 (7.) | IG Metall | „k“ |
| 8. Bergbau | 155,8 | 94,5 (4.) | 61,3 (9.) | IG Bergbau und Energie | |
| 9. Baugewerbe | 154,0 | 74,9 (9.) | 79,1 (4.) | IG Bau, Steine, Erden | |

rem Aufwand — drei Aufschluß versprechende Ergebnisse: Zunächst eine „Rangliste" von Bruttostundenlöhnen in der Industrie. Die einzige vorgefundene Statistik sodann, die Arbeiter in der gewerblichen Wirtschaft und bei den Gebietskörperschaften umfaßt, gibt Indexziffern für den Zuwachs der tariflichen Stundenlöhne wieder. Nach solchen Indexpunkten wurde eine zweite Rangliste aufgestellt. Aus ihr läßt sich also kein absoluter Stand der Verdienste, sondern nur die relative Veränderung der Tarife ablesen; umgekehrt sind es gerade die Tarifbedingungen, die für eine Untersuchung von Kampfparität zunächst interessant sind.

In den Tabellen 1 und 2 sind zu den jeweiligen Industrie- bzw. Wirtschaftsbereichen die entsprechenden, als maßgebliche Vertretung der Arbeitnehmerschaft in Erscheinung tretenden Tariforganisationen aufgeführt. Gewerkschaften, die willens und fähig sind, den Tarifarbeitskampf als Mittel zum annehmbaren Ergebnis einzusetzen, sind mit einem „k" gekennzeichnet. Die Tarifarbeitskämpfe (seit dem schleswig-holsteinischen Metallarbeiterstreik von 1956/57), welche die jeweilige Einstufung begründen, wurden in einer weiteren Übersicht über die DGB-Gewerkschaften kurz bezeichnet[29].

*Tabelle 3*

*Übersicht zur Streikneigung wichtiger DGB-Gewerkschaften* (vom schleswig-holsteinischen Metallarbeiterstreik 1956/57 bis zum Arbeitskampf in der Stahlindustrie Nordrhein-Westfalens 1978/79)

| Gewerkschaft | Von der Gewerkschaft geführte Streiks um tarifvertragliche Ziele |
|---|---|
| 1. *IG Metall* | 1. 1956/57 Schleswig-Holstein, Metallverarbeitung |
| | 2. 1963 Nordwürttemberg-Nordbaden, Metallverarbeitung |

[29] Als zeitlicher Rahmen für die Beurteilung typischer oder fehlender Streikneigung wurde ein Zeitraum von 20 Jahren, bis zurück zum schleswig-holsteinischen Metallarbeiterstreik, gewählt. Dieser scheint ausreichend, um eine Kategorisierung der Gewerkschaften zu begründen; eine darüber hinausgehende Zurückverlegung des Beobachtungsrahmens würde die für den (rechtlich zu regelnden) aktuellen Zustand charakteristischen Einstellungen und Positionen eher verwischen als weiter klären. Die erfaßten Streiks entstammen im wesentlichen dem Archiv einer regionalen Tageszeitung („Südkurier"), das jedoch auch überregionale Blätter auswertet („Frankfurter Allgemeine", „Die Welt", „Süddeutsche Zeitung" u. a.).

Die „Streiktage" der Tabelle, als Beurteilungshilfe gewerkschaftlicher Streikneigung, errechnen sich (einfach) aus einer Multiplikation von Kalendertagen eines Streiks mit der jeweiligen Anzahl der Streikenden. Sie sind daher nicht zu verwechseln mit streikbedingten Produktionsausfalltagen. Letztere dienen der Ermittlung volkswirtschaftlicher Folgen eines Streiks, die, aufgrund von Überstunden, Sonderschichten u. ä., sehr schwer einzuschätzen sind. Für den Zweck dieser Übersicht kommt es nur oder in erster Linie auf

*Tabelle 3* (Fortsetzung)

| Gewerkschaft | Von der Gewerkschaft geführte Streiks um tarifvertragliche Ziele |
|---|---|
| | 3. 1971 Nordwürttemberg-Nordbaden, Metallverarbeitung |
| | 4. 1973 Nordwürttemberg-Nordbaden, Metallverarbeitung |
| | 5. 1974 Unterweser, Metallverarbeitung |
| | 6. 1978 Nordwürttemberg-Nordbaden, Metallverarbeitung |
| | 7. 1978/79 Nordrhein-Westfalen, Eisen -und Stahlindustrie |

Die IG Metall hält mit überschlägig berechneten 16 637 000 Streiktagen beeindruckend deutlich die Spitze, was die Rangliste der DGB-Gewerkschaften nach ihrer Kampfesfreudigkeit angeht. Aufgrund der Häufigkeit, mit der sie Tarifvertragsinhalte durch Streik anstrebte, ist die IG Metall jedenfalls als „kämpferische" Gewerkschaft einzustufen. („k")

| | |
|---|---|
| 2. *Gewerkschaft Öffentliche Dienste, Transport, Verkehr* | 1. 1958 bundesweit, Kommunalarbeiter |
| | 2. 1971 Lufthansa-Bodenpersonal |
| | 3. 1973 Seeschiffahrt |
| | 4. 1974 bundesweit, Öffentliche Dienstleistungen |
| | 5. 1978 Seeschiffahrt |

Die Gewerkschaft ÖTV belegt den zweiten Platz mit 929 000 Streiktagen, die sich vor allem aus Arbeitskämpfen seit 1971 errechnen. 1974 „vertrat" die Gewerkschaft ÖTV erstmalig als kampfbereiter Anführer der Lohnrunde die IG Metall. Aus diesen Umständen ergibt sich die Einstufung auch der ÖTV als „kämpferisch". („k")

| | |
|---|---|
| 3. *Gewerkschaft Textil, Bekleidung* | 1. 1958 Bremen und Niedersachsen, Textilindustrie |
| | 2. 1958 Hessen, Textilindustrie |

Es überrascht, daß die Gewerkschaft Textil, Bekleidung mit ca. 828 000 Streiktagen den dritten Platz in dieser Rangliste einnimmt. Dennoch sprechen zwei Umstände dagegen, ihr das Attribut „kämpferisch" zuzusprechen: Zum einen kam die Gewerkschaft Textil, Bekleidung auf diesen hohen Zahlenwert durch Streiks im Jahre 1958 und ist seitdem nicht mehr durch Arbeitskämpfe von nennenswerter Bedeutung als militant in Erscheinung getreten. Zum zweiten vertritt sie zusammen mit der IG Bau, Steine, Erden innerhalb des DGB offen eine „sozialpartnerschaftliche", streikunwillige Einstellung.

| | |
|---|---|
| 4. *IG Druck und Papier* | 1. 1973 bundesweit, Druckindustrie |

die Einheitlichkeit des Beurteilungsmaßstabes (in sich) an. Faßt man Streiks (auch) als soziale Konflikte auf, so hören diese ohnehin am Wochenende nicht auf zu existieren.

*Tabelle 3* (Fortsetzung)

| Gewerkschaft | Von der Gewerkschaft geführte Streiks um tarifvertragliche Ziele |
|---|---|
| | 2. 1976 bundesweit, Druckindustrie |
| | 3. 1978 im Bundesgebiet, Druckindustrie |

Die IG Druck und Papier rangiert mit 637 050 Streiktagen auf Platz 4. Angesichts der Tatsache, daß diese Zahl praktisch ausschließlich durch Arbeitskämpfe seit 1973 zusammenkam, sowie von der tarifpolitischen Selbstdarstellung dieser Gewerkschaft durch ihre Führer Mahlein und Hensche her, ist auch die Einstufung der IG Druck und Papier als „kämpferisch" geboten. („k")

| | |
|---|---|
| 5. *IG Chemie, Papier, Keramik* | 1. 1962 Norddeutschland, Papiererzeugung |
| | 2. 1963 Bayern, Baden-Württemberg, Hessen, Hohlglasindustrie |
| | 3. 1967 Hessen, Gummi-Industrie |
| | 4. 1971 Hessen, Nordrhein-Westfalen, Hamburg, Chemische Industrie |
| | 5. 1971 Deutsche Texaco AG |
| | 6. 1972 Hamburg, Niedersachsen, Nordrhein-Westfalen, Schleifmittel-Industrie |

Die Zahl von 492 000 Streiktagen für die chemische Industrie erscheint als verhältnismäßig niedrig. Daß die IG Chemie, auch in der Einschätzung einer interessierten Öffentlichkeit, nichtsdestoweniger als „kämpferische Gewerkschaft" geführt wird, läßt sich zum einen mit der relativen Vielzahl von Fällen begründen, in denen sie, wenn auch in jeweils stark begrenztem Umfang, zur Streikwaffe griff. Vor allem aber zeigte die IG Chemie, Papier, Keramik 1971 — als „sattgefütterter" Spitzenreiter auf der Lohnskala — in der chemischen Industrie Kampfbereitschaft und Kampffähigkeit auf eine für die Gegenseite und die Öffentlichkeit unerwartete, schnelle Art und Weise. Hinzu kommt, daß die IG Chemie im DGB, neben der IG Metall, als Exponent einer „aktiven", notfalls militanten Lohnpolitik in Erscheinung tritt. Diese Umstände bzw. Ereignisse belegen, daß die IG Chemie, Papier, Keramik fähig und willens ist, ihre tarifpolitischen Ziele mit Hilfe von Arbeitskämpfen zu verwirklichen: („k")

| | |
|---|---|
| 6. *IG Bergbau und Energie* | 1. 1962 Saarland, Bergbau |
| | 2. 1971 Deutsche Texaco AG |

Für diese Gewerkschaft sind 380 000 Streiktage zu registrieren, die jedoch fast alle aus einem relativ weit zurückliegenden Streik von 1962 stammen. Vor allem steht so einer Einschätzung der IG Bergbau und Energie ihre historische

*Tabelle 3* (Fortsetzung)

| Gewerkschaft | Von der Gewerkschaft geführte Streiks um tarifvertragliche Ziele |
|---|---|
| Entwicklung zu einer arbeitskampfunwilligen, betont kooperativen Haltung entgegen. (Diese hängt wohl stark mit der Geltung des Montan-Mitbestimmungsmodells von 1951 in ihrem Organisationsbereich zusammen.) | |
| 7. *IG Bau, Steine, Erden* | 1. 1967 Nordrhein-Westfalen, Fliesenleger |
| Die ca. 375 000 Streiktage der IG Bau, Steine, Erden resultieren aus einem Arbeitskampf, der dieser geradezu aufgezwungen wurde: Er richtete sich gegen Kürzungen der Löhne der Fliesenleger — ein nicht gerade alltäglicher Fall. Die IG Bau, Steine, Erden ist i. ü. Paradebeispiel bzw. Motor im DGB für eine kooperative Tarifpolitik, die auf Arbeitskämpfe verzichtet. Eine Bezeichnung als „kämpferisch“ wäre nicht gerechtfertigt. | |
| 8. *Gewerkschaft Handel, Banken, Versicherungen* | 1. 1971 Deutsche Texaco AG |
| Die für die Gewerkschaft Handel, Banken, Versicherungen festgehaltenen 20 000 Streiktage stammen aus einem einzigen Streik, den diese mit den Industriegewerkschaften Chemie, Papier, Keramik sowie Bergbau und Energie zusammen organisierte. Eine Klassifizierung als „kämpferisch“ kommt aufgrund dessen nicht in Betracht. | |
| 9. *Gewerkschaft Nahrungsmittel, Gaststätten, Genuß* | 1. 1978 Schokoladenfabrik Stehlin Allensbach |
| Dieser Arbeitskampf einer kleinen Belegschaft um den erstmaligen Abschluß eines Tarifvertrags kann natürlich keine Einschätzung der Gewerkschaft NGG als „kämpferisch“ begründen, gibt aber zu einer allgemeinen Bemerkung Anlaß: Hinsichtlich solcher Arbeitskämpfe, die zu keiner nennenswerten Zahl von Streiktagen führen und über den engsten regionalen Rahmen hinaus kein Echo in der Presse finden, erhebt diese ganze Übersicht keinen Anspruch auf Vollständigkeit. | |

Vor jedem weiteren Schluß aus dem vorgelegten empirischen Material müssen zwei gewichtige Anmerkungen, bzw. Einwände gemacht werden:

1. Die statistischen Betrachtungen erfassen nur den Lohn, nicht aber — vielleicht wesentliche — andersartige tariflich regelbare Ziele der „sozialen Gegenspieler“: Mit der „Lohnstruktur“ ist nur ein Teil der Erfolgsrelationen unter den Akteuren auf beiden Seiten der Tarifauseinandersetzung abgebildet. Auf dieses Problem — wie auf Fragen des Tariflohnergebnisses als eines geeigneten Erfolgsmaßstabes überhaupt — wird im weiteren noch breiter einzugehen sein. 2. Da die Begriffe von

Verhandlungsparität und Kampfparität ein Gleichgewicht der handelnden Tariforganisationen ansprechen, wurden nur deren Kampfhandlungen, nicht aber sogenannte wilde oder spontane Streiks bei der Beleuchtung des Kampfgeschehens in den Industriebereichen berücksichtigt. Das unvollständige Bild kann irreführend sein: Vielleicht erzielt auch eine „integrationistisch“ eingestellte Gewerkschaft, die keinen Arbeitskampf organisiert, vielmehr die „wilden“ Streiks nach Kräften unterbindet, als „Honorar“ der Arbeitgeberseite gute Verhandlungserfolge, die nur scheinbar mit Arbeitskampf, bzw. Kampfbereitschaft der Arbeitnehmer nichts zu tun haben.

Wie beantwortet sich, in aller Kürze, die Frage, ob kämpfende Gewerkschaften mehr Erfolg haben als andere oder umgekehrt, was die tarifpolitische Effizienz angeht, ins Hintertreffen geraten? Die Häufung des Symbols „k“ — für „kämpferische“ Gewerkschaft — im vorderen Feld der Rangliste von Bruttostundenlöhnen fällt auf, jedoch geben zwei Umstände zu denken: Der „Matador“ IG Metall liegt nur im Mittelfeld, sehr weit vorn rangiert, nach wie vor, der absolut kampfunlustige Bergbau, auch das „friedliche“ Baugewerbe nimmt noch einen achtbaren Platz ein. Berücksichtigen muß man bei der Interpretation der Tabelle weiter, daß in der chemischen Industrie sowie im Bereich Druckerei und Vervielfältigung — insbesondere wohl aufgrund des hohen Qualifikationsdurchschnitts der Arbeitnehmer — schon die höchsten Löhne bezahlt wurden, bevor die entsprechenden Gewerkschaften das Attribut „kämpferisch“ verdienten. Gerade in diesem Zusammenhang ist auch der nach wie vor gute Platz einer dritten, ehemals die Lohnrangliste führenden Elite von Industriearbeitern interessant, eben der im Bergbau Beschäftigten: Zahlungsfähigkeit der jeweiligen Industrie, vielleicht sogar das Image einer Art „nationaler Paradeindustrie“, sowie Anforderungen an die entlohnte Tätigkeit, die von Industriezweig zu Industriezweig im Niveau variieren, scheinen wesentliche Bestimmungsgründe für das Gesicht der Rangliste zu sein. Unter diesen Voraussetzungen ist ein Schluß aus der Bruttolohn-Tabelle auf mehr bzw. weniger Erfolg durch kämpferische Einstellung fragwürdig: Die bis zu einem gewissen Grad augenfällige Korrelation guter Ranglistenplätze mit der Einstufung der entsprechenden Gewerkschaften als „kämpferisch“ läßt sich angesichts anderer, in der Tabelle manifestierter Einflüsse auf die Bruttolöhne nicht in eine Kausalbeziehung umsetzen.

Was die zweite Rangliste nach relativen Veränderungen der Tariflöhne angeht, liegen die Gewerkschaften der beiden großen Arbeitskämpfe von 1978 auf geradezu enttäuschenden Plätzen. Dies kann zunächst damit zusammenhängen, daß sie, sozusagen, schon viel haben und deswegen nicht proportional ebensoviel mehr erreichen können wie andere Branchen, in denen ein „Nachholbedürfnis“ besteht. Letzteres mag für den Bereich der Gebietskörperschaften zutreffen: Vielleicht profitieren hier die Arbeiter vom allgemeinen Trend, der die Einkommen der im öffentlichen Dienst Beschäftigten an die Verdienste in der freien Wirtschaft anglich. Für die chemische Industrie kann man gerade das nicht behaupten: Dort bekommen die, die viel haben, auch noch viel dazu — offenbar einfach deswegen, weil die chemische Industrie aus ausgesprochenen Wachstumsbranchen zu bestehen scheint[30].

Neben den im vorhergehenden angesprochenen Bestimmungsgründen der Tariflohnveränderung verblaßt ein zweiter, gewagter Erklärungsansatz: Vielleicht hat gerade den Industriegewerkschaften Metall sowie Druck und Papier die kämpferische Einstellung nichts genützt, weil ihnen ebenso kämpferische Arbeitgeber die Aussperrung entgegensetzten — was bei den Kämpfen von IG Chemie und ÖTV nicht der Fall war. Jedoch fallen die Aussperrungen von 1978 mit ihren Auswirkungen gar nicht mehr in den von der Tabelle erfaßten Zeitraum[31]. Bezeichnenderweise drehten sich Streik und Aussperrung 1978 in der Druckindustrie wie in der Metallindustrie auch nicht (nur) um Tariflohn, sondern um Einführung arbeitsplatzsparender Technologien und Rationalisierungsschutz. Den guten Platz der IG Chemie umgekehrt einem kämpferischen „Durchmarsch" ohne das Hindernis Aussperrung zuzuschreiben, wäre abwegig: Sie hat die für ihre Plazierung entscheidenden Indexpunkte in ihren „friedlichen" Zeiten gesammelt[32] — als auch schon die Gewerkschaft ÖTV, ebenfalls noch kampflos, einen sehr guten Rang belegte. Handel, Textilgewerbe[33], sowie Nahrungs- und Genußmittelindustrie, die ohne Kampf in der Konkurrenz proportionaler Tariflohnzuwächse weit vorn liegen, lenken ohnehin ganz vom Arbeitskampf als Bestimmungsfaktor ab.

Generell wird man sagen müssen, daß in der zweiten Tabelle die Einflüsse kämpferischer Einstellung der Gewerkschaften noch schwerer zu manifestieren sind als in der ersten. Im Ergebnis findet der nach Höhe der gezahlten Einkommen und Zuwächsen der Tarifverdienste vergleichende Blick über die Industrie- bzw. Wirtschaftsbereiche eher ein bun-

---

[30] Zur außerordentlichen ökonomischen Expansion der chemischen Industrie seit den 50er Jahren vgl. *Dzielak / Hindrichs / Martens / Stanislawski / Wassermann*, Belegschaften, S. 51 ff.

[31] Zumindest in der Druckindustrie ist die Aussperrungspraxis überhaupt zu „jung", als daß sie sich hätte numerisch schon deutlich in der Tabelle auswirken können.

[32] Viel bedeutsamer ist, daß 1970 die bis dahin stürmische Expansion der chemischen Industrie begann, ins Stocken zu geraten, vgl. *Dzielak u. a.*, Belegschaften, S. 63.

[33] Man beachte, daß das Textilgewerbe in der 2. Phase des Betrachtungszeitraums, die also von den Streiks, mit denen die Gewerkschaft dieses Bereichs 1958 zum letzten Mal Kampfbereitschaft größeren Umfangs gezeigt hatte, zeitlich weiter entfernt liegt, besser abschneidet als in der ersten.

tes Durcheinander kämpfender und nicht kämpfender Gewerkschaften vor als eindeutige Plazierungsverhältnisse.

Im Zusammenhang mit der Frage nach der interindustriellen Lohnstruktur sei abschließend darauf hingewiesen, daß Probleme, ob und inwieweit in nicht kämpfenden Bereichen Ergebnisse übernommen werden und von welchen Bereichen die bestimmenden Einflüsse ausgehen etc., erst in jüngster Zeit systematisch zum Forschungsgegenstand gemacht wurden. Gelegentlich findet man den Hinweis auf eine Konstanz der interindustriellen Lohnstruktur, die bemerkenswerterweise die der Produktivitätsstruktur deutlich zu übertreffen scheint — wobei für diese Entwicklung sich ein gewerkschaftliches Wirken als Erklärung anbietet[34]. Erstmals hat die Arbeit von *Bredemeier* versucht, Zusammenhänge zwischen „Lohnbestimmungseinheiten" — sie wurden in den USA zuerst von *Dunlop* und *Ross* erforscht[35] — in die Betrachtung miteinzubeziehen[36]. Bredemeier geht von Lohnführergewerkschaften und Lohnfolgergewerkschaften aus, wobei es in erster Linie von einem bestimmten Organisationsgrad — der übrigens gerade nicht maximal sein soll bzw. sein darf, sondern sich in einem mittleren Bereich bewegen muß — abhängt, ob eine Gewerkschaft zum Lohnführer wird. Ebenso ist der Organisationsgrad von Bedeutung dafür, ob eine Gewerkschaft die Ergebnisse eines Lohnführers übernehmen kann. Für die Bundesrepublik jedenfalls nimmt Bredemeier ein vergleichsweise stark integriertes System im Sinne hoher Interdependenz zwischen den Tarifbereichen an, was er mit der organisatorisch und räumlich großzügigen Struktur des Tarifverhandlungssystems in der Bundesrepublik insgesamt in Verbindung bringt[37].

Auch die Ergebnisse der Studie von *Beckord* zur Lohnführerschaft sind in diesem Zusammenhang von Bedeutung: Er stellte eine Tendenz zu uniformem Verlauf der Tariflohnentwicklung für männliche Industriearbeitnehmer in der Bundesrepublik fest, wobei insbesondere von seiten des Organisationsbereichs der IG Metall Musterverträge in den Lohnrunden geschaffen wurden[38]. Dieses Ergebnis oder diese Annahme

---

[34] So etwa *Külp*, Der Lohnfindungsprozeß, S. 35.

[35] Vgl. dazu v. a. deren Beiträge in: Taylor / Pierson, New Concepts in Wage Determination, 1957 (*Dunlop:* The Task of Contemporary Wage Theory, S. 117 ff., *Ross:* The External Wage Structure, S. 173 ff.).

[36] Vgl. *Bredemeier*, Lohnbestimmung, S. 325 ff.

[37] Vgl. dazu und zum vorhergehenden *Bredemeier*, Lohnbestimmung, S. 332, 338 ff.

[38] *Beckord*, Lohnführerschaft, untersucht Zusammenhänge von Lohnführern und Lohnfolgern in zwei Richtungen: Zum einen im Sinne eines Zusammenhangs innerhalb eines Industrieverbands, also zwischen Tarifbezirken derselben Industrie. Insoweit gehören Beckords Befunde natürlich zum Gegenstand der vorliegenden Untersuchung und konnten positiv als Stütze für die Hypothese herangezogen werden, daß Kampfparität auf der Ebene des Industriebereichs zu untersuchen ist. Darüber hinaus findet *Beckord* Zusam-

steht mit den Tabellen im letzten Abschnitt der vorliegenden Untersuchung nicht unbedingt in einem Widerspruch: Die IG Metall muß jedenfalls nicht etwa die Rangliste der Bruttostundenlöhne und proportionalen Tariflohnveränderungen anführen, um Beckords Behauptung zu verifizieren. Vielmehr kann ein Industriebereich, der sich in den Tariflöhnen (= den Mindestlöhnen) an der IG Metall orientiert, die Metallindustrie, insgesamt oder in einzelnen florierenden Branchen, doch noch mit den Effektivverdiensten überholen. Weiterhin werden Industrieverbände mit absolut niedrigeren Löhnen als denen in der Metallindustrie die IG Metall möglicherweise hinsichtlich der proportionalen Tariflohnzuwächse überholen, wenn sie die absoluten Tariflöhne an denen des „Lohnführers" zu orientieren versuchen. Auf diese, bereits weiter oben einmal angedeutete Hypothese eines Nachholbedürfnisses, gestillt durch „Lohnfolger"-Verhalten, enthalten die oben vorgestellten Ranglisten der Industriebereiche schließlich sogar einen Hinweis: Textil- und Bekleidungsindustrie sowie Nahrungs- und Genußmittelindustrie liegen nach absoluten Bruttostundenlöhnen ganz hinten, nach relativen Tariflohnveränderungen dagegen vergleichsweise weit vorn.

Auch diese weiteren, zugleich abschließenden Erkenntnisse zur interindustriellen Lohnstruktur seien unter der Formel vermerkt, daß der vergleichende Blick über verschiedene Industriebereiche den Kontext des eigentlichen Problems erhellt: der Parität der kämpfenden Industrieverbände.

## III. Zwischenergebnis

Stellt man die bisher gefundenen Voraussetzungen zusammen, die einer empirischen Untersuchung einzelner Tariferfolge möglicherweise Aussagekraft verleihen, was die Beurteilung von Kampfparität betrifft, so gehört dazu:

1. Kampfparität ist auf der Ebene des ganzen Industrieverbandes zu betrachten.
2. Die Untersuchung „abstrakt-materieller" Parität erfordert die Zusammenstellung längerfristiger Ergebnisketten, nicht nur vereinzelter Erfolge oder Mißerfolge.
3. Diese Ergebnisreihen sollten in einem gewissen Wechsel erkämpfte und friedlich erzielte Tarifabschlüsse umfassen, damit Schlüsse auf spezifische Kampfmittelwirkungen in Frage kommen.

---

menhänge zwischen den Tariflohnentwicklungen verschiedener Industriebereiche, vgl. S. 211. Was diese angeht, macht auch der Bericht von *Fellner u. a.* im Auftrag der OEEC (teilweise übersetzt abgedruckt in Külp / Schreiber, Arbeitsökonomik, 1972, S. 372 ff.) für eine angenommene de-facto-Stabilität der Lohnstruktur eine Art „Bocksprung-Prozeß" zwischen den Arbeitnehmern verschiedener Industriezweige verantwortlich. Für diese „Lohn-Lohn-Spirale" werden psychologische, soziale und politische Kräfte als Ursachen betont, vgl. S. 380 f.

4. Am ehesten scheint nach alledem der Industriebereich Metallverarbeitung, organisiert durch die IG Metall, als Gegenstand empirischer Untersuchungen geeignet zu sein, weil in dessen periodische (jährliche) Tarifabschlüsse Arbeitskämpfe in regelmäßigen Abständen eingestreut sind. Die Explikation weiterer methodischer Fragen für eine Untersuchung einzelner Tariferfolge wird daher — von besonders begründeten Ausnahmen abgesehen — weiterhin den Fall der IG Metall als Prüfstein nehmen, bzw. aus deren Bereich das empirische Material zur Verdeutlichung der Probleme beziehen.

## C. Gegenstand und Maßeinheit einer Beurteilung einzelner Tariferfolge, insbesondere unter Berücksichtigung der „collective-bargaining"-Theorien

### I. Probleme einer Konzentration der Betrachtung auf Lohnprozente

#### *1. Tarifpolitische Ziele der Arbeitnehmerseite neben den Lohnforderungen*

Die erste Frage ist: Warum soll man den Erfolg der Gewerkschaft, bzw. den Mißerfolg der Arbeitgeber nicht einfach an den Nominallohnprozenten jeweiliger Tarifabschlüsse messen? Dem stehen jedoch im folgenden zu erläuternde Bedenken entgegen.

Anders als ein Typus der Gewerkschaft in den USA, der sich tendenziell ausschließlich als optimaler Verkäufer von Arbeitskraft versteht[1], verfolgen die bundesdeutschen Gewerkschaften auch politische Ziele im weitesten Sinn, so daß sie in Gewerkschaftstypologien auch der ausländischen Forschungsliteratur als „Mitbestimmungsgewerkschaften" gekennzeichnet werden[2]. In den Tarifverhandlungen als einem Mittel zur

---

[1] *Dall'Asta,* Theorie, unterscheidet in seiner Typologie zwischen Gewerkschaften als Agenten des Staates (im Ostblock), als Kampfverbänden, als bloßen Gegengewichten auf dem Arbeitsmarkt (in etwa in den USA) und als gesellschaftspolitischem Instrument zur Verbesserung der sozialen Wohlfahrt der Arbeitnehmer (so die DGB-Gewerkschaften mit ihrem umfassenden gesellschaftspolitischen Programm), vgl. S. 85 ff.

[2] Vgl. dazu *Himmelmann,* Lohnbildung, S. 84 f. und 76 ff. Er hält es für möglich, daß die sogenannten „Nebenforderungen" im breiteren Bereich der Sozialpolitik langfristig eine größere Bedeutung gewinnen als die reine Nominallohnpolitik, S. 93. Ähnlich zum spezifischen Charakter der bundesdeutschen Gewerkschaften *v. Beyme,* Gewerkschaften und Arbeitsbeziehungen in kapitalistischen Ländern, 1977, S. 166 f. Auf die zunehmende Bedeutung andersartiger als Lohnforderungen seit Mitte der 60er Jahre und deren engen Zusammenhang mit den Lohnforderungen in Tarifverhandlungen weisen *Weitbrecht,* Effektivität, S. 166 f. und *Dall'Asta,* Theorie, S. 93 hin. *Teichmann,* Lohnpolitik, 1974 stellt „materielle" und „immaterielle" Zielfunktionen der Gewerkschaften zusammen, wobei er letztere stark betont. Die Intentionen konkret der IG Metall charakterisiert *R. Meyer,* Streik und Aussperrung in der

Durchsetzung gewerkschaftlicher Ziele kann sich dies durch Forderungen äußern, welche die Entfaltungs- und Einflußmöglichkeiten der Gewerkschaft als Organisation betreffen. Als Beispiel mag das Verlangen nach besonderem Schutz der gewerkschaftlichen Vertrauensleute dienen, die der Gewerkschaft, parallel zu den durch das Betriebsverfassungsgesetz von 1952 institutionalisierten Betriebsräten, eine originär eigene Machtbasis sichern sollen[3].

In der Industriesoziologie wurde ferner schon vor längerer Zeit im Zuge empirischer Studien das Augenmerk darauf gelenkt, daß es den Arbeitnehmern in beachtlichem Ausmaß nicht nur um das Einkommen geht, das sich mit einem Arbeitsplatz verbindet, sondern auch um soziale Wertschätzung, um bestimmte Positionen innerhalb einer durch Produktionsprozesse gegebenen Organisation von Gruppen oder Hierarchien[4]. Sozialer Status und dessen Sicherung standen nicht zuletzt im Vordergrund des Metall-Arbeitskampfes 1978, als in der Öffentlichkeit die ironische Anmerkung kursierte, aus Metallarbeitern sollten durch den Rationalisierungsschutz Beamte gemacht werden.

Mit Statusdenken hängt auch das Interesse der Arbeitnehmer an den relativen Lohnunterschieden als solchen, insbesondere am Verhältnis der nach Qualifikation und Schwere der Arbeit gestaffelten Arbeitswert- oder Lohngruppen zusammen[5]. Die IG Metall versucht hier offenbar

---

Metallindustrie, 1977, S. 174 f. als, über die Lohnpolitik hinaus, wesentlich allgemeinere, wirtschafts- und gesellschaftspolitische, bzw. auf die eigene Organisation bezogene.

Zu betonen ist, daß sich die Betrachtung von Parität im Tarifarbeitskampf anhand der dort erzielten Erfolge aber generell auf die Forderungen beschränkt, die in Tarifverhandlungen erhoben werden.

[3] Dieses Verlangen spielte 1969 in der metallverarbeitenden Industrie eine große Rolle; zu konkreten Beispielen für Forderungen der IG Metall vgl. im übrigen die folgende Tabelle 4.

[4] Vgl. die Studien bei *Roethlisberger / Dickson,* Management and the Worker, 12. Aufl. 1961. S. 569 - 589 sind übersetzt in: Külp / Schreiber, Arbeitsökonomik, 1972, S. 19 ff. Zu den Bestrebungen in den USA, einen weiter als nur materiell bestimmten Lohnbegriff zu konzipieren, vgl. *Bredemeier,* Lohnbestimmung, S. 136 f., 138. *Baldamus* stellt in seiner instruktiven industriesoziologischen Analyse das (wichtige) „psychische Einkommen" dem „pekuniären" gegenüber und fordert eine empirische Klärung ihrer wechselseitigen Beziehungen: Der gerechte Lohn, 1960, S. 39 f.

[5] Der amerikanische Wirtschaftswissenschaftler und Gewerkschaftsforscher *Ross* betonte insbesondere, daß billige Vergleiche („equitable comparisons") von Löhnen gerade auch innerhalb eines Betriebes oder Unternehmens eine sehr große Bedeutung hätten für die Arbeitnehmer: The Dynamics of Wage Determination under Collective Bargaining, AER 1947 (Vol. 37), S. 793 ff., bes. S. 798 ff., 822. Das starke Interesse an relativen Löhnen führt *Bredemeier* darauf zurück, daß allgemeine Gerechtigkeitsvorstellungen von den Arbeitnehmern auf Fragen des Einkommenserwerbs übertragen werden, Lohnbestimmung, S. 67 f. Dazu paßt es, wenn *Baldamus* feststellt, Fragen der (insbesondere innerbetrieblichen) Lohnstruktur seien im Lauf der letzten Jahrzehnte die wirklich entscheidenden Aufgaben der Lohnpolitik geworden, Der gerechte Lohn, 1960, S. 37.

langfristig eine Nivellierung herbeizuführen durch die immer wieder vorgebrachte Forderung, die unteren Lohngruppen proportional besonders anzuheben[6] — bei entsprechenden Konzessionen der Gewerkschaft im Bereich der höher bewerteten Lohngruppen können so kostenneutrale, rein sozialpolitisch zu bewertende Verschiebungs„erfolge" eintreten! Umgekehrt wurden die wilden Streiks 1969 gerade von selbstbewußten Facharbeitern initiiert, die sich in ihre Gewerkschaften langfristig wohl nur integrieren lassen, wenn ihren, besonderer Qualifikation entsprechenden, besonderen Lohnansprüchen Rechnung getragen wird.

Im folgenden sind in Tarifverhandlungen verfolgte Ziele der IG Metall zusammengestellt[7], wobei eine Linie gezogen wird zwischen Lohnforderungen und „immateriellen", d. h. auf die im vorhergehenden beispielhaft aufgeführten Ziele, weiterhin auf Humanisierung oder Mitsprache am Arbeitsplatz usf. bezogenen Forderungen. Über die z. T. nicht leichte Einordnung der Forderungen in diese zwei Kategorien mußte letztlich die Frage entscheiden: Wären Erfolg bzw. Mißerfolg bei der Durchsetzung des fraglichen tarifpolitischen Ziels schon mit materiellen Daten, die sich auf Einkommen der Arbeitnehmer, bzw. andererseits auf Kostenbelastung der Unternehmer beziehen — kurz gesagt: mit Zahlen — erschöpfend zu beschreiben? Häufige Doppelzuordnungen, z. B. bei Urlaub und Arbeitszeitverkürzung, die sowohl einen finanziellen wie einen sozialpolitischen Aspekt haben, waren dabei nicht zu umgehen.

Ergänzend zu der vorhergehenden Zusammenstellung tarifpolitischer Ziele der IG Metall ist anzumerken, daß von den 16 637 000 Streiktagen seit dem schleswig-holsteinischen Metallarbeiterstreik, die weiter oben[8] der IG Metall mit weitem Abstand den ersten Platz unter den streikbereiten Gewerkschaften einbrachten, die Hälfte, nämlich 8 601 000, Streiks mit stark sozialpolitischem Einschlag in der Zielsetzung zugerechnet werden kann (wobei bei dieser Rechnung der Stahlstreik um die 35-Stunden-Woche sogar noch als rein „materieller" geführt ist).

Vorläufig kann festgehalten werden, daß von den vielfältigen Forderungen, die die IG Metall im Laufe der letzten Jahre in Tarifverhandlungen erhob, ein beträchtlicher Anteil über die Lohnforderungen, die freilich Presse und Volkswirtschaft besonders beschäftigten, hinausging. Dabei ließ sich auch nur die Kostenbelastung durch vornehmlich oder nebenbei als sozialpolitisch zu charakterisierende Forderungen — ganz abgesehen von der gestellten Frage, ob sie in Kostenrelationen erschöp-

[6] Vgl. dazu die folgende Tabelle 4.

[7] Das empirische Material hierzu entstammt den Geschäftsberichten des VMI (Verbandes der Metallindustrie Baden-Württemberg e. V.) sowie der IG Metall, ferner dem „Metall-Pressedienst" der letzteren und den Berichten mehrerer Tageszeitungen.

[8] Siehe Tabelle 3.

*Tabelle 4*

*Lohnforderungen und „immaterielle" Forderungen* der IG Metall (Nicht weiter gekennzeichnete Forderungen sind solche, die für den Tarifbezirk Nordwürttemberg-Nordbaden, regional oder zentral im Bundesgebiet, erhoben wurden)

| Tarif-runde | Auf Vermehrung des Einkommens der Organisationsmitglieder bezogene, „materielle" Forderungen | „Immaterielle" (sozialpolitische, organisationspolitische u. ä.) Forderungen |
|---|---|---|
| **1956** | Lohnerhöhung 10 %; Einführung der 40-Stundenwoche stufenweise mit Lohnausgleich. Schleswig-Holstein: Lohnfortzahlung im Krankheitsfall für 6 Wochen; mehr Urlaub, Urlaubsgeld. | Arbeitszeitverkürzung. Schleswig-Holstein: Lohnfortzahlung im Krankheitsfall für 6 Wochen; Urlaubsverlängerung. |
| **1957** | Lohnerhöhung 10 %; Arbeitszeitverkürzung von 45 auf 44 Stunden. | Arbeitszeitverkürzung von 45 auf 44 Stunden. |
| **1959** | Verbesserungen in den Manteltarifbestimmungen. | Verbesserungen in den Manteltarifbestimmungen. |
| **1960** | Lohnerhöhung 10 %; 40-Stundenwoche stufenweise mit Lohnausgleich bis 1. 1. 1964, 42 Stunden ab 1. 7. 1960. | Arbeitszeitverkürzung. |
| **1962** | Lohnerhöhung 10 %; 6 Tage mehr Urlaub. | Urlaubsverlängerung. |
| **1963** | Lohnerhöhung 8 %. | (Verhandlungen über ein Schlichtungsabkommen: möglichst keine Einschränkung des gewerkschaftlichen Aktionsspielraums durch obligatorische Schlichtungsphasen). |
| **1964** | Lohnerhöhung 7,3 %; Urlaubsverlängerung durch Nichtanrechnung der Samstage auf den Urlaub, zusätzliches Urlaubsgeld. | Urlaubsverlängerung. |
| **1966** | Lohnerhöhung 9 %. | |
| **1967** | Arbeitgebergarantie bez. Absicherung der Effektivverdienste und freiwilligen sozialen Leistungen; Abbau der Ortsklassen stufenweise. | Absicherung der Effektivverdienste; Forderungen zum Lohnrahmen. „Bereitschaft zu kostenneutralen (!) Forderungen". |

*Tabelle 4* (Fortsetzung)

| Tarif-runde | Auf Vermehrung des Einkommens der Organisationsmitglieder bezogene, „materielle" Forderungen | „Immaterielle" (sozialpolitische, organisationspolitische u. ä.) Forderungen |
|---|---|---|
| 1968 | Lohnerhöhung 7 %, auf die 1,5 % Kosten eines Rationalisierungsschutzabkommens angerechnet werden sollen, das u. a. beinhaltet: 9 Monate Garantie des bisherigen Verdienstes bei innerbetrieblichen Umsetzungen; Abfindungen bei Entlassungen von 6 - 100 % eines Jahreseinkommens; Finanzierung von Umschulungsmaßnahmen. | Schutz gegen Nachteile durch Rationalisierung (Einsatz neuer Maschinen und Anlagen, aber auch organisatorische Veränderungen von Betriebsablauf und Arbeitstechniken); gemeinsam verwalteter überbetrieblicher Fonds zur Finanzierung von Abfindungen und Umschulungen; betriebliche Personalplanungskommissionen für Vereinbarungen über Einstellungsstopps, Kurzarbeit, Umsetzungen, Umschulungen. |
| 1969 | Lohnerhöhung 12 %; Urlaubsverlängerung durch Nichtanrechnung der Samstage als Urlaubstage; Erhöhung des zusätzlichen Urlaubsgelds; Bildungsurlaub unter Entgeltfortzahlung. | Tarifvertraglicher Schutz der gewerkschaftlichen Vertrauensleute (insbes. Kündigungsschutz wie Betriebsräte); Kündigungsschutz für Betriebsjugendvertreter; Urlaubsverlängerung; 2 Wochen Bildungsurlaub für jeden Arbeitnehmer. |
| 1970 | Lohnerhöhung 15 %; (auf die Effektivlöhne anrechenbare) Leistungszulage für Zeitlöhner von durchschnittlich 25 %; Anspruch auf vermögenswirksame Leistungen iHv DM 312,— pro Jahr. | Kostenneutrale Vorweganhebung der Löhne zur Absicherung übertariflicher Zulagen; zusätzliche Anhebung unterer Lohngruppen; Recht, eine Anlage der Beiträge zur Vermögensbildung nur bei der (gewerkschaftseigenen) BfG und Tochtergesellschaften zu propagieren. |
| 1971 | Lohnerhöhung 11 %. | |
| 1972 | Lohnerhöhung 11 %; für die unteren Lohngruppen mindestens DM —,57. | Anhebung der unteren Lohngruppen. |
| 1973 | Nachträgliche Verdoppelung des Urlaubsgelds für 1973; | „Humanisierung am Arbeitsplatz": |

*Tabelle 4* (Fortsetzung)

| Tarif-runde | Auf Vermehrung des Einkommens der Organisationsmitglieder bezogene, „materielle“ Forderungen | „Immaterielle“ (sozialpolitische, organisationspolitische u. ä.) Forderungen |
|---|---|---|
| 1973 | individuelle Akkordverdienstsicherung von 140 %; 6 min Mindesterholzeit für Leistungslöhner pro Stunde, 3 min für persönliche Bedürfnisse; Verdienstsicherung und Kündigungsschutz für ältere Arbeitnehmer. | Verdienstsicherung für Akkordlöhner; Mindesttaktzeit von 1,5 min bei Fließbandarbeit; Grunderholungszeit für Leistungslöhner 6 min/Std.; 3 min für persönliche Bedürfnisse; Verdienstsicherung und Kündigungsschutz für ältere Arbeitnehmer. |
| 1974 | Lohnerhöhung 15 %; mindestens DM 150,— pro Monat; 3 Tage mehr Urlaub; Geltung des Lohnabkommens und der Urlaubsregelung auch für Heimarbeiter. | Anhebung der unteren Lohngruppen; Urlaubsverlängerung; Vereinheitlichung der Urlaubsrahmenbestimmungen für Arbeiter und Angestellte; Einbeziehung der Heimarbeiter in Lohnabkommen und Urlaubsregelung. |
| 1975 | Lohnerhöhung 7 % zuzüglich DM 60,— für alle (= ca. 11,4 %). | Anhebung der unteren Lohngruppen. |
| 1976 | Lohnerhöhung 8,5 %; Erhöhung der vermögenswirksamen Leistungen auf DM 624,— pro Jahr; Erhöhung der (jährlichen) betrieblichen Sonderzahlung auf 100 % (jetzt 40 %) eines Monatseinkommens in einem Stufenplan; bezahlte Freistunden und Freistellungen zu Schulungen für gewerkschaftliche Vertrauensleute. | neues, weitergehendes Abkommen zum Schutz gewerkschaftlicher Vertrauensleute: 10 bezahlte Freistunden monatlich, Besuch gewerkschaftlicher Schulungsveranstaltungen unter Lohnfortzahlung; Abschaffung der Staffel nach Betriebszugehörigkeitsdauer bei der betrieblichen Sonderzahlung. |
| 1977 | Lohnerhöhung 7 % zuzüglich DM 50,— für alle pro Monat (= ca. 10,2 %). | Anhebung der unteren Lohngruppen. |
| 1978 | Lohnerhöhung 8 %; (Lohn-)Abgruppierungsverbot während der jeweiligen Laufzeit des Tarifvertrags; kollektive Eingruppierungssicherung; Anhebung der Lohngruppen I, II auf III. | „Tarifvertrag zur Sicherung der Eingruppierung und zur Verdienstsicherung bei Abgruppierungen“; „Tarifstatusbericht“. |

fend zu beschreiben sind — sehr schwer berechnen: Über das 1969 in der metallverarbeitenden Industrie erhobene „Forderungsbündel“ oder „Forderungspaket“ verhandelten die Experten auf Spitzenebene über eine Woche lang ununterbrochen, hauptsächlich, um eine für beide Seiten akzeptable Kombination herauszurechnen. Dabei differierten die bekanntgewordenen Berechnungen der Tariforganisationen praktisch ständig um 3 %, in Nominallohnprozenten bezogen auf den Gesamtabschluß ausgedrückt[9].

### *2. Tariflohn und Effektivverdienst*

Für die Aussagekraft der Lohnsätze, die in Tarifverhandlungen vereinbart werden, als Maßstab des Erfolgs (insbesondere) auf Gewerkschaftsseite ist auch deren Verhältnis zu den effektiven Einkommen von Bedeutung. Über jene wird, ungeachtet im Tarifbezirk ablaufender oder gar bundesweit zentral geführter Tarifverhandlungen, letztlich auf einer Ebene betrieblicher Lohnfindung entschieden[10].

Ein Vergleich zwischen den tatsächlich bezahlten Löhnen in der florierenden Automobilbranche und denen der elektronischen Industrie, der es generell nicht so gut geht wie der Autoindustrie, erweckt Zweifel, ob die — für beide Branchen — ausgehandelten Tariflohnprozente für die jeweils beschäftigten Arbeitnehmer dasselbe bedeuten, d. h. ob ein Tarifverhandlungsergebnis für die Arbeitnehmer seines Geltungsbereichs überhaupt eine einheitliche, greifbare Konsequenz hat, die mit dem Lohnprozentesatz zu erfassen ist[11] (siehe Tabelle 5).

Neben den beträchtlichen Differenzen der Löhne von Branche zu Branche, die aus den wenigen ausgewählten Zahlen hervorgehen, fallen zwei weitere Umstände ins Auge: Zum einen der generell große Abstand der Effektivverdienste von den Tariflöhnen, zum anderen die erheblichen Veränderungen der tatsächlich gezahlten Löhne während der Laufzeit des betreffenden Tarifabkommens.

Der zunächst angesprochene weite Abstand der Ebenen von Tarif- und Effektivlohn, der vor allem durch außer- und übertarifliche Zulagen der jeweiligen Betriebe oder Unternehmen zustandekommt, birgt ein beträchtliches Problem für die Betrachtung des Erfolges in Tarifverhandlungen: Als die IG Metall forderte, bisher übertarifliche Leistungen der Arbeitgeber tariflich abzusichern, um zu einer stärker oder unmittelbarer bestimmenden Funktion der Tariflöhne für die effektiven Einkom-

---

[9] So die Meldungen der Tagespresse, die das Verhandlungsmarathon begleiteten.

[10] Vgl. zum Nebeneinander von Tarif- und Effektivlohn, von Lohnfindung durch die Tarifverbände sowie auf Betriebs- bzw. Unternehmensebene *Beckord*, Lohnführerschaft, S. 89 ff.

[11] Die vorgelegten Zahlen entstammen dem veröffentlichten Material des Statistischen Bundesamtes, Fachserie M, Reihe 11, Tariflöhne sowie Reihe 15, Arbeitnehmerverdienste in Industrie und Handel.

*Tabelle 5*

*Tariflohn und Effektivverdienste in verschiedenen Branchen* der metallverarbeitenden Industrie Nordwürttemberg-Nordbadens

| | Tariflohn | Effektive Bruttostundenverdienste | |
|---|---|---|---|
| | 1. 1. - 30. 9. 1970 | Januar 1970 | Juli 1970 |
| Straßenfahrzeugbau | 4,24 | 6,78 | 7,16 |
| Maschinenbau | | 6,30 | 6,47 |
| Elektrotechnische Industrie | | 6,02 | 6,20 |

| | Tariflohn | Effektive Bruttostundenverdienste | |
|---|---|---|---|
| | 1. 1. - 31. 12. 1977 | Januar 1977 | Oktober 1977 |
| Straßenfahrzeugbau | 7,92 | 13,10 | 13,87 |
| Maschinenbau | | 11,96 | 12,42 |
| Elektrotechnische Industrie | | 11,37 | 11,95 |

(Angaben in DM)

men zu gelangen, stellten die Arbeitgeber dem das Argument entgegen, daß sie eine Art Manövriermasse bei der Lohnsumme als „Konjunkturpuffer" benötigten[12]. Gerade die Möglichkeit einer Tarifauseinandersetzung um die bewußte Spanne oder Differenz vereinbarter und tatsächlicher Löhne zeigt, daß sich die Arbeitgeber den Abbau eines — als „Aufstockung" bekannten — Gleichschritts von Tariflöhnen und Effektivverdiensten, sofern er faktisch oder in der Regel bestehen sollte, je-

[12] Dieser Ausdruck fiel in der Metall-Tarifrunde 1967.

denfalls von Fall zu Fall vorbehalten wollen[13]. Andererseits wird zunächst klar, daß Lohnprozente, die die Gewerkschaft a priori nur um einer „Aufsaugung" willen, d. h. um die Tariflöhne an die tatsächlich gezahlten näher heranzuführen fordert, einer besonderen Beurteilung bedürfen, was ihre Einschätzung als „Erfolgsprozente" betrifft. Darüber hinaus stellt ein Vorbehalt der Arbeitgeber, Tariflohnerhöhungen auf die Effektivverdienste anzurechnen, den Wert auch der als zusätzliches Einkommen geforderten und durchgesetzten Lohnprozente generell in Frage.

Der weitere augenfällige Umstand, was die zusammengestellten Tarif- und Effektivlohndaten angeht, war, daß sich die tatsächlich gezahlten Löhne während der Laufzeit des entsprechenden Tarifabkommens anscheinend kontinuierlich von den dort vereinbarten Löhnen entfernen. Dieser durch die konjunkturelle Entwicklung, insbesondere die Situation auf dem Arbeitsmarkt bedingte Prozeß ist ein wesentliches Element der in diesem Kapitel angesprochenen „Lohndrift", die gerade von einer solchen Aufwärts- oder Wegbewegung der tatsächlichen Löhne ihren Namen hat[14]. Neutraler für die Umschreibung der Differenz zwischen Tarif- und Effektivlöhnen findet sich die Bezeichnung „wage gap".

Generell sind die (vielfältigen) Ursachen und Aspekte der „Lohndrift" oder „wage gap" letztlich auf die Undifferenziertheit von Tarifverträgen zurückzuführen — Undifferenziertheit, sowohl was zeitliche (konjunkturelle) Abläufe angeht, wie die zahlreichen regionalen und strukturellen Unterschiede innerhalb eines Industriezweigs, wie auch die Differenzierungsbedürfnisse der innerbetrieblichen Lohnstruktur[15].

Damit sind zumindest zum Teil wieder Umstände maßgeblich, die von der Art des gewerkschaftlichen Vorgehens, bzw. von den Organisations-

---

[13] *Külp* nimmt an, daß die „Aufstockungsthese" der Wirklichkeit am nächsten kommt: Lohnbildung, S. 197 und 243, sowie: Der Lohnfindungsprozeß, S. 48, ebenso *Bartmann,* Zur Theorie, S. 46. Umgekehrt ergab die empirische Umfrage unter Verbandsfunktionären, die *Bredemeier* verarbeitet, daß die Fälle von „Aufsaugung" zwar eher als Ausnahmen, aber durchaus als reale Alternative eingestuft wurden; Lohnbestimmung, S. 76, ähnlich *Dall'Asta,* Theorie, S. 110.

[14] Nach Angaben von *Weitbrecht,* Effektivität, S. 211, schätzte z. B. 1966 die Bundesvereinigung der Deutschen Arbeitgeberverbände (BDA) den Anteil speziell der arbeitsmarktbedingten Zuschläge zum Tariflohn auf 1/3, der Sachverständigenrat auf 1/2 der gesamten Differenz zwischen Tarif- und Effektivlöhnen. Versuche, die Lohndrift als reine „market drift" zu erklären, sind aber jedenfalls unvollständig; etliche weitere Umstände beeinflussen die effektive Lohnstruktur: solche sozialer Art, wie bei Frauen- oder Gastarbeiterlöhnen, innerbetriebliche Lohnanreizsysteme, Pflege des Firmenimages u. a. m., vgl. dazu *Bartmann,* Zur Theorie, S. 51, 53. Dieser geht vom Fehlen einer geschlossenen Drifttheorie aus; ähnlich stellt *Keller* fest, daß das Problem der Lohndrift bisher nicht vollständig und widerspruchsfrei erklärt ist: Theorien, S. 114.

[15] Vgl. dazu insbesondere *Külp,* Lohnbildung, S. 220 ff., 227 ff.

verhältnissen abhängen: In der Bundesrepublik kann man von einem mittleren Grad der Zentralisierung von Tarifverhandlungen sprechen[16]. Die Tarifverträge z. B. in der Metallindustrie werden auf der Ebene von Bezirken geschlossen, welche, 16 an der Zahl, mit Bundesländern oder landsmannschaftlich abgegrenzten Teilen von ihnen zusammenfallen. Verwirklichungen denkbarer Alternativen[17] findet man vor allem in Schweden, wo auf nationaler Ebene zentral verhandelt wird — das geschieht aber auch in der deutschen Metallindustrie nicht selten, und immer ist ohnehin ein gravierender Einfluß von seiten der Bundesorganisationen der beteiligten Verbände auf regional geführte Verhandlungen festzuhalten — sowie in den USA. Dort werden die meisten Tarifverträge auf betrieblicher Ebene abgeschlossen. Ein Auseinanderfallen von Tarif- und Effektivlöhnen tritt in den USA praktisch nicht auf.

Ungeachtet des Hinweises, daß eine Gewerkschaft, die mehr oder weniger weit oberhalb der betrieblichen Ebene verhandelt, eine entsprechend größere oder geringere „wage gap" selbst erzeugt oder begünstigt, ergeben sich für das Tarifverhandlungssystem der Bundesrepublik folgende Feststellungen: Die effektiv bezahlten Löhne liegen teilweise weit über den tariflich vereinbarten, sie variieren beträchtlich von Branche zu Branche und verändern sich erheblich während der Laufzeit eines Tarifabkommens — alle drei Umstände oder Prozesse sind evident schwer in eine gesicherte Beziehung zum Tariflohnabschluß als einem Bestimmungsfaktor des effektiven Arbeitnehmereinkommens zu bringen[18]. Die kaum durchführbare Rückführung aller Differenzierungen,

---

[16] Vgl. dazu *Külp*, Der Lohnfindungsprozeß, S. 3.

[17] Vgl. dazu *Bredemeier*, Lohnbestimmung, S. 9 sowie *Külp*, Der Lohnfindungsprozeß, S. 3.

[18] Selbst wenn sich die Effektivlöhne (mindestens) im gleichen Maß wie die Tariflöhne positiv verändern, sagt das noch nicht genug über die Bestimmungskraft des Tariflohnabschlusses aus: Wovon ist die Höhe der Effektivlöhne endgültig oder in Wahrheit abhängig? Hier scheinen viele und vielleicht wesentlich gewichtigere Einflüsse als die Nominallohnvereinbarungen der Verbände im Spiel zu sein. Daß ein synchroner Verlauf von Effektivlöhnen und Tariflöhnen in der Bewegungsrichtung (nicht bzw. weniger im Ausmaß ihrer Veränderung) festgestellt wurde (so *Teichmann*, Lohnpolitik, 1974, S. 65 im Anschluß an die Untersuchung von *Gerfin*, Ausmaß und Wirkung der Lohndrift, in: Arndt (Hrsg.), Lohnpolitik und Einkommensverteilung, 1969, S. 472 ff.), kann eigentlich noch nicht viel besagen, weil sicher jede Lohngröße stark von der wirtschaftlichen Entwicklung abhängt. *Beckord* spricht von der „relativen ökonomischen Bedeutungslosigkeit der überbetrieblich vereinbarten Entlohnungsbedingungen" und kann dabei die Zweigleisigkeit der Verhandlungsebenen sehr plausibel damit erklären, daß die Gewerkschaften auf Verbandsebene ganz andere als „wirtschaftliche" Ziele im Sinne des Einkommens für ihre Mitglieder verfolgen: Es geht vielleicht beim Tarifnominallohn mehr um Aktivitätsnachweise der Organisation gegenüber ihren Mitgliedern, um das „politische" Ziel der Organisation, mit optisch sichtbaren Erfolgen zu überleben: vgl. Lohnführerschaft, S. 92 f. Derartige Theorien zur gewerkschaftlichen Strategie, die von dem Amerikaner *Ross* herrühren, werden weiter unten eingehender zu behandeln sein, vgl. Kap. C., III., 2 und D., I., 2.

die die „wage gap" ausmachen — sie werden weiter unten graphisch noch etwas mehr verdeutlicht[19] —, auf den einheitlichen Tariflohnabschluß für einen bestimmten Bereich der gewerblichen Wirtschaft ist ein weiteres vorläufig festzuhaltendes Problem einer Heranziehung von Tariflohnprozenten als Erfolgsmesser.

### 3. *Tariflohn und Reallohn*

Ein Versuch, Erfolg oder Mißerfolg insbesondere der Arbeitnehmerorganisationen in Tarifverhandlungen mit Hilfe von Lohnprozenten zu messen, kann weiterhin der Frage nicht ausweichen, was der Arbeitnehmer, das Organisationsmitglied, real von seinem Einkommen bzw. Einkommenszuwachs hat[20]: Über die Kaufkraft des Lohnzuwachses entscheidet im Zusammenhang der gesamtwirtschaftlichen Entwicklung auch das Ausmaß gleichzeitiger Preissteigerungen[21]. Preiserhöhungen kommen geradezu als Antwort oder Gegenstrategie — zumindest im wirtschaftlichen, wenn nicht im tarifpolitischen oder arbeitskampfrechtlichen Sinne — der Unternehmer auf von der Gewerkschaft durchgesetzte Lohnerhöhungen in Betracht[22]. Es wäre auch durchaus denkbar, daß das Engagement der Arbeitgeber in der eigentlichen Tarifauseinandersetzung im engeren Sinne mit der Gewerkschaft davon abhängt, inwieweit der leichtere Weg offensteht, sich die entzogenen liquiden Mittel über Preiserhöhungen wieder zu verschaffen[23].

Der Erfolg für die Arbeitnehmerseite jedenfalls läßt sich, was die Durchsetzung von Lohnforderungen angeht, schwer von der Vorstellung trennen, daß sich mit Zugewinnen an Lohnprozenten auch solche

---

[19] Siehe Schaubild 3 auf S. 97.

[20] So wird darauf hingewiesen, von einem Erfolg der Gewerkschaft könne nur gesprochen werden, wenn nach den Verhandlungen die Summe aus Reallohn und Beschäftigten größer ist als vorher, vgl. *Fürst*, Die Machttheorien, in: Frisch (Hrsg.), Beiträge, S. 115 ff., bes. S. 124. Auch *Zerche* macht — mit *J. Pen* — a priori den Zusammenhang zwischen Geldlohn und Konsumgüterpreisniveau zu einem wichtigen konstitutiven Faktor für den „Erfolg der Tarifparteien": Lohnfindung, S. 18.

[21] Zur „Lohn-Preis"- oder „Preis-Lohn-Spirale" vgl. grundlegend *Skiba*, Die gewerkschaftliche Lohnpolitik, 1968, S. 76 ff.

[22] *Dall'Asta* äußert im Zusammenhang sogar die Vermutung, daß die Unternehmer gelegentlich zunächst alle Kostenänderungen „sammeln", um die Preise schließlich bei der nächsten Lohnerhöhung, die als „Alibi" ausgenutzt wird, zu erhöhen: Theorie, S. 119. *Dall'Asta* stellt fest, daß auch beim Übergang der fertigen Konsumgüter in die Hand der Verbraucher (nicht nur in der Tarifauseinandersetzung) um die Verteilung des Volkseinkommens gekämpft wird, vgl.: Theorie, S. 51.

[23] Vgl. dazu *Teichmann*, Lohnpolitik, 1974, S. 42 f. In einer aktuellen Veröffentlichung zur in den Wirtschaftswissenschaften angewandten mathematischen Spieltheorie — vgl. zu dieser auch unten II., 4 — konstruiert *Güth* Tarifverhandlungen versuchsweise auch als „Spiel", bei dem die Gewerkschaft jeden Lohn durch Streik erzwingen, die Unternehmer aber jede Lohnsatzerhöhung auf die Preise abwälzen können: Zur Theorie, S. 132 ff.

an Kaufkraft verbinden. Die Berechnung des unter Berücksichtigung von Preissteigerungen verbleibenden sogenannten Reallohnes stößt allerdings auf nicht zu unterschätzende Schwierigkeiten[24]: Was ein Arbeitnehmer mit seinem Einkommenszuwachs anfangen kann, ist nur unter Berücksichtigung der Frage zu entscheiden, was er damit anfangen will, bzw. was er braucht. Preissteigerungen auf dem Markt für hochwertige Investitionsgüter werden ihn natürlich nicht berühren. Die Auswahl eines sogenannten „Warenkorbs" von Konsumgütern zur Berücksichtigung nur der relevanten Preissteigerungen ist aber nicht einfach und nie zwingend[25]. Vor allem sind Vergleiche der Kaufkraft im Zeitverlauf kaum möglich, weil sich mit dem Angebot der konsumierbaren Güter die Bedürfnisse und damit der Warenkorb in ganz beträchtlichem Ausmaß verändern.

Trotz dieser Unzulänglichkeiten in der Erfassung des Reallohns wird man natürlich immer wieder auf seine Betrachtung, auch im Zeitverlauf, zurückkommen müssen. Das nachfolgende Schaubild 2 zeigt jährliche Tariflohnzuwächse, die mit Hilfe des vom Statistischen Bundesamt veröffentlichten Preisindex für die Lebenshaltung eines mittleren Arbeitnehmerhaushalts preisbereinigt wurden[26].

Der Abstand der Kurven gibt die — beträchtliche — Entwertung ausgehandelter Nominallohnprozente durch die Preissteigerungen des Jahres, in dem der jeweilige Tarifvertrag gilt, wieder. Insofern scheinen die gewerkschaftlichen Forderungen oder Erfolgschancen nicht nur offen, durch Konzessionen in den Tarifverhandlungen, sondern auch verdeckt, nach dem Abschluß des Tarifvertrages, reduziert zu werden — was nicht für die Eignung der Nominallohnprozente als eines ausschließlichen Pegels gewerkschaftlicher Erfolge beim Einkommen spricht.

Nichtsdestoweniger könnte man am Nominallohnergebnis den alljährlichen Erfolg, den „Wechsel des Kriegsglücks" sozusagen, messen, wenn die Abschläge, die für die Berechnung des Kaufkraftzuwachses

[24] Die Berechnung besteht grundlegend darin, daß man einen Lohnindex durch den Preisindex für die Lebenshaltungskosten dividiert, wobei hinsichtlich des letzteren eine bestimmte Anzahl von ausgewählten Gütern („Warenkorb") berücksichtigt wird; vgl. dazu *Skiba*, Die gewerkschaftliche Lohnpolitik, S. 13 ff. Um nun nur ein Problem zu nennen: Soll man mit Netto- oder Bruttoverdiensten rechnen? Auch Abgaben, insbesondere Steuern, können natürlich einen nicht zu unterschätzenden Einfluß auf die reale Lebenslage der abhängig Beschäftigten haben, vgl. auch dazu *Skiba*, Die gewerkschaftliche Lohnpolitik, S. 17 f.

[25] Vgl. *Skiba*, Die gewerkschaftliche Lohnpolitik, S. 20 ff.

[26] Der Graph zeigt wiederum Lohnzuwächse in Prozent, jeweils von Null aus gemessen. Die Werte für die Tariflohnveränderungen in Nordwürttemberg-Nordbaden sind aus den Tarifverträgen errechnet, wie sie das Statistische Bundesamt in der Fachserie M, Reihe 11, Tariflöhne wiedergibt. Der verwendete Preisindex der Lebenshaltungskosten ist der (Bezeichnung ab 1962) für einen „4-Personen-Arbeitnehmerhaushalt mit mittlerem Einkommen des alleinverdienenden Haushaltsvorstandes".

*Schaubild 2*

*Nominelle und reale Zuwächse* der für die metallverarbeitende Industrie Nordwürttemberg-Nordbadens tariflich vereinbarten Löhne (in %) von 1961 - 1978

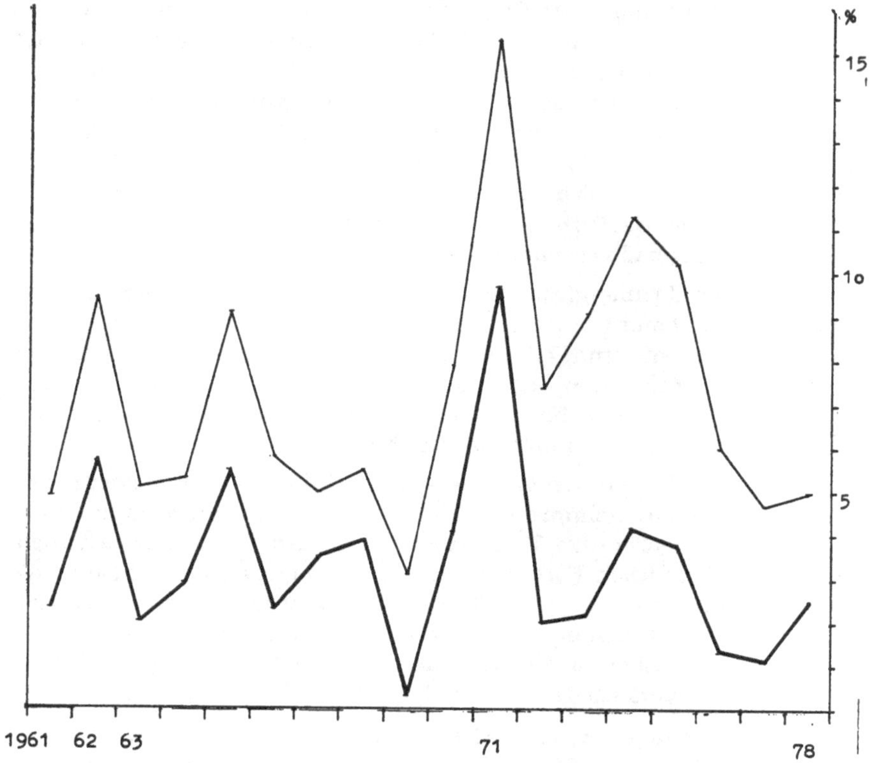


(nominell: ——, real: ━━)

gemacht werden müssen, jeweils konstant wären. Hier erweist sich der prima-facie-Eindruck von Parallelität der Kurven aber als zu grobe Hypothese: Ihr jeweiliger Abstand variiert in einem theoretisch nicht zu vernachlässigenden Umfang. Im Detail interessant ist die einzige Stelle, wo die Kurven gegeneinander laufen: 1966/67 wurde in der metallverarbeitenden Industrie — tendenziell „sozialpartnerschaftlich" — produktivitätsorientierte Lohnpolitik der Gewerkschaft gegen Zurückhaltung bei den Preisen „getauscht"[27]; vielleicht verhinderte auch die beginnende Rezession ein weitergehendes Überwälzen der Kosten auf den Absatzmärkten. Deutlich zeigt sich auch, daß die höchsten Ausschläge

[27] Vgl. dazu *Bergmann / Jacobi / Müller-Jentsch,* Gewerkschaften, S. 246 ff.

der Tariflohnkurve überproportional reduziert wurden: Dies spricht dafür, daß Preissteigerungen die Antwort auf Lohnsteigerungen sind.

Als vorläufiges Ergebnis, was die Interpretation des Graphen anbelangt, kann festgehalten werden, daß Reallohnsteigerungen und Nominallohnsteigerungen in erheblichem, über die Tarifrunden hinweg in sich nicht konstantem Ausmaß differieren. Das ist weiter zu bedenken zu geben, wenn bzw. bevor man gewerkschaftlichen Erfolg, umgekehrt Mißerfolg der Unternehmer einfach am Ausmaß der hinzugewonnenen Tariflohnprozente mißt — in dem Sinn, wie angelegentlich von kompetenten Gewerkschaftsforschern bemerkt wurde, 1970 sei, angesichts von 10 - 15 % Tariflohnsteigerungen, das „erfolgreichste" Jahr der IG Metall gewesen[28].

### *4. Das Verhältnis von Nominallöhnen im Kampfbezirk des Industrieverbands und den effektiven Realeinkommen im Industrieverband*

Weiter oben in Kap. B wurde festgestellt, daß Gewerkschaft (bzw. Bezirksleitung) und (regionaler) Arbeitgeberverband in der metallverarbeitenden Industrie Nordwürttemberg-Nordbadens die „Speerspitzen" ihrer Verbände auf Bundesebene, d. h. ihrer Industrieverbände im Bundesgebiet darstellen, daß eine auf diesen Bezirk — wie auf die jeweils einzelnen anderen Bezirke — bezogene Betrachtung also unvollständig und irreführend wäre. Zwei Annahmen halfen aus dem Dilemma: 1. Der Industrieverband sucht sich ein geeignetes und begrenztes Feld, in dem er, quasi für den ganzen Industriebereich der Bundesrepublik stellvertretend, kämpft. 2. Die Tariflöhne innerhalb der regionalen Untergliederungen des Industrieverbandes bewegen sich im Gleichschritt nach oben. Unter einer weiteren — sich eigentlich von selbst ergebenden — vereinfachenden Annahme, daß in Nordwürttemberg-Nordbaden auch in „friedlichen" Tarifrunden ein für den Industrieverband repräsentatives Ergebnis ausgehandelt oder übernommen wird, kann man die Reihe der Tarifergebnisse in Nordwürttemberg-Nordbaden als Belege für die Tarifentwicklung im ganzen Industrieverband verwenden, sofern nicht ohnehin zentral ausgehandelte Tarifergebnisse zur Verfügung stehen.

Wenn nun also noch untersucht werden soll, was der Arbeitnehmer im Industrieverband letztlich von den Tarifabschlüssen seiner Gewerkschaft — im durchgeführten Beispiel: der IG Metall — effektiv und real an Nutzen hat, wenn also die beiden Umsetzungsprozesse Nominal-/Reallohn sowie Tarif-/Effektivlohn zusammengezogen oder kumuliert werden sollen, muß es zulässig sein, die Kette der nordwürttemberg-

[28] So *Bergmann / Jacobi / Müller-Jentsch*, Gewerkschaften, S. 251.

nordbadischen Tariflöhne zu den effektiven und realen Bruttostundenlöhnen des Industrieverbands ins Verhältnis zu setzen. Das geschieht im folgenden Graphen, und zwar sowohl über eine Messung der Lohnzuwächse in Pfennig (absolut) wie in Prozent (relativ), weil natürlich auch schon ein proportionaler Gleichlauf von Tarif- und effektiven Reallöhnen, ohne Rücksicht auf ihren absoluten Stand und Zuwachs, durchaus eine Eignung der Tariflohnprozentezahl als Erfolgsmesser zeitigen könnte. Dabei wurden, zumindest teilweise, als Drittes auch noch die realen und effektiven Stundenlöhne in der metallverarbeitenden Industrie von Nordwürttemberg-Nordbaden eingezeichnet[29].

Zunächst: Es wäre voreilig, in der gesonderten Einzeichnung der realen und effektiven Stundenlöhne Nordwürttemberg-Nordbadens die Erfassung von Übertragungsschwierigkeiten oder „Reibungsverlusten" hinsichtlich der Übernahme der Tarifergebnisse von Bezirk zu Bezirk zu erblicken. Es könnte nämlich auch sein, daß — bei weitgehender Übernahme der Lohntarife in anderen Bezirken — die übertariflichen Zuschläge gerade in den florierenden Kampfbetrieben der Automobilindustrie Baden-Württembergs besonders hoch sind.

Das Schaubild 3 verdeutlicht, was von den im „Kampfgebiet" Nordwürttemberg-Nordbaden bewirkten Tariflohnbewegungen nach der Umsetzung des Nominallohns in Reallohn, des Tariflohns in Effektivlohn noch bleibt — eine Illustration der bestimmenden Kraft oder Funktion der Tariflöhne im „Paradekampfbezirk". Man möchte sagen: Die bestimmende Funktion ist sehr begrenzt. Vornehmlich das als besonders erfolgreich gerühmte Jahr 1970/71 sticht überhaupt nicht mehr hervor, wenn man die realen und effektiven Lohnzuwächse betrachtet: Diese hatten bereits zuvor, offenbar aufgrund wirtschaftlich-konjunkturell bedingter Zuschläge, einen Kulminationspunkt überschritten. Umgekehrt konnte der gewerkschaftliche große Vorstoß beim Tariflohn 1970/71 wohl durch Preissteigerungen, vor allem durch Abbau über- und außertariflicher Leistungen, aufgefangen werden.

Generell verläuft die Kurve der effektiven Reallohnzuwächse nivellierter als die der Tariflohnzuwächse. Tarif- und Reallohnzuwächse scheinen

[29] Die Graphen entstanden wiederum auf der Grundlage von Material des Statistischen Bundesamtes, und zwar
— der Erhebung „Durchschnittlich bezahlte Wochenstunden und durchschnittliche Bruttostundenverdienste der Arbeiter in der Industrie" (dort speziell Investitionsgüterindustrie, die man in etwa mit Metallverarbeitung gleichsetzen kann)
— dem Lebenshaltungskosten-Index (Bezeichnung ab 1962) für einen „4-Personen-Arbeitnehmerhaushalt mit mittlerem Einkommen des alleinverdienenden Haushaltsvorstandes" (Insoweit sind die Daten wiederum „Wirtschaft und Statistik", dort den „Statistischen Monatszahlen" entnommen bzw. auf dieser Grundlage berechnet).
— den Fachserien M, Reihe 11, Tariflöhne und Reihe 15, Arbeitnehmerverdienste in Industrie und Handel.

*Schaubild 3*

*Tariflohnerhöhungen in der metallverarbeitenden Industrie Nordwürttemberg-Nordbadens (—) sowie Erhöhungen der effektiven Reallöhne in der metallverarbeitenden Industrie des Bundesgebiets (- - -) und des Bezirks Nordwürttemberg-Nordbaden (. . . .) von 1961 - 1978*

3.1. Zuwächse, jeweils von Null aus, in Pfennig

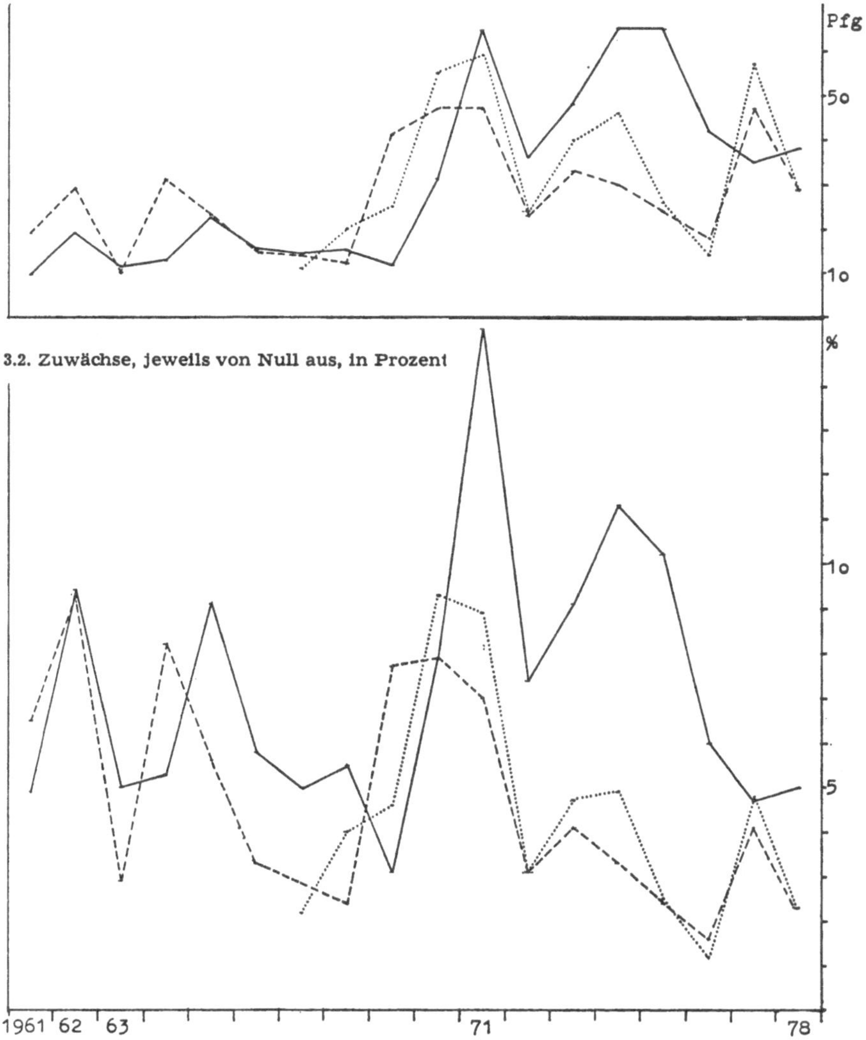


ab Mitte der 60er Jahre zunehmend auseinanderzufallen. Die Kurven führen auch immer mehr ein „Eigenleben“, wobei, was die Darstellung der prozentualen Zuwächse angeht, zusammengerechnet in rund einem Drittel des Verlaufs die Tendenzen sogar gegenläufig sind[30]. Ein klärender Hinweis scheint noch am Platze: Besondere Bewegungen der beiden Kurven, die das Auge des am Arbeitskampfrecht Interessierten im Bereich der großen Arbeitskämpfe Nordwürttemberg-Nordbadens sucht — und zu finden glaubt — sollen an dieser Stelle noch nicht Diskussionsgegenstand sein und werden weiter unten aufgegriffen. (In der Tat sacken sowohl Tarif- wie Effektivlohnkurve in zumindest zeitlichem Zusammenhang mit den Arbeitskampfjahren 1963 und 1971 sehr deutlich ab.)[31]

### *5. Zusammenfassung und Hinweis auf den Fortgang der Untersuchung*

Der naheliegende Versuch, auf die ausgehandelten Lohnprozente zu schauen, wenn vom Erfolg der Gewerkschaften oder Mißerfolg der Arbeitgeber die Rede ist, stößt auf erhebliche Schwierigkeiten:

Ein hoher Anteil der von der Arbeitnehmerseite, konkret der IG Metall in den letzten Jahren erhobenen Forderungen bezieht sich nicht oder nicht ausschließlich auf den Lohn und ist mit auf Einkommen, bzw. Kosten für die Unternehmer bezogenen Zahlenwerten nicht ausreichend zu erfassen. Betrachtet man den engeren Rahmen des Erfolgs beim Lohn, so rücken neben dem vereinbarten Tariflohn zwei weitere Lohndaten in dieses Blickfeld, nämlich der effektiv bezahlte Lohn und der Reallohn. Die Frage, wieviel ein Arbeitnehmer im Betrieb zuletzt tatsächlich ausbezahlt bekommt, vor allem, wie sich Tariflohnabschlüsse auf diese Summe auswirken, kann jedenfalls dann nicht vernachlässigt werden, wenn man den gewerkschaftlichen Erfolg mit dem Vorteil der organisierten Mitglieder in Zusammenhang bringt oder gleichsetzt: Erfolg beim Einkommen bedeutet Kaufkraftzuwachs.

Die hinzugewonnene Kaufkraft hängt, außer vom effektiven Einkommen mit all seinen über- und außertariflichen Zulagen, von Preissteigerungen im Gefolge der Tariflohnerhöhungen ab. Da diese, wenn die Absatzmärkte es zulassen, von den Arbeitgebern bzw. Unternehmern als Reaktion oder Antwort auf Lohnforderungen eingesetzt und auch strategisch vorausgeplant werden können, darf eine Betrachtung des gewerkschaftlichen Erfolgs beim Lohn nicht ganz an der Entwicklung der Reallöhne vorbeigehen.

---

[30] Wobei in diesem Graphen nur der synchrone Verlauf der Kurvenbewegungen die Bestimmungskraft des Nominallohnabschlusses wiedergeben könnte: Eine allgemeinere „optische Parallelität“ der Kurven kann demgegenüber nur auf wirtschaftliche Bestimmungsgründe des Verhandelns über den Tariflohn, ebenso wie der betrieblichen Lohnfindung, hindeuten, d. h. einfach die Entwicklung der wirtschaftlichen Lage nachzeichnen.

[31] Nur auf eines sei schon hingewiesen: Die Graphen weisen (mindestens) ebenso beeindruckende Tiefpunkte ca. 1968 und 1976 auf, die eindeutig wirtschaftliche Ursachen haben. Eben zu diesen zyklischen Rezessionspunkten kommen aber als weitere die Jahre (ca.) 1963 und 1971 hinzu!

Die Veränderungen der effektiven Reallöhne — dargelegt am Beispiel der metallverarbeitenden Industrie — scheinen aber relativ weit entfernt von einem angenommenen Bestimmungsgrund „Tariflohnvereinbarung“ zu verlaufen. Dabei dürfte eine Rückführung der tatsächlich gezahlten Arbeitnehmereinkommen auf den Wert des Tariflohnabschlusses theoretisch schwierig und praktisch unmöglich sein. Damit läuft die Betrachtung von Tariflohnprozenten als Erfolgs- bzw. Mißerfolgspunkten oder -einheiten Gefahr, einen Maßstab zu verwenden, mit dem sich, zumindest für den einzelnen organisierten Arbeitnehmer, wenig greifbare, zumindest keine von Tarifrunde zu Tarifrunde feststellbaren und überprüfbaren Konsequenzen für sein reales Einkommen verbinden[32].

Explikation und Beantwortung von Fragen, die sich einer Erfassung und Heranziehung von Tariferfolgen als empirischen Belegen für bestehende oder fehlende Waffengleichheit in den Weg stellen, sollen mit diesem vorläufigen Ergebnis — mit der Bewußtmachung der ersten Hindernisse, die auf dem am einfachsten anmutenden Weg der Betrachtung von Lohnprozenten liegen — zunächst einmal unterbrochen werden.

An dieser Stelle der Untersuchung, die zu einigen ihr entgegenkommenden Problemen Fühlung aufgenommen hat, umgekehrt für alle Lösungen, d. h. alle relevanten Hinweise auf eine geeignete Betrachtung von Tariferfolgen offen ist, mag die Konsultation der wirtschafts- und sozialwissenschaftlichen Theorien zu kollektiven Lohnverhandlungen sich als nützlich erweisen. Im folgenden wird daher zunächst der Frage nachgegangen, wie diese Theorien — gelegentlich pauschal als „collective bargaining“-Theorien bezeichnet — den Erfolg der gegnerischen Organisationen bei Tarifverhandlungen beschreiben und in einer methodisch gesicherten Weise erfassen.

## II. Heranziehung der Theorien zum „collective-bargaining“: Ausgangspunkt und historische Entwicklung in einem kurzen Abriß

### 1. *Die Theorie des bilateralen Monopols*

Die klassische Nationalökonomie erklärte den Lohn als Preis für Arbeitsleistung wie jeden anderen Preis über den Mechanismus von Angebot und Nachfrage, im speziellen Fall eben auf Arbeitskräfte bezogen[33]. Sowohl für die Seite der Anbieter von Arbeitskraft wie für die der Nachfrager wurde von einem Zustand durchgängiger Konkurrenz ausgegangen; insgesamt ergibt sich ein zumindest theoretisch eindeutig determinierter, sogenannter Gleichgewichtslohn.

---

[32] Davon scheint auch schon *Zöllner* auszugehen: Arbeitsrecht, 2. Aufl. 1979, § 33 II 3, S. 241.

[33] Vgl. dazu z. B. *Külp*, Theorie der Drohung, 1965, S. 26.

Ein Raum für Verhandlungen zwischen Tariforganisationen wurde, nachdem die „neoklassische" Nationalökonomie mit der Lehre von verschiedenen möglichen Marktformen das faktische Vorhandensein auch „unvollkommener" Märkte[34] akzeptiert hatte, mit der Theorie des „bilateralen Monopols" geschaffen: Fällt die Konkurrenz sowohl auf der Seite der Nachfrager wie der Anbieter von Arbeitskraft aus — diese Situation ist mit der Koalierung weitgehend gegeben —, so können diese sich über den Preis nur noch einigen, indem sie ihre jeweils differierenden Vorstellungen miteinander vereinbar machen.

Jedoch war der Preis eines Gutes auch unter den Verhältnissen des bilateralen Monopols bis zu einem gewissen Grad determiniert. Grenzen — sie wurden insbesondere im Modell von *Edgeworth* zunächst dargestellt[35], tauchen so oder ähnlich aber immer wieder auf — bilden, für Tarifverhandlungen, im äußersten Fall das Existenzminimum der Arbeitnehmer einerseits, andererseits die Rentabilität des Weiterproduzierens für die Arbeitgeber als Unternehmer überhaupt. Darüber hinaus konnte man im bilateralen Monopol noch engere Grenzen wahrscheinlicher Ergebnisse konstruieren: Jede Seite hat ihr vorgestelltes Optimum, was die Menge/Preis-Relation des zu tauschenden Gutes anbelangt. Konkret: Für die Arbeitgeber dürfte ein Lohn in der Höhe des Existenzminimums der Arbeitnehmer wegen des Kaufkraftschwunds nicht optimal sein. Bei realistischer Betrachtungsweise ist umgekehrt die Gewerkschaft nicht interessiert, den Produktionsprozeß durch Beseitigung jeder Gewinnerwartung zum Stillstand zu bringen. Zwischen den jeweiligen Optimalvorstellungen muß vermittelt werden. Damit war, je nach der Differenz der Vorstellungen, die die Seiten durchzusetzen versuchten, ein größerer oder geringerer Unbestimmtheitsbereich der Tarif-

---

[34] Was insbesondere den Arbeitsmarkt anbelangt, vgl. die empirische Untersuchung von *Ozanne* in den USA, der feststellte, daß eine Beziehung zwischen Löhnen und Nachfrage auf dem Arbeitsmarkt lediglich noch in den 20er Jahren bestand, bevor die Bedeutung der Gewerkschaften zunahm: Der Einfluß der Gewerkschaften auf das Lohnniveau und die Einkommensverteilung, in: Külp / Schreiber (Hrsg.), Arbeitsökonomik, 1972, S. 324 ff. Im Zuge der vorliegenden Untersuchung stellte sich allerdings der Einfluß des Nachfragedrucks hinsichtlich Arbeitsleistung auf den Verhandlungserfolg, konkret in der metallverarbeitenden Industrie Nordwürttemberg-Nordbadens, gravierender dar, jedoch auch nicht unmittelbar nur auf die Lohnhöhe bezogen und auch nicht im Sinne eines volkswirtschaftlichen Mechanismus, sondern in Gestalt eines Verhandlungsarguments bei Kollektivverhandlungen; vgl. dazu weiter unten E., III., 1. Wahrscheinlich ist jedenfalls, daß einerseits die Arbeitgeber die Arbeitsnachfrage nicht je nach (geforderten) Lohnsätzen verändern, umgekehrt z. B., daß Lohnanreize nur wenig Mobilität unter den Arbeitnehmern erzeugen können — dies wären aber Zeichen eines „funktionierenden" Marktes; vgl. zu letzterem *Wack*, Kollektivverhandlungen, S. 81 ff., 84 ff., der allerdings nur amerikanische Verhältnisse untersucht.

[35] Vgl. zur Darstellung des *Edgeworth*-Modells als der am meisten behandelten theoretischen Konstruktion des bilateralen Monopols: *Fürst*, Die Machttheorien, in: Frisch (Hrsg.), Beiträge, S. 115 ff., bes. S. 124 ff.; *Zerche*, Lohnfindung, S. 34 ff.; *Dall'Asta*, Theorie, S. 60.

löhne gegeben[36]. Dieser Unbestimmbarkeitsbereich wurde zum theoretischen Ort praktisch aller Verhandlungstheorien.

### 2. *Die „Bargaining-Klassiker"*

Ebenfalls von seiten der Nationalökonomie wurde der erste Zugriff auf den geschilderten Unbestimmtheitsbereich des Lohnes gewagt. Er ist mit den Namen (sozusagen) der „Bargaining-Klassiker" *Hicks, Zeuthen, Pen*[37], wohl auch noch *Shackle*[38] verbunden.

*Hicks* versuchte erstmals (1932), ein nicht-ökonomisches Element für ein einfaches Modell der Lohnbestimmung fruchtbar zu machen, weil eben zumindest die konventionell ökonomischen Preisbildungsmechanismen auf Märkten nicht auszureichen schienen, und zwar die Streikdrohung[39]. Dieses Element wurde in der Folge meist als politisch oder genauer: organisationspolitisch klassifiziert, um durch Machtausübung gekennzeichnete Verhältnisse von ökonomischen Prozessen abzugrenzen[40].

*Zeuthen* versuchte, dem Charakter des Verfahrens zur Lohnfindung — nicht nur des Ergebnisses — näherzukommen, indem er den Verhandlungsprozeß in eine Folge einzelner Entscheidungen auflöste[41]. Diese werden von einem sich in bestimmter Weise kontinuierlich verändernden Arbeitskampfrisiko diktiert. Der Hinweis, daß Tarifverhandlungen

---

[36] Vgl. die Wiedergabe des viel zitierten Standpunktes von *Edgeworth:* „Vertrag ohne Wettbewerb ist unbestimmt" bei *Shackle,* Die Wirkungsweise des Verhandlungsprozesses, in: Külp / Schreiber (Hrsg.), Arbeitsökonomik, 1972, S. 236 ff., bes. S. 242 oder bei *Zerche,* Lohnfindung, S. 37. Damit ist aber im Grunde noch nichts darüber gesagt, nach welchen Kriterien die Lohnbestimmung im verbleibenden Unsicherheitsbereich weiter verläuft, d. h. ob nicht letztlich doch ökonomische Argumente den Lohn mehr oder weniger vollständig determinieren. Jedoch wurde „Unbestimmbarkeit" in der Folge zunächst einmal mit „nichtwirtschaftlichen Faktoren" gleichgesetzt — eine Folgerung, die *Külp* kritisierte, allerdings aus dem Grund, daß er auch „politische" bzw. „organisationspolitische" Lohnbestimmungsmomente für berechenbar hielt, vgl. Lohnbildung, S. 18.

[37] Die wichtigsten Beiträge sind: *Hicks,* The Theory of Wages, 1932 (2. Aufl. 1963); *Zeuthen,* Economic Theory and Method, 1955; *Pen,* A General Theory of Bargaining, AER 1952 (Vol. 42), S. 24 ff.

[38] *Shackle,* Expectation in Economics, 1952, bes. S. 1 ff., 9 ff. Vgl. zu dieser theoretischen Konstruktion, die, jedenfalls was Shackles Verhandlungsmodell angeht, nicht in dem Maß wie die der drei zuvor genannten aufgegriffen und fortentwickelt wurde, *Keller,* Theorien, S. 51, oder *Zerche,* Lohnfindung, S. 62 ff.

[39] Vgl. *Hicks,* The Theory of Wages, 2. Aufl. 1963, S. 140 ff. Deutschsprachige Darstellungen bei: *Wack,* Kollektivverhandlungen, S. 30 ff.; *Dall'Asta,* Theorie, S. 67 ff.; *Zerche,* Lohnfindung, S. 38 ff.

[40] Vgl. v. a. *Külp,* Theorie der Drohung, 1965, S. 29.

[41] Vgl. *Zeuthen,* Economic Theory and Method, 1955, Kap. 57, bes. S. 289 ff. Deutsche Darstellungen dieses Modells z. B. bei: *Wack,* Kollektivverhandlungen, S. 31 f.; *Keller,* Theorien, S. 37 ff.; *Dall'Asta,* Theorie, S. 64 ff.; *Zerche,* Lohnfindung, S. 43 ff.

unter ständiger Unsicherheit darüber ablaufen, was das bisher Erreichte, in Anbetracht der Kampfbereitschaft des Gegners, schon wert ist, pflegt Zeuthen als Verdienst zugeschrieben zu werden[42].

*Zeuthen* hatte dabei nur ermittelt, an welcher Stelle des Verhandelns es für eine Partei (theoretisch) ratsam wäre, bei Berechnung eines für sie noch lohnenden, abstrakten Risikowerts einzulenken[43]. Zu diesem für eine Partei rentablen hypothetischen Risiko bei hartnäckigem Weiterverhandeln fügte *Pen* — als weitere Bestimmungsgründe des Verhandlungsverhaltens — das geschätzte tatsächliche Risiko sowie noch die individuelle Risikofreudigkeit hinzu[44]. Pen gelangte so zu einem schon recht komplizierten Gleichungssystem für die Festlegung eines Einigungslohnsatzes.

Verlangt man von einer Theorie, daß sie der vielleicht komplizierten Wirklichkeit gerecht wird, andererseits aber, daß man mit ihr in dieser Wirklichkeit auch arbeiten kann, daß sie „operationalisierbar“ ist, so läßt sich feststellen: Die Modelle der „Bargaining-Klassiker“ entfernten sich zu sehr von dem einen Erfordernis, in dem Maß, wie sie dem anderen genügten[45].

### 3. *Die „labor economists“*

Eine weitere wichtige Gruppe amerikanischer Forscher, die man als „labor economists“ bezeichnet[46], rückte, grob verallgemeinernd, nicht so sehr die theoretische Erweiterung und Vervollkommnung geschlossener,

---

[42] Vgl. *Zerche*, Lohnfindung, S. 47. Auf dieser ersten Verarbeitung von Unsicherheit und Risiko konnten weitere Forschungen, insbesondere die von Pen, aufbauen.

[43] „We may find the maximum probability of a strike, which is profitable for the workers to risk“, Economic Theory and Method, 1955, S. 292.

[44] Vgl. dazu *Pen*, A General Theory of Bargaining, AER 1952 (Vol. 42), S. 24 ff. Deutsche Darstellungen dieser Theorie bei: *Wack*, Kollektivverhandlungen, S. 33 ff. *Keller*, Theorien, S. 41 ff.; *Zerche*, Lohnfindung, S. 48 ff.; *Bartmann*, Zur Theorie, S. 104 ff.

[45] So urteilt auch *Keller*, Theorien, S. 31. Die immer geringer werdende Operationalisierbarkeit von *Hicks'* zu *Pens* Modell setzt sich noch fort in späteren Theorien, die die Modelle der „Bargaining-Klassiker“ fortentwickelten. Zitiert sei nur der Ansatz von *Cross:* A Theory of the Bargaining Process, AER 1965 (Vol. 55), S. 67 ff. Zu weiteren, ähnlichen Versuchen vgl. *Keller*, der auch darauf hinweist, daß mit diesen Modellen ein Grad von Komplexität und Abstraktion erreicht sei, der die Ableitung von Aussagen, d. h. ein Fortschreiten in der Erkenntnis über Tarifverhandlungen prinzipiell in Frage stelle: Theorien, S. 89 ff., 110 f. Zu Recht forderte *Zerche* eine „soziologische und politologische Untermauerung der Modelle, damit diese nicht in formalen Konstruktionen erstarren“, Lohnfindung, S. 147.

[46] *Zerche* bezeichnet diese Theorien auch, in Anlehnung an eine Terminologie von *Rothschild*, als „institutionelle“ Theorien, weil sie mehr die Umgebung und äußere Konstellation ders Verhandelns betonen als dieses selbst, im Gegensatz zu den „psychologischen“ Theorien z. B. von *Zeuthen* und *Pen*, vgl. Lohnfindung, S. 32 f.; ebenso die Terminologie bei *Wack*, Kollektivverhandlungen, S. 28 ff.

abstrakter Modelle des Lohnfindungsprozesses in den Vordergrund. Vielmehr werden in engerem Kontakt mit empirischen Untersuchungen zu besonders erklärungsbedürftigen Phänomenen innerhalb der industriellen Beziehungen („industrial relations") Hypothesen und Theorien aufgestellt, die mehr ad-hoc-Charakter haben[47]. Diese sind eigentlich zwischen dem, was wir wirtschaftswissenschaftlich und dem, was wir soziologisch nennen würden, angesiedelt.

Wichtige Vertreter dieser Richtung sind *Kerr*, *Ross*, und *Dunlop*[48]. Besonders bekannt wurde die Kontroverse zwischen Dunlop und Ross um die Zielvorstellungen der Gewerkschaften: Dunlop sah die Gewerkschaften als ökonomische Organisationen an mit einem ökonomischen, nämlich auf die Lohnsumme der Beschäftigten bezogenen Maximierungsinteresse[49]. Dagegen betrachtete Ross sie als politische Organisationen, die eher am eigenen Überleben, an der Handlungsfreiheit der Funktionäre und ähnlichen Dingen interessiert sind[50].

### 4. *Die Spieltheorie sowie Anwendungen der Konfliktforschung*

Die Anwendung eines neuen theoretischen Konzepts, einer Idee, bereits 1944 durch *v. Neumann* und *Morgenstern* vorgetragen, zur Erklärung wirtschaftlichen Verhaltens stand im Vordergrund einer Forschungsrichtung, die vor allem auch für Kollektivverhandlungen bedeutsam wurde, nämlich der sogenannten Spieltheorie[51].

Bestimmte Lebenssituationen, darunter auch Tarifverhandlungen, erfordern Entscheidungen unter Unsicherheit über Gegebenheiten und

---

[47] Vgl. die zusammenfassende Beurteilung bei *Fürst*, Die Machttheorien, in: Frisch (Hrsg.), Beiträge, 1967, S. 115 ff., insbes. S. 118 f.

[48] Vgl. für deren Beiträge: *Kerr*, Der industrielle Konflikt und seine Schlichtung, in: Külp / Schreiber (Hrsg.), Arbeitsökonomik, 1972, S. 258 ff.; *Ross*, The Dynamics of Wage Determination, AER 1947 (Vol. 37), S. 793 ff.; *Dunlop*, Wage Determination.

[49] So jedenfalls ist seine Position in der genannten Kontroverse in die Theoriengeschichte eingegangen. Seine eigene Standortbestimmung nimmt sich differenzierter aus, vgl. dazu etwa *Dunlops* Beitrag: Wage Policies of Trade Unions, in: Bakke / Kerr / Anrod (eds.), Unions, Management and the Public, 1967, S. 561 ff.

[50] Ross unterscheidet neben dem „formalen" Zweck der gewerkschaftlichen Organisation, die Interessen der Mitglieder zu vertreten, noch einen „institutionellen", auf das Überleben der Organisation selbst bezogenen, sowie die persönlichen Ambitionen der Funktionäre. Im Zweifel wird der institutionelle Zweck dem formalen vorgezogen, vgl. dazu *Ross*, die Gewerkschaft als eine Institution der Lohnbestimmung, in: Külp / Schreiber (Hrsg.), Arbeitsökonomik, 1972, S. 181 ff., insbes. S. 186.

[51] Grundlegendes Werk war: *v. Neumann / Morgenstern*, Theory of Games and Economic Behavior, 1944. (Deutsche Übersetzung: Spieltheorie und wirtschaftliches Verhalten; unter Mitwirkung von *F. Docquier* herausgegeben von *F. Sommer*, 2. Aufl. 1967.) Vgl. i. ü. für eine kurze deutsche Darstellung des spieltheoretischen Ansatzes *Wack*, Kollektivverhandlungen, S. 40 ff.; ausführlicher *Zerche*, Lohnfindung, 1970, S. 69 ff.

Veränderungen der aktuellen Umwelt. Diese Unsicherheit kann speziell darin bestehen, daß das Ergebnis eigener Entscheidungen vom Handeln anderer abhängt, die ihrerseits prinzipiell vor dem gleichen Problem stehen, richtig — das soll einfach heißen: zu ihrem Vorteil — entscheiden zu müssen[52]. Genau diese Situation ist jedoch für viele Spiele, insbesondere Gesellschaftsspiele, charakteristisch. Mit Hilfe der mathematischen Spieltheorie lassen sich tunliche Entscheidungen, wenigstens in einfach aufgebauten Spielsituationen, berechnen. Während *v. Neumann* und *Morgenstern* im Falle des bilateralen Monopols nur zu weiteren Abgrenzungen des Ergebnisbereichs vordrangen, wurde später von *Nash* eine eindeutig determinierte Lösung für die Lohnfindung in einer solchen Situation präsentiert[53]. Diese hat, wenngleich vielfach umstritten, ihre Aktualität und Relevanz bis in die neuesten verhandlungstheoretischen Veröffentlichungen hinein bewahrt[54]. Neben Nash versuchte vor allem *Harsanyi*[55], mit Hilfe der Spieltheorie zu weiteren Erkenntnissen über Tarifverhandlungen zu gelangen[56].

Außer der Spieltheorie brachte die wissenschaftliche Beschäftigung mit dem Konflikt als solchem und mit dem Verhalten in Konflikten in ihrer Anwendung auf Tarifverhandlungsprobleme weitere, den spieltheoretischen z. T. ähnliche Ansätze hervor, insbesondere den von *Schelling*[57]. Dieser behandelte in ein- und demselben theoretischen Rahmen sowohl Erkenntnisse über die beiderseitigen Eindämmungs- bzw. Abschreckungsstrategien im „Kalten Krieg" wie solche über Festlegungstaktiken hinsichtlich jeweils eingenommener Positionen in Tarifverhandlungen[58].

---

[52] Zur Beurteilung bzw. Kenntnis von Elementen der Umwelt durch Wirtschaftssubjekte in Entscheidungssituationen vgl. auch *Gäfgen*, Theorie der wirtschaftlichen Entscheidung, 3. Aufl. 1974, S. 95 ff. (Er spricht vom „Handeln bei rationaler Undeterminiertheit", gebräuchlich ist auch der Ausdruck der „strategischen" Situation in Spielen, vgl. *Gäfgen*, S. 177.)

[53] Vgl. dazu *Nash*, The Bargaining Problem, Econometrica 1950 (Vol. 18), S. 155 ff. Er baute sein Modell später noch aus: Two-Person-Cooperative Games, Econometrica 1953 (Vol. 21), S. 128 ff. Eine anschauliche deutsche Darstellung der *Nash*-Lösung findet sich bei *Wack*, Kollektivverhandlungen, S. 43 ff.

[54] Vgl. z. B. *Güth*, Zur Theorie, S. 66 ff.

[55] Insbesondere: *Harsanyi*, Approaches to the Bargaining Problem before and after the Theory of Games: a Critical Discussion of *Zeuthen's*, *Hicks'*, and *Nash's* Theories, Econometrica 1956 (Vol. 24), S. 144 ff.

[56] Angesichts der Abstraktheit und der vielen notwendigen einschränkenden Grundannahmen der Spieltheorie ist oft nicht ganz klar, ob man sie nicht eher als normative Handlungsanleitung für ideale Tarifverhandlungen denn als realitätsgerechte Beschreibung vorhandener Phänomene verstehen sollte. In einer neuen deutschsprachigen Veröffentlichung dieser Forschungsrichtung jedenfalls betont *Güth* jetzt explizit die normativen Aspekte im Sinne einer Hinführung zu rationalem Verhalten in Verhandlungen: Zur Theorie, z. B. S. 16.

[57] Vgl. *Schelling*, The Strategy of Conflict, 1963; zu seiner Theorie der „self-commitments" (Festlegungen) vgl.: An Essay on Bargaining, AER 1956 (Vol. 46), S. 281 ff.

### 5. *Ansätze experimenteller Sozialpsychologie*

In den letzten zwei Jahrzehnten wurden im angloamerikanischen Sprachraum einzelne Hypothesen zu Verhandlungsverhalten und Verhandlungsablauf in — meist aus Erkenntnissen der Spieltheorie gewonnenen — experimentellen Versuchsanordnungen überprüft[59]. In erster Linie werden bei Betrachtung von Versuchsaufbauten und Ergebnissen aber die Schwierigkeiten bewußt, die wohl zuverlässigste empirische Forschungsmethode, das Experiment, im Zusammenhang mit Tarifverhandlungen zur Anwendung zu bringen: Feldexperimente unter den real gegebenen Bedingungen der Tarifverhandlungen sind derzeit undenkbar; schließlich lassen die Beteiligten mit wenigen Ausnahmen nicht einmal forschende Beobachter zu. Laboratoriumsexperimente wiederum kranken an den unzulänglichen Rekonstruktionsmöglichkeiten der Situation von Kollektivverhandlungen im Laboratorium.

### 6. *Forschung zu Kollektivverhandlungen in der Bundesrepublik*

Was Untersuchungen zu Tarifverhandlungen in der Bundesrepublik angeht, so sind v. a. die Veröffentlichungen *B. Külps* von Bedeutung. Dieser beschäftigt sich in einer sogenannten „Arbeitsökonomik“ als wissenschaftlicher Disziplin innerhalb der Wirtschaftswissenschaft seit etwa 1965 mit Problemen der Lohnbildung[60]. Seine Anstöße führten zu einer Reihe von in einem inneren Zusammenhang stehenden Arbeiten weiterer Autoren[61].

Neben *Külp*, der zunächst ein auf *Hicks* und *Ross* aufbauendes Modell eines Einigungslohns beisteuerte[62], insbesondere in einer neuen Veröffentlichung jedoch wieder mehr den Einfluß des ökonomischen Kon-

---

[58] Der relativ breite Ansatz seiner Theorien und die Anwendung auf internationale Konflikte werden deutlich in: Bargaining, Communication and Limited War, JCR 1957 (Vol. 1), S. 19 ff. und im ersten Kapitel seines Buches: The Strategy of Conflict, 1963.

[59] Vgl. dazu v. a. *Keller*, Theorien, S. 136 ff., der diesen experimentell-sozialpsychologischen Ansatz, zumindest von der Breite der Darstellung her, stark betont. Eines der bekanntesten Experimente ist das „trucking game“ (Lastwagen-Spiel) von Deutsch und Krauss: Die Beobachtung des Verhaltens von Personen, die sich, als konkurrierende Fuhrunternehmer, über den Gebrauch einer Einbahnstraße zu einigen hatten, sollte Aufschluß geben über die Anwendung von Drohstrategien; vgl. hierzu die Darstellung dieses Spiels und der Ergebnisse bei *Keller*, Theorien, S. 142, sowie bei *Wolters*, Strategien, S. 120 f.

[60] *Külp*, Lohnbildung, sowie: Theorie der Drohung, 1965. Diese „Arbeitsökonomik“ als eine Art Lehre der industriellen Beziehungen zwischen Tariforganisationen und ihren Mitgliedern ist jedoch in der Bundesrepublik noch nicht, wie in den USA, als eigenständiges interdisziplinäres Fach etabliert, vgl. *Keller*, Theorien, S. 13.

[61] Hierzu kann man wohl v. a. die Arbeiten von *B. Keller* und *R. Wolters* zählen.

[62] Vgl. *Külp*, Lohnbildung, S. 149 ff.

textes von Tarifverhandlungen betont[63], ist namentlich der Erklärungsversuch von *Bredemeier* zu nennen[64]. Dieser untersucht, neben den eng verstandenen Verhandlungen, auch „Mobilisierungsprozesse" in den Tariforganisationen, insbesondere Gewerkschaften, sowie Prozesse, mit Hilfe derer sich solche Organisationen selbst am Leben zu erhalten bzw. zu stabilisieren trachten. Bredemeier verwendet dabei Ergebnisse einer empirischen Umfrage, die in größerem Umfang mit weit gestreuter Fragestellung unter Tarifpolitikern der Verbände veranstaltet wurde und dabei eine repräsentative Erfassung von Gewerkschaften und Arbeitgeberverbänden in der Bundesrepublik anstrebte[65].

Letztlich ist noch auf den Versuch von *Bartmann* hinzuweisen, die Verhandlungstheorien zu einer „makroökonomischen Lohnfunktion" zu verarbeiten, d. h. das Verhandeln wieder als Element in ein gesamtwirtschaftliches Lohnbestimmungsmodell einzubauen[66]: In dem Zuge, wie Lohnbildung als Entstehung eines Gleichgewichtslohns auf einem Markt theoretisch nicht mehr befriedigte, entstand in den gesamtwirtschaftlichen Modellen zur Erklärung von Einkommensverteilung oder von Inflationsursachen eine weiße Stelle bzw. ein wunder Punkt dort, wo Lohnbildung und Lohnsatz einzufügen waren.

Neben der zitierten nationalökonomischen Literatur gingen Einflüsse auf die Diskussion um Kollektivverhandlungen v. a. von einer als soziologisch einzustufenden Analyse *Weitbrechts*[67] sowie der politologischen Arbeit *Himmelmanns* aus[68].

### III. Theoretische Vorstellungen von den Gegenständen des Verhandelns in den „collective-bargaining"-Theorien

#### *1. Definitionen des Tariferfolgs im Bereich der „Bargaining-Klassiker" und der Spieltheorie*

Im ersten und einfachsten Modell der Lohnbestimmung durch Kollektivverhandlungen, dem von *Hicks*, geht es nur um eine bzw. die Lohnhöhe[69]. Über Annahme oder Ablehnung von gegenseitigen Angeboten in der Verhandlung entscheiden die Parteien bei Hicks orientiert an Kostenvergleichen: Dabei vergleichen die Arbeitgeber Lohnkosten mit po-

---

[63] Vgl. *Külp*, Der Lohnfindungsprozeß, S. 23.

[64] Vgl. *Bredemeier*, Lohnbestimmung, z. B. S. 29, 89 ff.

[65] Vgl. zur Durchführung dieser Untersuchung *Bredemeier*, Lohnbestimmung, S. 18 ff.

[66] Vgl. dazu *Bartmann*, Zur Theorie, bes. S. 58 ff.

[67] *Weitbrecht*, Effektivität.

[68] *Himmelmann*, Lohnbildung.

[69] Vgl. *Hicks*, The Theory of Wages, 2. Aufl. 1963, S. 140 ff., oder *Keller*, Theorien, S. 19 ff.

tentiellen Streikkosten, die Gewerkschaft ihrerseits die eigenen Streikkosten mit entgangenem Lohn durch frühzeitiges Einlenken.

Mit Recht wurde kritisiert, daß der Lohnabschluß für die Arbeitgeber nicht unbedingt mit Kosten gleichzusetzen ist — dann nämlich nicht, wenn die Unternehmer, wie es naheliegt, die (nur vorübergehend anfallenden) Kosten schließlich auf die Preise abwälzen[70]. Gerade dann ist aber auch der Fall gegeben, in dem für die Gewerkschaft nicht mehr Lohn gleich Lohn bleibt: Die Verwendung nur einer einzigen (nominellen) Lohn- bzw. Lohnkostengröße wird unzureichend[71]. Nichtsdestoweniger fehlt bei *Hicks* eine differenzierte Betrachtung des Lohnes als Tarif-, Effektiv- oder Reallohn; andere Ziele der Gewerkschaft als Einkommensverbesserungen werden erst gar nicht berücksichtigt. Das mag u. a. mit dem Umstand zusammenhängen, daß die angloamerikanische Literatur sich meist an einem Bild von Gewerkschaft orientiert, das eher dem vom „Arbeitsverkäufer“ entspricht als dem der bundesdeutschen „Mitbestimmungsgewerkschaften“[72].

Geht man von *Hicks* einen entscheidenden Schritt weiter zum Modell von *Pen*, so werden dort die von den Verhandlungsparteien erstrebten Ergebnisse in „Ophelimitäten“ ausgedrückt[73]. Dieser Terminus wird von Pen bewußt anstelle einer verständlicheren Übersetzung wie etwa „Nutzeneinheiten“ gebraucht: Nicht nur der ökonomische Nutzen nämlich — der als Bemessungsgrundlage des Erfolgs dem einfachen Lohn bereits vorzuziehen wäre — soll bei Pen Berücksichtigung finden. Vielmehr geht alles, worin eine Partei für sich einen Nutzen erblickt, ob man einen solchen auch bei wirtschaftlicher Betrachtung darin sehen mag oder nicht, in diese „Ophelimitäten“ ein[74]. Möglich für eine realitätsgerechte Feststellung von Tariferfolgen wird damit eine theoretische Erfassung einerseits von speziellen Funktionärsinteressen — sowohl von auf die Organisation wie auf die eigene Person bezogenen —, zudem können auch nicht auf die Einkommensverteilung bezogene, weitere Ziele berücksichtigt werden.

[70] Davon, daß die Unternehmer jedenfalls den Weg des geringsten Widerstandes gehen und, wenn möglich, abwälzen, geht *Külp* aus: Der Lohnfindungsprozeß, S. 39.

[71] Zur Kritik an der perspektivischen Verengung nationalökonomischer Theorien auf den Lohn, innerhalb dessen auf eine einzige (nominelle) Lohngröße vgl. *Himmelmann*, Lohnbildung, S. 72; *Keller*, Theorien, S. 113; *Bartmann*, Zur Theorie, S. 55 f.

[72] *Hicks* selbst stellt bei der Schilderung von Herkunft und Zielen der Gewerkschaften ihre Funktionen, Lohnkürzungen zu widerstehen und Lohnerhöhungen zu erreichen, allein in den Vordergrund: The Theory of Wages, 2. Aufl. 1963, S. 136 ff.

[73] Vgl. dazu *Pen*, A General Theory of Bargaining, AER 1952 (Vol. 42), S. 24 ff., bes. zur Erklärung des Ophelimitätsbegriffes, S. 27 ff. (Deutsche Darstellung des Modells von Pen z. B. bei *Zerche*, Lohnfindung, S. 48 ff.)

[74] Vgl. dazu etwa *Zerche*, Lohnfindung, S. 49.

Die Schwierigkeiten beginnen aber, wenn es darum geht, Nutzen (oder „Ophelimitäten") zu bestimmen, zu messen und womöglich zu vergleichen. Die Begründer der ökonomisch angewandten Spieltheorie, *v. Neumann* und *Morgenstern*, unternahmen auch einen Versuch, Nutzen in Zahlen zu messen — wenn auch nicht zu vergleichen[75]. Ihr Versuch steht im Zusammenhang moderner wirtschaftswissenschaftlicher Theorien zum Nutzen, jedenfalls einer wichtigen Richtung derselben: Diese geht „behaviouristisch" vor in dem Sinne, daß das äußere Verhalten betrachteter Individuen mit den zuvor aufgestellten Axiomen über deren Nutzeneinschätzungen in Einklang zu bringen sein muß — ohne Rücksicht auf wirkliche, innere Vorgänge von Bewertungen und Entscheidungen[76]. Man kann sich in der Tat jedenfalls vorstellen, daß mit „introspektiven" Mutmaßungen über das reale Wesen von Bewertungsvorgängen nicht sehr weit zu kommen ist[77].

Vor allem aber besteht praktisch Einigkeit, daß ein interpersoneller Nutzenvergleich wissenschaftlich unmöglich ist[78], d. h. es kann ohnehin nicht ermittelt werden, ob ein bestimmtes Ereignis, z. B. ein Vertragsabschluß, beiden Parteien den gleichen Nutzen bringt. *Nash* versuchte, in seinem spieltheoretischen Verhandlungsmodell unmittelbare Nutzenvergleiche zwischen den Parteien zu umgehen, indem er nur auf den relativen Nutzen des Verhandlungsergebnisses jeweils für eine Partei und dessen Ausgleich abhob[79]. Jedoch ist auch eine Aufstellung der relativen Nutzen- bzw. Präferenzmessungsskalen, wie Nash sie nach wie vor benötigen würde, um sein Modell „operationalisierbar" zu machen, real nicht denkbar[80].

---

[75] Vgl. *v. Neumann / Morgenstern*, Spieltheorie und wirtschaftliches Verhalten, 2. Aufl. 1967, S. 17 f. oder *Zerche*, Lohnfindung, S. 77 ff., 82. Eine instruktive Darstellung dieser Nutzentheorie findet sich auch bei *Wack*, Kollektivverhandlungen, S. 37 ff.

[76] Vgl. zu den modernen Nutzentheorien *Weber / Streißler*, (Stichwort) „Nutzen" in: HdSW, 8. Bd. 1964, S. 4 und 10 ff.

[77] Generell stellt die moderne Entscheidungstheorie, ohne nach wahren „Entitäten" im Inneren der Subjekte zu forschen, Skalen auf unter der Annahme, daß sich Individuen in Entscheidungssituationen jedenfalls gemäß dem so skalierten Nutzen verhalten würden. Die Nutzenskala muß also nicht „richtig" sein, nur brauchbar — davon allein hängt es auch ab, wie genau sie messen muß; vgl. dazu *Gäfgen*, Theorie der wirtschaftlichen Entscheidung, 3. Aufl. 1974, S. 142. Wenn es aber für die Spieltheorie, angewandt auf Tarifverhandlungen, darum geht, wählbare Handlungen abstrakt zu bewerten, um aufgrund dessen zu optimalen Strategien zu kommen, wird eine „kardinale" Wertung der Präferenzen in Zahlengrößen, d. h. nicht nur eine „ordinale" Reihenfolge derselben auf einer Skala gebraucht. Die Erstellung kardinaler Nutzenskalen, schon für Individuen, ist sehr schwierig, vgl. auch dazu *Gäfgen*, S. 158.

[78] Darüber herrscht „größte Übereinstimmung", vgl. *Weber / Streißler*, (Stichwort) „Nutzen" in: HdSW, 8. Bd. 1964, S. 9.

[79] Vgl. dazu *Zerche*, Lohnfindung, S. 108 ff., oder *Keller*, Theorien, S. 108 ff.

[80] Sie würde eben die Bewertung der Präferenzen einer Seite mit absoluten, „kardinalen" Meßzahlen bedeuten. *Wack* bezweifelt mit Recht, ob eine Nutzen-

Das negative Urteil hinsichtlich der praktischen Verwendbarkeit von „Nutzeneinheiten“ zur Erfassung des Tariferfolgs wird vervollständigt mit der Überlegung, daß es bei Tarifverhandlungen auch noch um die Erfassung eines kollektiven Nutzens für eine Vielzahl betroffener Verbandsmitglieder geht: Die wissenschaftliche Einschätzung der Möglichkeiten hierzu fällt noch pessimistischer aus als die bezüglich des individuellen Nutzens[81]. Der kollektive Nutzen der Mitglieder von Tariforganisationen müßte v. a. auch zu einem spezifischen Nutzen der Organisation, bzw. ihrer Repräsentanten — der gewiß nicht immer einen Mißbrauch der Mitgliederinteressen bedeuten wird — ins Verhältnis gesetzt werden[82].

### 2. *Definition des Tariferfolgs im Bereich der „labor economists“: die Symbolfunktion des Nominallohns*

Neue Aspekte der Erfolgsdefinition ergeben sich insbesondere aus der Theorie, mit der *Ross* die Gewerkschaften behandelt[83]: Nach seinen Annahmen handeln Gewerkschaftsfunktionäre in einem Geflecht von Machteinflüssen, sowohl aus der Richtung der gegnerischen Arbeitgeberorganisation wie auch von Teilen der eigenen Organisation, den Mitgliedern und letztlich den Nichtorganisierten her[84]. Angefangen vom Bestreben zur Behauptung ihrer Organisation als solcher, wenn die Funktionäre sich mit deren Interessen identifizieren, bis hin zu ihren eigenen Interessen, sich dort zu behaupten, wo sie stehen: Ross identifi-

---

bestimmung bei Tarifparteien durchführbar wäre, Kollektivverhandlungen, S. 40. *Külp* geht davon aus, daß sich Ophelimitäten allenfalls in einem ordinalen, keinesfalls in einem kardinalen Maßstab erfassen lassen; Lohnbildung, S. 141 f. *Zerche* stellt fest, daß empirische Versuche zur Nutzenmessung bis jetzt nicht zu praktischen Ergebnissen gelangt sind; Lohnfindung, S. 88.

[81] Vgl. dazu *Weber / Jochimsen,* (Stichwort) „Wohlstandsökonomik“, in: HdSW, 12. Bd. 1965, S. 346 ff. Auf vielleicht künftig weiterführende Modelle des Übergangs vom individuellen zum kollektiven Nutzen, wie Gäfgen sie aus entscheidungstheoretischer oder entscheidungslogischer, also jedenfalls aus normativer, nicht deskriptiver Sicht aufstellt, kann in diesem Rahmen nicht gebührend eingegangen werden; vgl. dazu *Gäfgen,* Theorie der wirtschaftlichen Entscheidung, 3. Aufl. 1974, S. 184 ff., 413 ff., 431 ff.

[82] Grundlegende Ausführungen zu einer Theorie der Organisation, in der Wahlakte von Funktionären anders betrachtet werden als solche von Organisationsmitgliedern, finden sich ebenfalls bei *Gäfgen,* Theorie der wirtschaftlichen Entscheidung, 3. Aufl. 1974, S. 189. Die sogleich im folgenden behandelte Theorie von *Ross* zu den Zielen und Erfolgsvorstellungen der Gewerkschaft spricht genau diese verselbständigten Organisations- bzw. Funktionärsinteressen (gegenüber denen der Mitglieder) an.

[83] Vgl. z. B. *Ross,* What is Responsible Wage Policy?, in: Bakke / Kerr / Anrod (eds.), Unions, Management and the Public, 1967, S. 533 ff., bes. S. 541 f. Siehe auch die anschauliche Darstellung Ross'scher Gedanken, insbesondere der an dieser Stelle interessierenden Konsequenzen bei *K. Wiedemann,* Streik und Streikdrohung, 1971, S. 98 ff.

[84] Vgl. *Ross,* Die Gewerkschaft als eine Institution der Lohnbestimmung, in: Külp / Schreiber (Hrsg.), Arbeitsökonomik, 1972, S. 181 ff., bes. S. 202.

ziert die auf gewerkschaftlicher Seite verfolgten Ziele als wesentlich politische.

Konsequenterweise werden die gewerkschaftlichen Mittel in der Auseinandersetzung mit den Arbeitgebern denn auch weniger zur Erlangung eines tatsächlichen Maximallohns, d. h. eines möglichst hohen Realeinkommens eingesetzt. Viel wichtiger kann es nun sein, daß beispielsweise ein Arbeitskampf die Position eines führenden Funktionärs festigt, die vielleicht zuvor bedroht war, oder auch, daß das Ergebnis einer Tarifauseinandersetzung den Erfolg der Organisation anschaulich dokumentiert[85]. Für ihr Überleben und für die Garantie einer stabilen, kontinuierlichen organisatorischen Führung braucht die Gewerkschaft nämlich vor allem augenfällige Erfolge. Dafür kann sich insbesondere der Nominallohn, ohne Rücksicht auf seinen ökonomisch betrachteten letztlichen Wert, eignen[86]. Nominallöhne zeichnen sich durch die Möglichkeit aus, eindrucksvolle, symbolische Erfolge mit ihnen zu erzielen, deren insbesondere die Gewerkschaft bedarf, um Mitgliederbestand und Führung stabil zu erhalten — umgekehrt tun den Arbeitgebern Nominallohnzugeständnisse u. U. nicht weh, wenn genug Geld im Umlauf ist, daß die Preise erhöht werden können[87]. Eine von Preissteigerungen beeinflußte, negative Reallohnentwicklung ist letztlich für das einzelne

---

[85] So zählt Ross als Ziele „verantwortungsbewußter" gewerkschaftlicher Lohnpolitik auf: daß die Basis der Gewerkschaft in Reih und Glied bleibt und die Arbeitnehmer so zufrieden sind, daß sie sich weder gegen die Gewerkschaft wenden noch aus der betreffenden Industrie abwandern, daß rivalisierende Gewerkschaften in Schach gehalten werden usw.; vgl. *Ross,* in: Bakke / Kerr / Anrod (eds.), Unions, Management and the Public, 1967, S. 541. All diese Ziele haben viel mit optisch sichtbaren Erfolgen, wenig mit maximaler Reallohnsteigerung zu tun. Genau darauf hebt auch die Untersuchung von *Beckord,* Lohnführerschaft, S. 73 und 93 ab: Für Beckord ist, im Anschluß an Ross, das Nominallohnergebnis Beweis für die Durchschlagskraft der Gewerkschaft in der Optik ihrer Mitglieder. Daneben ist gerade der (gut wahrnehmbare) Tariflohnstand als Signal für Vergleiche der Arbeitnehmer verschiedener Industriebereiche, die diese untereinander anstellen, bedeutsam. Dies betrifft allerdings die „Lohnfolgegewerkschaften", die in der vorliegenden Untersuchung nicht Gegenstand sind. Aus solchen besonderen Funktionen des Nominallohns und der verbandsmäßigen Verhandlungen erklärt Beckord den Sinn der Zweigleisigkeit im bundesdeutschen Lohnverhandlungssystem, das ja auch eine Ebene betrieblicher Effektivlohnfindung kennt, vgl. *Beckord,* S. 92 ff.

[86] Auch *Himmelmann* sieht es als das primäre Interesse der Gewerkschaft an, die eigene Organisation als handlungsfähige Institution zu sichern: Lohnbildung, S. 24. Im Zusammenhang wird *Teichmanns* Hinweis bedeutsam, daß, sogar ungeachtet ökonomischer Einsicht der Gewerkschaftsführung in die Erfolglosigkeit verteilungsorientierter Lohnpolitik unter (möglichen) Inflationsbedingungen, diese dem Druck der Mitglieder auf Lohnsteigerungen nachgeben muß, wenn sie ihre Stellung behaupten will: Lohnpolitik, 1974, S. 53.

[87] Die Möglichkeit, daß die Tarifparteien sich in gegenseitigem Einverständnis den Verteilungskonflikt stillschweigend erleichtern, die durch persönliche Vertrauensverhältnisse der an Tarifverhandlungen Beteiligten noch begünstigt wird, hebt *Dall'Asta* hervor, Theorie, S. 104.

Gewerkschaftsmitglied wesentlich schwerer zu verfolgen als die augenfälligen Tariflohnveränderungen.

### 3. *Zusammenfassung*

Der Ertrag der Theorien zu Kollektivverhandlungen, was ihre Sichtung unter dem Aspekt angeht, wie Tariferfolge definiert und erfaßt werden, läßt sich durch Beschreibung weiterer Theoriemodelle nicht entscheidend vergrößern.

Es zeigte sich, daß die Verhandlungstheorien entweder nur eine einzige Lohngröße als „Zielvariable" des Verhandelns ansetzen, praktisch also den Nominallohn. Oder aber diese „eindimensionale" Betrachtungsweise, die weder auf Effektiv- und Reallohn, noch auf andere als Lohnforderungen Rücksicht nimmt, wird z. T. ersetzt durch die Verwendung von „Nutzeneinheiten" zur Beurteilung des Tarifergebnisses. Diese sind jedoch praktisch unbrauchbar, weil eine ausreichende Erfassung und Skalierung des „Nutzens" von Tariforganisationen jedenfalls nicht real durchzuführen wäre, ein Vergleich ihrer Nutzen schon theoretisch als unmöglich gelten kann.

Neben diesen generellen Feststellungen trat konkret die Theorie von *Ross* über tarifpolitische Zielkalküle der Gewerkschaft hervor. Diese läßt den Nominallohn, ohne Rücksicht auf reales Einkommen und andere Verhandlungsmaterien, als besonders geeignetes Symbol für den Erfolg der (gewerkschaftlichen) Organisation als solcher, insbesondere ihrer Funktionäre erscheinen. Derartige „Erfolge" sichern der Gewerkschaftsführung Loyalität und der Organisation den Zusammenhalt. Auf die Brauchbarkeit einer solchen Erfolgsdefinition für die Zwecke der vorliegenden Untersuchung wird im folgenden[88] noch näher einzugehen sein.

## D. Untersuchung der Möglichkeiten, von der Entwicklung der Löhne auf ein Gleichgewicht der Tarifparteien und auf Wirkungen des Kampfmitteleinsatzes zu schließen

Im vorhergehenden Abschnitt C wurde die grundsätzliche Problematik der Frage nach dem Tariferfolg in ihrer einfachsten Form, der nach Lohnprozenten, aufgezeigt, und zwar sowohl hinsichtlich theoretischer Schwierigkeiten wie deren praktischen Dimensionen. Nachdem weiterhin die Suche nach einer Patentlösung für die Aufgabe, den Tariferfolg zunächst einmal geeignet zu definieren, auf dem Gebiet der Theorien zu Kollektivverhandlungen weitgehend ergebnislos verlief, müssen nun auf der Basis des arbeitskampfrechtlichen Interesses an Rechtstatsachen die

---

[88] Unter D., I., 2.

konkreten Möglichkeiten ausgeleuchtet werden, wie man zu sinnvollen empirischen Forschungen gelangen kann. Dabei ist dieses juristische Interesse systematisch mit den bisher gewonnenen praktischen und theoretischen, auch interdisziplinär vermittelten Erkenntnissen zu konfrontieren.

Zunächst sei das arbeitskampfrechtliche Anliegen kurz rekapituliert. Zwei Fragen waren es, die sich an jedes methodische Vorgehen, Tariferfolge für normative Argumentationen fruchtbar zu machen, richteten: 1. Ist der Erfolgsbetrachtungsmaßstab geeignet, um ein langfristiges Gleichgewicht der Tarifparteien, im Sinne „abstrakt-materieller Parität" zu indizieren? 2. Ist der Erfolgsbetrachtungsmaßstab geeignet, Wirkungen des Kampfmittelgebrauchs zu signalisieren[1]? Richtet man diese Fragen an den Lohn als Erfolgs- bzw. Mißerfolgspegel, so ist vom faktisch Vorgefundenen her zu berücksichtigen, daß dieser in den Varianten des Tariflohns, Reallohns und des effektiven Lohns in Frage kommt.

Die Notwendigkeit, juristische Forschungsinteressen mit den Möglichkeiten und Problemen vereinbar zu machen, welche Daten über die Lohnentwicklung für ihre Verwertung bieten, führt zu einer engen Verzahnung von normativen, d. h. originär juristischen Argumentationen mit solchen, die aus den tatsächlichen Gegebenheiten entspringen. Diese Doppelgleisigkeit ist schon beispielhaft angelegt im Begriff des Tariferfolgs selbst: Ob ein Tarifergebnis einen Erfolg darstellt, ist nicht nur hinsichtlich der Quantität, sondern auch der Qualität des Erreichten nur über eine Wertung festzulegen. Dabei wird von Fall zu Fall eine Formulierung dessen vorausgesetzt, was am Erfolgsstreben der sozialen Gegenspieler für das Arbeitskampfrecht überhaupt Relevanz haben soll, welches zielgerichtete Verhalten es durch Rahmenregelungen beeinflussen will; umgekehrt sind empirische Daten jeweils daraufhin zu prüfen, ob sie über diese rechtlich bedeutsame Zielverfolgung in geeigneter Weise Auskunft geben.

## I. Eignung des Nominallohns für die Feststellung eines langfristigen Interessenausgleichs zwischen den sozialen Gegenspielern

### *1. Tarifbedingungen als Mindestbedingungen: Ausschluß der effektiv gezahlten Löhne von der Betrachtung?*

Eine erste Stelle, an der die bisher getroffenen Feststellungen rechtstatsächlicher Art mit normativen Überlegungen zu konfrontieren sind, ist durch die Frage bezeichnet: Stellen nicht Tarifbedingungen Mindestarbeits- und -lohnbedingungen dar mit der Folge, daß es auf die effektiv

---

[1] Vgl. zum Ausgangspunkt der Fragestellung die Ausführungen schon in Kap. A des 2. Teils.

gezahlten Löhne nicht ankommen kann, wenn um Gleichgewicht der Chancen von Tarifparteien beim Vertragsabschluß diskutiert wird?

Jedoch läßt sich daraus, daß (schon) rechtlich (§ 4 I TVG) die tariflich vereinbarten Bedingungen nicht unterschritten werden dürfen, keine entsprechende normative Begrenzung der lohnpolitischen Ziele der Arbeitnehmerorganisationen auf Löhne und Arbeitsbedingungen, die nicht unterschreitbar sind, aber beliebig überschritten werden können und im Durchschnitt überschritten werden, folgern. Wäre dies möglich, so müßten sich die tarifpolitischen Ziele auch der IG Metall beim Einkommen darin erschöpfen, einen gewissen materiellen Status der Arbeitnehmer abzusichern, ohne am aktuellen Stand des Einkommens, bei dessen Vermehrung überhaupt mitzuwirken — es gäbe keine „aktive Lohnpolitik“[2], nur sozialpolitische Absicherung eines Teils der Effektivverdienste.

Sicherung eines gewissen materiellen Mindeststandards gegen alle Beschneidungen durch die Arbeitgeberseite — z. B. gegen konjunkturbedingten Abbau u. ä. — kann, in Entsprechung zum Gedanken, daß Tarifbedingungen rechtlich Mindestarbeitsbedingungen sind, allenfalls als Minimalziel der Gewerkschaft bezeichnet werden. Welche einkommenspolitischen Ziele sie darüber hinaus verfolgt und verfolgen darf, ist damit nicht gesagt. Diese Ziele, die letztlich für die Definition rechtlich maßgeblicher Erfolge in Rechnung zu stellen sind, müssen sich vielmehr über den Versuch ergeben, im Sinne des Art. 9 III GG funktionsgerechte Aufgaben der Koalitionen, insbesondere der Gewerkschaften, festzulegen.

Faktisch versucht die Gewerkschaft ohne Zweifel, Einfluß auf die effektiv gezahlten Einkommen zu nehmen, sei es, daß durch speziell formulierte Forderungen der IG Metall der Abstand zwischen Tarif- und Effektivlöhnen verkürzt werden soll oder daß man fordert, betriebsnähere Tarife in kleineren Geltungseinheiten, konkret Unternehmen oder Betrieben, zu vereinbaren[3]. Insbesondere durch sogenannte Effek-

---

[2] Die „aktive Lohnpolitik“ ist die gemäßigtere Variante der „expansiven Lohnpolitik“, mit der sich der Name von V. Agartz verbindet. Vgl. zu dessen Argumentation v. a. mit nötigen Kaufkrafterhöhungen *Külp,* Der Lohnfindungsprozeß, S. 69 f. Auch die „aktive Lohnpolitik“ zielt aber jedenfalls auf eine gerechte Verteilung der (realen, effektiven) Einkommen. Eine instruktive Darstellung der Entwicklung gewerkschaftlicher tarif-, insbesondere lohnpolitischer Konzeptionen findet sich bei *Bergmann / Jacobi / Müller-Jentsch,* Gewerkschaften, Bd. 1, 1976, S. 195 ff.

[3] In den Jahren 1967 und 1970 wurden in der metallverarbeitenden Industrie Zusagen der Arbeitgeber, die Effektivverdienste unangetastet zu lassen, bzw. kostenneutrale, anrechenbare Vorweganhebungen der Tariflöhne gefordert. Nur vorübergehend spielte in der Tarifrunde 1975 die Forderung des Stuttgarter IG-Metall-Bezirksleiters Steinkühler eine Rolle, für die einzelnen Betriebe, je nach deren wirtschaftlicher Lage, differenzierte Lohn- und Gehaltssteigerungen zu vereinbaren: Die Arbeitgeber lehnten sie ab, und von

tiv- oder Effektivgarantie-Klauseln, die entweder nur die Anrechnung der Tariflohnerhöhung auf übertarifliche Lohnbestandteile („Aufsaugungseffekt") verhindern oder sogar den gesamten effektiven Lohn dauerhaft wie einen Tariflohn garantieren sollten, war die Gewerkschaftsseite bestrebt, über die effektiven Einkommen zu bestimmen.

Das BAG hat zwar im Falle solcher Klauseln in Tarifverträgen einen Widerspruch gesehen zwischen dem Recht der Gewerkschaften, allgemeine und gleiche Mindestarbeitsbedingungen herbeizuführen, und der Garantie der vielfältig unterschiedlichen Verdienste, wie sie letzten Endes sich aus Individualverträgen ergeben[4]. Einen Verstoß gegen „Grundprinzipien des Tarifrechts"[5] kann man aber allenfalls darin sehen, daß ein Lohnteil normativ im Tarifvertrag garantiert wird, der nicht eigentlich als Tariflohn, sondern (nach wie vor) einzelarbeitsvertraglich geschuldet wird; d. h. man kann bestimmte Verfahren der Gewerkschaft, auf die Effektivlöhne Einfluß zu nehmen, für unzulässig halten. Dagegen jedenfalls, daß die Gewerkschaft durch Vorweganhebungen, anrechenbare „Leistungszulagen" etc. den Tariflohn vergrößert mit dem Ziel, daß dessen Erhöhungen zwingend auf die Effektivlöhne durchschlagen, läßt sich nichts einwenden. Das BAG beschränkt die Arbeitnehmerorganisationen nur auf Vorgehensweisen, die die Einheitlichkeit des durch Tarifvertrag gesicherten Einkommens für alle Arbeitnehmer gewährleisten, m. a. W., auf die Effektivlöhne darf Einfluß genommen werden, soweit auch deren Vereinheitlichung gelingt. Auch ließe sich wohl nicht verhindern, wenn durch eine betriebsnähere Tarifvertragsabschlußpraxis — wie in den USA, in denen die meisten Tarifverträge nur für einen Betrieb gelten — die räumliche Reichweite des tariflichen Gleichbehandlungsgebots verkürzt würde[6].

Ganz allgemein seien zur Funktionsbestimmung gewerkschaftlichen tarifpolitischen Wirkens zwei Definitionen herangezogen: Die Aufgabe generell des Koalitionsrechts läßt sich darin erblicken, „materielle Gleichheit zwischen Arbeitnehmer und Arbeitgeber herzustellen und damit für eine gerechte Ordnung des Arbeitslebens zu sorgen"[7]. Durch die „Ordnungsvorstellung" des Art. 9 III GG sollen die Voraussetzungen für einen „den zivilrechtlichen Grundsätzen der Verkehrs- und Tauschge-

---

der eigenen Seite erhielt Steinkühler offenbar keine Unterstützung, zumindest nicht über den Tarifbezirk Stuttgart hinaus.

[4] Vgl. dazu v. a. die Entscheidung BAG AP Nr. 7 zu § 4 TVG Effektivklausel.

[5] So BAG AP Nr. 7 zu § 4 TVG Effektivklausel, Bl. 477 R. u. ff.

[6] Dies im angenommenen Fall, daß keine starken Arbeitgeberverbände mit solidarischer Mitgliedschaft, wie sie derzeit in der Bundesrepublik vorhanden sind, eine betriebsnähere Tarifpolitik schon faktisch abwehren. Vgl. zu Möglichkeiten und Hindernissen einer betriebsnahen Tarifpolitik i. ü. *Däubler / Hege*, Tarifvertragsrecht, 1978, S. 109 ff.

[7] So *Scholz*, Die Koalitionsfreiheit, S. 12.

rechtigkeit entsprechenden Arbeitsvertragsschluß und damit mittelbar für eine menschenwürdige materielle Existenzgrundlage der Arbeitnehmer geschaffen werden"[8].

Schon von dieser allgemeinen Bestimmung dessen her, was Art. 9 III GG will, kommt man zu zwei Schlußfolgerungen: Zum einen könnten die heutigen Tariflöhne, würden sie, bzw. nur sie effektiv bezahlt, kaum als den Bedingungen zivilrechtlicher Vertragsgerechtigkeit entsprechende Entlohnung, als materiell gerechter Ausgleich zwischen Einkommensinteressen der Arbeitnehmer und Belastbarkeitsgrenzen der Unternehmer bezeichnet werden, gerade, wenn man sie mit den tatsächlich gezahlten Löhnen vergleicht[9]. Zum anderen wird man es als Recht, wenn nicht als Aufgabe bzw. Pflicht der Gewerkschaft ansehen müssen, nicht lediglich ein gutes Stück unterhalb dessen, was als „Waffenstillstandslinie im Verteilungskonflikt" bezeichnet werden könnte, einen Mindeststandard zu sichern, sondern auf die effektiven Löhne Einfluß zu nehmen — eben um „für eine gerechte Ordnung des Arbeitslebens zu sorgen"[10].

Wenn aber der Gewerkschaftserfolg nicht ohne den Blick auf die Effektivverdienste, auf den wirklichen materiellen Status der Arbeitnehmer betrachtet werden kann, so gewinnt die weiter oben erarbeitete Erkenntnis Bedeutung, daß Tariflohnabschlüsse und Effektivverdienste prima facie wenig miteinander zu tun haben, jedenfalls in einem kaum nachvollziehbaren Wirkungszusammenhang stehen[11]. Damit liegt ein erster Einwand gegen die Betrachtung von Nominallohnprozenten des Tarifabschlusses als gewerkschaftlicher Erfolge vor: Zur Definition letzterer rechtlich relevante gewerkschaftliche Ziele lassen sich nicht auf die tarifliche Absicherung eines gewissen materiellen Mindeststandards reduzieren; umgekehrt ist der Einfluß der Nominallöhne auf die ganz beträchtlich differierenden effektiven Löhne allein von den ersteren her nicht zu bestimmen, d. h. er kann bei der Feststellung des endgültigen Erfolgs nicht methodisch abgesichert in Rechnung gestellt werden.

### *2. Divergenz maßgeblicher Interessen — der Nominallohn in seiner Bedeutung für die Organisationen und ihre Mitglieder*

Bei der Heranziehung der „collective-bargaining"-Theorien rückte insbesondere eine Hypothese ins Blickfeld, derzufolge Tarifnominallohn-

---

[8] So *Säcker*, Grundprobleme der kollektiven Koalitionsfreiheit, 1969, S. 20.

[9] Vgl. weiter oben noch einmal Tabelle 5 (in Kap. C., I., 2).

[10] In den vorhergehenden Überlegungen deutet sich bereits die Notwendigkeit an, „Parität" bei den effektiven (und realen) Einkommen zu suchen. Zu dieser Konsequenz, die sich schon aus dem Gedanken eines „materiellen" Paritätsbegriffs herleiten läßt, vgl. auch weiter unten D., III., 2.

[11] Vgl. dazu weiter oben C., I., 4 und 5.

prozente, ohne Rücksicht auf sich damit verbindende reale Effekte hinsichtlich des Einkommens der organisierten Arbeitnehmer, jedenfalls für die Organisation selbst als Symbole oder Maßzahlen des Erfolgs durchaus ins Betracht kommen[12].

Welche Bedenken, insbesondere normativer Art, richten sich dagegen, einen Ausgleich der gegnerischen Tariforganisationen in ihrem Vorgehen am Nominallohn zu messen, dergestalt, daß hohe Nominallohnergebnisse als große Erfolge angesehen werden? Darf die Frage, ob die Tariforganisationen der Arbeitnehmer und Arbeitgeber sich, unter den rechtlichen Bedingungen von Tarifautonomie und — wie immer verstandener — Kampfparität, in einer dem Gedanken oder der Ordnungsvorstellung des Art. 9 III GG entsprechenden Weise einigen, überhaupt empirisch am Nominallohn ansetzen?

Das Problem weist in zwei Richtungen: Einmal könnte es sich zum Schaden für den einzelnen Arbeitnehmer auswirken, wenn seine Gewerkschaft schon aufgrund von Nominallohnergebnissen durch einen Urheber rechtlicher Normierung (Gesetzgeber oder „Ersatzgesetzgeber") als ausreichend und angemessen erfolgreich betrachtet würde, denn Nominallohnerfolge können, wegen der Geldentwertung, die gerade durch hohe Nominallohnsteigerungen „angeheizt" wird, Scheinerfolge für die Einkommensempfänger sein[13]. Die Gewerkschaften könnten, durch rigorose Orientierung an Nominallohnerfolgen — im Zusammenwirken mit den Arbeitgebern sogar, über die sogenannte Lohn-Preis-Spirale[14] — objektiv geradezu eine tarifpolitische Obstruktion gegenüber den realen Einkommen der abhängig Beschäftigten betreiben, die infolge einer inflationsgekennzeichneten Volkswirtschaft letztlich auch in ihrem Wachstum gebremst werden. Zum anderen kann eine Einigung der Tarifparteien über den Nominallohn zu Lasten Dritter oder der „Allgemeinheit" gehen; dann nämlich, wenn die Nominallohnergebnisse zwar die Interessen der Kontrahenten relativ zum Ausgleich bringen, aber in ihrer absoluten Höhe preistreibend wirken: Preissteigerungen können zunächst einmal diejenigen Bevölkerungsgruppen unverhältnismäßig belasten, deren Einkommen nicht periodisch angehoben werden[15].

---

[12] Vgl. zu diesen auf die Betrachtung der Gewerkschaften durch *Ross* aufbauenden Theorien oben C., III., 2.

[13] Nach dem Bericht, den *Fellner u. a.* im Auftrag der OEEC erstatteten (unter dem Titel „Die Rolle der Löhne in dem Problem der steigenden Preise" teilweise übersetzt in Külp / Schreiber, Arbeitsökonomik, 1972, S. 372 ff.), wurden zumindest die hohen Lohnsteigerungsraten der Nachkriegszeit in der Bundesrepublik durch höhere Preise stark beeinträchtigt, was den realen Einkommensgewinn angeht, S. 379 f. Vgl. dazu auch oben Schaubild 2.

[14] Vgl. zur Möglichkeit eines solchen Zusammenwirkens *Dall'Asta*, Theorie, S. 104.

[15] Die Kontrahenten des Arbeitsmarktes gehören, im Gegensatz zu Rentnern, Pensionären und Besitzern festverzinslicher Wertpapiere, langfristig

Dogmatisch stellt sich die Frage, inwieweit es spezifische Überlebensinteressen einer Koalition selbst sein können, die für die Auswahl eines geeigneten Maßstabes ihres Erfolgs als verbindlich hinzunehmen sind, umgekehrt, inwieweit trotz Tarifautonomie und Koalitionsfreiheit den Organisationen die Interessen ihrer eigenen Mitglieder und der Allgemeinheit vorgehalten werden müssen. Die Frage, in welchem Mindestmaß Koalitionen ihre Erfolge selbst definieren dürfen — auf diesen Aspekt bzw. diese Untergrenze wird später zurückzukommen sein — und wo ihre Festlegungsmacht endet, erfordert eine Grenzziehung im Bereich der durch Art. 9 III garantierten Koalitionsfreiheit.

Als gesicherten Bestand der arbeitskampfrechtlichen Diskussion kann man die Feststellung ansehen, daß der Schutz der Koalitionsfreiheit auf das „funktionsgerechte Verhalten" der sozialen Gegenspieler begrenzt ist[16]. Entspricht eine Verwendung der Nominallohnergebnisse als Erfolgsbelege, ohne Rücksicht auf den Reallohn und auch die reale Kostenbelastung auf Arbeitgeberseite, dem „funktionsgerechten Verhalten" der Koalitionen bzw. würde sie solches fördern? Zur Festlegung des von Art. 9 III GG gewollten, d. h. „funktionsgerechten" Verhaltens wurden in den vorhergehenden Ausführungen schon einige grundlegende Begriffsbestimmungen herangezogen[17]. Danach kann jedenfalls die Rücksicht auf das materielle Interesse des einzelnen Arbeitnehmers am Kaufkraftzuwachs seines Einkommens, sofern es das volkswirtschaftliche Wachstum zuläßt, aus der Funktionsbestimmung für das Handeln der Koalitionen, damit aber auch aus der Konstruktion des rechtlich maßgeblichen Erfolgs nicht sinnvoll verabschiedet werden.

Führen hohe Nominallohnergebnisse zu einer Aushöhlung der realen Einkommen, ist die Möglichkeit eines Mißbrauchs tarifautonomer Gestaltungsmöglichkeiten vorhanden[18]. Ab welchem Maß des Auseinanderklaffens von Nominallohn und Reallohn man einen inflationsbedingten allgemeinwirtschaftlichen Schädigungseffekt annimmt, der dazu berechtigt, von solchem Mißbrauch zu reden, oder ob man gar das Vorliegen eines Reallohnabbaus fordert, kann und braucht in dieser Untersuchung

---

eher zu den Gewinnern einer schleichenden Inflation als zu den Verlierern, vgl. *Dall'Asta*, Theorie, S. 119. Darauf, daß in der inflationären Aushöhlung (nur) der fremden Einkommen auch ein historisches „Nachholen" der Arbeitnehmerverdienste liegen kann, hat umgekehrt *Arndt* hingewiesen: Markt und Macht, 1973, S. 169 f.

16 Vgl. z. B. *Säcker*, Grundprobleme der kollektiven Koalitionsfreiheit, 1969, S. 21.

17 Vgl. im vorhergehenden Kap. D., I., 1. Danach müssen „materielle" Gleichheit zwischen Arbeitnehmer und Arbeitgeber bzw. ein den Grundsätzen der Tauschgerechtigkeit entsprechender Vertragsschluß zwischen ihnen das Ziel „funktionsgerechten" Verhaltens der Koalitionen sein.

18 Genauer oder zunächst: Ein Mißbrauch organisatorischer Gestaltungsmöglichkeiten gegenüber den Mitgliedern.

nicht geklärt zu werden. Ihr geht es nur darum, Verhandlungsparität der Koalitionen nicht in einer Weise empirisch nachzumessen, die solchen Mißbrauch ermöglicht statt bremst. Insofern erscheint es verfehlt, weil der Nährung einer gesamtwirtschaftlich schädlichen „Nominallohnillusion“[19] förderlich, die Konstruktion normativ bedeutsamen Tariferfolgs an einer sozialwissenschaftlichen Theorie zu orientieren, die zu einseitig auf die Prestige- und Überlebensinteressen der Gewerkschaftsorganisationen und ihrer Führer abhebt.

Derart läßt sich der Anspruch der Koalitionen, daß auf ihre ureigensten Interessen bei der Formulierung der gesuchten theoretischen Erfolgsvorstellung Rücksicht genommen wird, in der einen Richtung, der divergierender Mitgliederinteressen, durch Bestimmung funktionsgerechten Koalitionsverhaltens begrenzen. In der anderen Richtung divergierender „Gemeinwohl“-Interessen wird rechtsdogmatisch das Sozialstaatsprinzip aktuell[20]. Zu seiner Konkretisierung oder zusätzlich zum Verhältnis von Staat und freien Koalitionen kann man die wirtschaftlichen Zielbestimmungen des Art. 109 II GG sowie das Gesetz zur Förderung von Stabilität und Wachstum heranziehen, welche Preisstabilität zum schutzwürdigen Bestand staatlich-wirtschaftspolitischer Planungsgrößen erklären[21].

Es bedarf wohl keiner eingehenderen Ausführungen für die Verneinung der Frage, ob der Sozialstaat es zulassen kann, daß die Tarifparteien der Öffentlichkeit gemeinsam „die Schlinge um den Hals legen“[22]. Geht man von einer latent vorhandenen Gefahr aus, daß Gewerkschaften hohe Nominallohnforderungen stellen — und dabei hohe Preissteigerungen a priori in Kauf nehmen —, nur um deutlich sichtbare Erfolge präsentieren zu können, daß umgekehrt die Arbeitgeber sich beim Nomi-

---

[19] Von einer solchen „Nominallohnillusion“ auf Arbeitnehmerseite sprechen *Fellner u. a.*, Die Rolle der Löhne in dem Problem der steigenden Preise, in: Külp / Schreiber (Hrsg.), Arbeitsökonomik, 1972, S. 372 ff., bes. S. 379 f.

[20] Die Verantwortlichkeit des Staates für eine funktionierende, die Bedürfnisse der Gemeinschaftsmitglieder befriedigende Wirtschaft ist eigentlich nur eine Verlängerung des Aspekts bzw. der Forderung, daß der Staat das Unterbleiben existenznotwendiger Leistungen der Daseinsvorsorge oder die Vernichtung von Arbeitsplätzen (durch Tarifauseinandersetzungen) verhindert: Zu letzteren Konkretisierungen des Sozialstaatsgedankens vgl. *Seiter*, Streikrecht, S. 103 und 551. Gegenüber den Arbeitnehmern selbst legt *Seiter* ohnehin das Sozialstaatsprinzip so weit aus, daß es „wirtschaftliche Einbußen“ von diesen fernhalten soll, vgl. S. 101. Diese „Fürsorgepflicht“ dehnt das Stabilitätsgesetz auf die Allgemeinheit aus: Nach *Knebel* kommt eine „Funktionsexpansion moderner Staatlichkeit“ (die man, freilich pauschal, mit dem Sozialstaatsprinzip umschreiben kann), auf wirtschaftlichem Gebiet durch Übernahme der Verantwortung für Stabilität bzw. Gleichgewicht und Wachstum zum Ausdruck, vgl. Koalitionsfreiheit und Gemeinwohl, 1978, S. 44.

[21] Vgl. dazu *Knebel*, Koalitionsfreiheit und Gemeinwohl, 1978, S. 41 ff.

[22] Vgl. zu diesem etwas drastischen Bild, das von Pen stammt, *K. Wiedemann*, Streik und Streikdrohung, 1971, S. 121.

nallohn nachgiebig zeigen — im Vertrauen auf Preiserhöhungsmöglichkeiten[23] —, so stellen Nominallohnzahlen ein Kriterium für Gleichgewicht der sozialen Gegenspieler dar, das für an Tarifautonomie angrenzende Interessen der Allgemeinheit völlig unsensibel ist. Wollte man jedoch, über bloße relative Vergleiche jeweiliger Nominallohnerfolge bzw. -mißerfolge hinausgehend, einen „gerechten" oder auch nur „richtigen", d. h. volkswirtschaftlich idealen Lohn definitiv festsetzen, so wäre einzuwenden: Dies ist eine Aufgabe, die die Koalitionen durch ihr spezielles Einigungsverfahren allen Dritten, Beobachtern oder zu rechtlicher Normierung berufenen Instanzen, gerade abnehmen sollen.

An dieser Stelle bleibt jedenfalls festzuhalten: Eine Theorie der Nominallohnprozente als Erfolgssymbole — die, mit dem Namen des amerikanischen Forschers *Ross* verbunden, weiter oben dargestellt wurde — läßt die Grenzen des in Art. 9 III GG Vorgesehenen, in Richtung auf die gesamtwirtschaftliche Umgebung der Tarifautonomie, zu wenig hervortreten. Sie führt bei der Ermittlung von Konturen des rechtlich maßgeblichen Erfolgs nicht weiter. Selbst wenn die realen Grundlagen einer solchen Theorie für die Bundesrepublik zuträfen — die IG Metall jedenfalls scheint sich eher auf neuartige tarifpolitische Ziele zu orientieren als auf den Versuch, die auf das Einkommen zielenden Forderungen ad absurdum zu führen[24] —, würden normative Überlegungen hindern, daraus positiv auf die Eignung des Nominallohns als eines Erfolgspegels zu schließen.

### 3. *Die mangelnde Erfassung der auf Arbeitnehmerseite verfolgten tarifpolitischen Interessen durch die Betrachtung des Nominallohns*

An dieser Stelle sind auch die dogmatischen Konsequenzen aus der Feststellung zu ziehen, daß ein beträchtlicher Anteil der gewerkschaftlichen Forderungen, konkret beispielsweise im Fall der IG Metall, Fragen der Lohnhöhe nicht oder nur in zweiter Linie berührt[25]. Eine Erfassung lediglich von vereinbarten Nominallohnerhöhungen, evtl. zuzüglich des Versuchs, andersartige Verhandlungsmaterien in Lohnprozenten, als Kostenbelastung für die Arbeitgeber auszudrücken, bliebe, als Nachweis bestehenden oder fehlenden angemessenen Interessenaus-

[23] Das Vertrauen in die Überlegung, es sei „Sache der Arbeitgeber, ihre Leistungsfähigkeit richtig einzuschätzen, und zu weitgehenden Forderungen Widerstand entgegenzusetzen", wie *Seiter,* Streikrecht, S. 556 formuliert, scheint nur begrenzt berechtigt.

[24] Vgl. die Entwicklung von deren Forderungen weiter oben in Tabelle 4 sowie den Umstand, daß Arbeitskämpfe im Organisationsbereich der IG Metall zunehmend (1973 und 1978) nicht mehr nur Lohnkämpfe sind.

[25] Vgl. als Grundlage der folgenden Ausführungen weiter oben Tabelle 4 (Lohnforderungen und „immaterielle" Forderungen der IG Metall).

gleichs der Tarifparteien, ein Torso. Gerade aktuelle Umwertungen von tarifpolitischen Zielen durch die Gewerkschaft und ihre Mitglieder, wie sie sich in der Forderung nach Humanisierung des Arbeitsplatzes oder nach Lebensqualität 1973 manifestierten — welche erstreikt werden sollte! —, werden durch eine auf den Lohn beschränkte Betrachtung von Erfolgen ignoriert.

Setzt die zu beobachtende Verlagerung der gewerkschaftlichen Orientierung von der Durchsetzung materieller Einkommensinteressen zu mehr, wenigstens teilweise, „immateriellen“ sozialpolitischen Zielen sich fort — was schon deshalb wahrscheinlich ist, weil sich beim Einkommen nicht mehr dieselben Erfolge erzielen lassen wie in Zeiten einer stark expandierenden Volkwirtschaft —, so kann man zunehmend weniger in Lohnprozenten ausdrücken, ob die sozialen Gegenspieler ihre Interessen angemessen zur Geltung und zum Ausgleich bringen. Auch dies stellt einen wesentlichen Einwand dar dagegen, die Bewegungen des Tariflohnniveaus zum rechtstatsächlichen Prüfstein für das Gleichgewicht der Tariforganisationen zu machen.

## II. Eignung des Nominallohns für die Feststellung von Kampfmittelwirkungen

### *1. Arbeitskampf = Lohnkampf?*

Zunächst ist festzuhalten, daß Einwände, die den Nominallohn als Indikator kontinuierlichen paritätischen Interessenausgleichs der sozialen Gegenspieler betreffen, übertragen oder wieder aufgenommen werden müssen, wenn es darum geht, mit Hilfe eben dieses Nominallohns Wirkungen von Tarifarbeitskampfmitteln zu taxieren: Schließlich muß normativ, d. h. vom Sinn eines Nachweises gewisser Kampfmittelwirkungen als Grundlage für deren rechtliche Ausgestaltung her, gefragt werden, ob kampfbedingte Veränderungen auf einer Skala relevant sein können, die letztlich zu einer prinzipiellen Gleichgewichtsbetrachtung nicht taugt[26].

Unter Hintansetzung solcher Bedenken bleibt jedenfalls ein Problem: Wirkungen des Kampfmittelgebrauchs in Auseinandersetzungen um Forderungen, die über den Lohn hinausgehen und insbesondere sozialpolitischen Charakter haben, lassen sich natürlich nicht am Nominallohn erkennen. Damit fällt aber einer der drei großen Arbeitskämpfe der

[26] Letzten Endes steht auch hinter dem Interesse an Kampfmittelwirkungen überhaupt die Frage, ob der Kampfmitteleinsatz Parität herstellt, beseitigt, bzw. überhaupt beeinflußt. Insofern sind die hier getrennten Probleme von Gleichgewicht und Kampfmitteleffekt natürlich verbunden. Die Aufspaltung ist aber methodisch günstig, um nicht jede (interessante) Teilfrage a priori von der Erforschung längerfristigen Gleichgewichts, die das schwierigste Problem darstellt, abhängig zu machen.

metallverarbeitenden Industrie, die hier vornehmlich als Beispiel dienen soll, der von 1978, zumindest teilweise aus der Betrachtung, weil er sich, gleichzeitig mit dem Lohn, um eine in Nominallohnprozenten nicht unmittelbar auszudrückende und kaum ausrechenbare Besitzstandssicherung durch Rationalisierungsschutz drehte[27]. Vollends kann man die Wirkung des Streiks von 1973 in Nordwürttemberg-Nordbaden um „Humanisierung am Arbeitsplatz" nicht an einem Nominallohnergebnis ablesen. Was die zwei großen Kämpfe in der Druckindustrie angeht, gilt Ähnliches für die Auseinandersetzung von 1978 um die Einführung neuer Technologien. Diese Hinweise müssen jedem Versuch vorangehen, Kampfmittelwirkungen empirisch am Lohnergebnis nachzuweisen.

### *2. Bejahung oder Verneinung von Einflüssen der Kampfmittel auf den Tariflohn — Zum wirtschaftswissenschaftlichen Rahmen der Fragestellung*

Daß die Höhe der Löhne — auch nur die der nominalen Löhne des Tarifvertrags — von den Mitteln überhaupt erheblich beeinflußt wird, die im Arbeitskampf zum Einsatz kommen, ist gerade für die wirtschaftswissenschaftliche Erforschung der Lohnbildung alles andere als selbstverständlich. Der These, daß sich der Kampfmitteleinsatz am Lohnergebnis zeigt, läßt sich a priori ein häufig aufgegriffenes Bild *M. Friedmans* entgegenstellen, demzufolge Gewerkschaften weniger mit Hochöfen gleichzusetzen sind, die Hitze erzeugen, als mit Thermometern, die vorhandene Hitze messen[28]. Damit ist gemeint, daß wirtschaftliche Faktoren in einem Umfang die Lohnhöhe determinieren, der für ein spezifisch organisationspolitisches Wirken, insbesondere Arbeitskampf und -drohung, keinen Platz läßt.

Generell scheint in der wirtschaftswissenschaftlichen Literatur wenig geklärt zu sein, welche ökonomischen Faktoren wie großen Einfluß ausüben und wieviel Spielraum sie den Verbänden für die Tarifgestaltung nach eigenen Vorstellungen lassen[29]. Ein (von berufenerer Seite als dem

---

[27] Vgl. dazu die vom Verband der Metallindustrie Baden-Württemberg e. V. (VMI) herausgegebene Broschüre: „Der Arbeitskampf '78".

[28] Vgl. *Friedman,* Some Comments on the Significance of Labor Unions for Economic Policy, in: D. McCord Wright (ed.), The Impact of the Union, 1951, S. 204 ff.: „In many cases, so to speak, unions are simply thermometers registering the heat rather than furnaces producing the heat"; ebd., S. 222. Nach dieser Betrachtungsweise wird zwar die Existenz von Gewerkschaften und Verhandlungen nicht geleugnet, jedoch stellt sich praktisch der im bilateralen Monopol — dazu weiter oben C., II., 1 — übriggelassene Lohnverhandlungsspielraum als vollständig durch ökonomische Argumente der Kontrahenten determiniert dar.

[29] Insofern scheint *Himmelmanns* Feststellung nach wie vor zuzutreffen, daß die Bestimmungsgründe der Löhne in der Wirtschaftswissenschaft strittig sind: Lohnbildung, S. 68. Einerseits steckt die wirtschaftswissenschaftliche Lohntheorie von ökonomischen Fakten gesetzte Grenzen möglicher Verhand-

interdisziplinär forschenden Rechtswissenschaftler formulierter) Verdacht, wissenschaftlich lasse sich derzeit „aus dem Arbeitsmarkt nicht mehr herauslesen als ein ordnungsloses Wirrwarr kämpfender Kräfte“[30], kann in diesem Rahmen nicht ernsthaft durch eigene theoretische Forschung ausgeräumt werden. Nur einige Hinweise sind möglich zu Entwicklung und Stand der nationalökonomischen Theoriebildung über Lohn und gewerkschaftliches Wirken, sowie, im Anschluß daran, wenigstens ein Versuch, der arbeitskampfrechtlichen Diskussion empirisches Material zuzuführen und zu beurteilen.

Die Frage: „Macht oder ökonomisches Gesetz?“ beschäftigte schon Anfang des Jahrhunderts den Nationalökonomen sogenannter neoklassischer Schule *v. Böhm-Bawerk*, der bis heute regelmäßig zitiert wird, wenn es darum geht, auf den dominanten Einfluß ökonomischer Faktoren hinzuweisen[31]: Böhm-Bawerk gestand den Gewerkschaften allenfalls einen punktuellen und kurzfristigen Einfluß auf die Löhne zu. Sein historischer Gegenspieler *Tugan-Baranowsky*[32] ging umgekehrt davon aus, daß der Lohn innerhalb gewisser Grenzen — er identifizierte sie mit dem gesamten Produktivitätszuwachs einerseits, dem physischen Existenzminimum der Arbeiter andererseits — unbestimmt ist: Im weiteren hängt er danach von der Macht der Arbeiterklasse, andererseits der relativen Machtposition der Unternehmer ab[33].

War die genannte Kontroverse zweier Wissenschaftler der Anfangspunkt einer Diskussion, so ist eine ebenso häufig zitierte Auseinandersetzung ihr vorläufiger Endpunkt — oder besser Höhepunkt[34] —, nämlich die zwischen *Dunlop* und *Ross*, zwei der amerikanischen „labor

---

lungsergebnisse ab, andererseits macht sie es eben von diesen Verhandlungen abhängig, wo (in dem engeren Bereich) die Löhne endgültig zu liegen kommen, vgl. beispielhaft *Rothschild*, Lohntheorie, 1963, S. 107.

[30] So *Dobb*, Der Lohn, 1970, S. 127, der allerdings trotzdem optimistisch ist für die weitere wissenschaftliche Entwicklung.

[31] Gegenüber gewerkschaftlichen Machteinflüssen hielt *Böhm-Bawerk* die „leise und langsam, aber unablässig und durch diese Unablässigkeit schließlich siegreich wirkenden“ Gegenkräfte „rein wirtschaftlicher Natur“ für schlechthin entscheidend; vgl. dazu seinen berühmten Aufsatz: Macht oder ökonomisches Gesetz?, in: Ges. Schriften, hrsg. v. Weiß, 1924, S. 230 ff., bes. S. 294 f. Eine andere Formulierung der von Böhm-Bawerk angestoßenen Frage fanden *Hankel* und *Zweig*: „Bilden sich die Löhne oder werden sie gemacht?“ Vgl. dazu deren Beitrag: Der Lohn — ein volkswirtschaftlicher Markt- oder Machtfaktor?, in: GMH 1958, S. 600 ff.

[32] Vgl. zur Darstellung der konträren Positionen auch *Dall'Asta*, Theorie, S. 56 ff.

[33] *Tugan-Baranowsky* versuchte 1913, in einem (heute noch lesenswerten) Werk sich sowohl von den Theorien neoklassischer Nationalökonomen wie vom Marxismus zu lösen und das Einkommensverteilungsproblem nicht in Marktkategorien, sondern in solchen sozialer Auseinandersetzung neu zu definieren: Soziale Theorie der Verteilung, 1913, bes. S. 43 ff.

[34] Nach *Bredemeier* ist bis jetzt kein Ergebnis der klassischen Diskussion zu verzeichnen, vgl. Lohnbestimmung, 1976, S. 11.

economists"[35]. Ihre konträren Thesen beziehen sich zwar unmittelbar auf das tarifpolitische Zielkalkül der Gewerkschaften, laufen jedoch in der Konsequenz auf die angeschnittene Frage nach dem Einfluß ökonomischer Determinanten hinsichtlich der Tarifergebnisse hinaus: V. a. mit der für Dunlop typischen Annahme, daß die Gewerkschaften, angesichts eines bestehenden marktmäßigen Zusammenhangs zwischen Lohnhöhe und Beschäftigung, die Lohnsumme maximieren wollen[36], ist eigentlich gesagt, daß die Gewerkschaften (nur) das nehmen, was der Markt (ohnehin) hergibt. Die Eigenschaften dieses Marktes, d. h. insbesondere die wirtschaftlichen Faktoren, die die Nachfragekurve nach Arbeitskräften determinieren, setzen sich somit bruchlos in gewerkschaftliche Vorstellungen vom wirtschaftlich möglichen, erreichbaren und akzeptierten Ergebnis um[37]. Dunlop war jedenfalls explizit der Meinung, daß im Normalfall der Lohnverhandlungen ein spezifischer Effekt organisationspolitischer Erwägungen auf die Lohnsätze gering ist[38]. Ganz anders legen bei Ross die Gewerkschaften das, was sie brauchen und durchsetzen wollen, weitgehend nach ihren innerorganisatorischen Bedürfnissen bzw. denen der Funktionäre fest[39]. Für Ross jedenfalls stellt sich in der Folge auch die Auseinandersetzung zwischen den Organisationen von Arbeit und Kapital als wesentlich politische dar, deren Ergebnis von Machteinflüssen mehr abhängt als von ökonomischen[40].

---

[35] Vgl. (unter vielen) für eine anschauliche Darstellung der bekannten Kontroverse: *Levinson*, Bestimmungsfaktoren bei kollektiver Lohnfindung, in: Külp / Schreiber (Hrsg.), Arbeitsökonomik, 1972, S. 206 ff., bes. S. 207.

[36] *Dunlop* stellte fest, daß eine ökonomische Theorie der Gewerkschaften annehmen muß, daß diese Organisationen irgendetwas maximieren wollen — im Normalfall den Lohn. Er wies jedoch auch darauf hin, daß weitere, d. h. umfassendere analytische Modelle als die der ökonomischen Theorie konstruiert werden müssen, um das Verhalten auf Märkten zu erklären: Wage Determination, S. 4 f.

[37] Darauf hinzuweisen ist, daß aber auch *Dunlop* einen konventionellen Preisbildungsmechanismus im Sinne eines selbsttätigen Einpendelns von Angebot und Nachfrage als Modell oder faktische Gegebenheit für tot hielt. Eine ökonomische Determination des Lohns läuft bei ihm eben über das Zielkalkül der Gewerkschaften: Offenbar sollen die Institutionen bzw. Organisationen des Arbeitsmarktes die im Sinne eines funktionierenden Marktmodells zuträglichen Angebots- und Nachfragerelationen repräsentieren oder simulieren, vgl.: Wage Determination, S. 228. Als wichtiges Element gewerkschaftlicher Lohnpolitik sieht er jedenfalls die Berücksichtigung der Beschäftigungswirkungen ihrer Forderungen durch diese selbst an, vgl.: Wage Policies of Trade Unions, in: Bakke / Kerr / Anrod (eds.), Unions, Management and the Public, 1967, S. 561 ff., bes. S. 564.

[38] Vgl. *Dunlop*, Wage Determination, S. V des Vorworts zur 2. Aufl. 1950.

[39] Vgl. dazu *Ross*, Die Gewerkschaft als eine Institution der Lohnbestimmung, in: Külp / Schreiber (Hrsg.), Arbeitsökonomik, 1972, S. 181 ff., bes. S. 190 f. Konsequenterweise nahm er an, ökonomische Lohndeterminanten seien ausreichend unbestimmt, um ein Feld freier Verfügung über die Löhne durch Tariforganisationen übrig zu lassen: The External Wage Structure, in: Taylor / Pierson (eds.), New Concepts in Wage Determination, 1957, S. 173 ff., bes. S. 203.

Versucht man den aktuellen Stand der wirtschaftswissenschaftlichen Betrachtung von Einflüssen ökonomischer Faktoren auf die Tariflöhne speziell in der Bundesrepublik wiederzugeben, so ist vor allem bemerkenswert, wie *Külp* in seinem grundlegenden Werk zur Lohnbestimmung die ökonomischen Faktoren behandelte[41]: Hatte *v. Böhm-Bawerk* zugestanden, daß politische Faktoren immerhin noch insoweit auf den Lohn Einfluß haben, als sie die wirtschaftlichen, eigentlich bestimmenden Umstände verändern können[42], so dreht Külp diesen Zusammenhang um. Nach seiner zumindest dort vertretenen Ansicht werden wirtschaftliche Daten nur insoweit wirksam, als sie in ein spezifisch organisationspolitisches Kalkül der Tarifparteien eingehen[43]. Gegenüber dieser starken Betonung des Einflusses von Tariforganisationen auf die Lohnbildung sieht das von Külp jüngst zu den ökonomischen Determinanten aufgestellte Modell jedoch anders aus[44]. Külp nimmt nun jedenfalls an, daß auf lange Sicht gesehen und für den Durchschnitt der gesamten Volkswirtschaft die jährlichen Lohnsteigerungen durch die Produktivitätszuwächse sowie die Preissteigerungen begrenzt werden. Je mehr allerdings nach einzelnen Abschlüssen in einzelnen Jahren und in einzelnen Tarifbezirken gefragt werde, um so mehr müsse eine mögliche Modifikation der angedeuteten generellen Linie durch eine Vielzahl von anderen Variablen nach oben oder nach unten berücksichtigt werden. Zu diesen weiteren Determinanten zählt Külp die Arbeitsmarktlage, das Ausmaß der Wachstumsraten, aber auch, als nichtwirtschaftliche Ursache, den Organisationsgrad der Gewerkschaften.

Damit wäre man bei der Frage, welche ökonomischen Faktoren es konkret sind, die für das Handeln der Tariforganisationen die wesentlichen Voraussetzungen bilden bzw. dieses vielleicht sogar vollständig einengen oder determinieren. Bekannt ist hier besonders die Funktionskurve von *Phillips* geworden, der aufgrund empirischer Untersuchungen in England Lohnsteigerungen vor allem in Zusammenhang mit dem Be-

---

[40] „Man könnte sagen, daß für beide Seiten die Regelung von Machtfragen wichtiger ist als ein paar Cents pro Stunde mehr oder weniger" — so *Ross*, Die Gewerkschaft als eine Institution der Lohnbestimmung, in: Külp / Schreiber (Hrsg.), Arbeitsökonomik, 1972, S. 181 ff., bes. S. 183. Dafür, daß Funktionäre u. U. aufhören zu verhandeln, wenn ein präsentables Ergebnis erreicht ist, mit dem das Gesicht gewahrt werden kann, daß sie umgekehrt wegen Prestigefragen auch zu aggressiven Aktionen neigen, die sich für die Organisation nicht lohnen, glaubt *Wolters* aus einer Betrachtung experimentell-sozialpsychologischer Studien Bestätigung zu finden, vgl.: Strategien, S. 179.

[41] Vgl. *Külp*, Lohnbildung, bes. S. 128.

[42] So z. B. hängt das gesamte als „Verteilung" bezeichnete Geschehen vom politischen System des betreffenden Staates ab, vgl. *v. Böhm-Bawerk*, Macht oder ökonomisches Gesetz?, in: Ges. Schriften, hrsg. von F. X. Weiß, 1924, S. 230 ff., bes. S. 232 u. 293 f.

[43] Vgl. *Külp*, Lohnbildung, S. 128.

[44] Vgl. zum folgenden *Külp*, Der Lohnfindungsprozeß, S. 31 ff.

schäftigungsgrad brachte[45]. Was den Beschäftigungsgrad angeht, so ist dieser aber seinerseits eine vielfach abhängige Größe, so daß mit einer solchen Erklärung u. U. noch nicht sehr viel gewonnen ist[46]. Nicht zuletzt könnte auch der Beschäftigungsgrad wiederum von der letztlich entscheidenden Arbeitsproduktivität, d. h. von der Entwicklung der Produktion, umgelegt auf die Erwerbstätigen, abhängen. Eine solche Abhängigkeit der Löhne von der Arbeitsproduktivität wurde insbesondere von *Kuh*[47] betont und in der Bundesrepublik von *Külp* für sein aktuelles Modell der Lohndetermination übernommen, zumindest, was die längerfristigen Lohnbewegungen angeht[48].

Zuletzt stellte die in der Bundesrepublik von *Beckord* durchgeführte Untersuchung zum Phänomen des Lohnfolgerverhaltens die gewichtige Bedeutung ökonomischer Faktoren für die Tariflohnentwicklung wiederum in Frage: Sie kommt zu dem Ergebnis, daß die Tariflohnentwicklungen in den Industriebereichen der Bundesrepublik einerseits deutlich unter sich und vor allem mit der Entwicklung bei der IG Metall korreliert sind, viel weniger mit bestimmten Daten der wirtschaftlichen Lage[49]. Beckord bezweifelt daher einen entscheidenden Einfluß der ökonomischen Randbedingungen auf das Ergebnis von Tarifverhandlungen, jedenfalls für die „Lohnfolger". Für die „lohnführenden" Branchen

---

[45] Vgl. die Darstellung dieser Theorie bei *Külp*, Der Lohnfindungsprozeß, S. 24 ff. Die — ganz unterschiedlich erfolgreichen — Verifizierungsversuche zum Phillips-Zusammenhang gibt *Kuh* wieder: Produktivitätstheorie zur Bestimmung des Lohnniveaus — eine Alternative zur Phillips-Kurve, in: Külp / Schreiber (Hrsg.), Arbeitsökonomik, 1972, S. 285 ff., bes. S. 285 u. 289.

[46] Die Arbeitslosenrate, die eng mit dem Konjunkturgeschehen variiert, könnte stellvertretend für andere Einflüsse stehen als die des Arbeitsmarktes, auf dem gewissermaßen nur die Symptome in Erscheinung treten, vgl. dazu *Nowotny / Rothschild / Schwödiauer*, Bestimmungsgründe der Lohnbewegung, 1972, S. 64 ff. Fraglich ist auch die „ökonomische Automatik", mit der sich der Beschäftigungsgrad auf die Lohnhöhe auswirken soll. *Teichmann* geht von zwei Lesarten der Phillips-Kurve aus: Einer „wettbewerblich orientierten", wonach individuelle Erwartungsveränderungen von Arbeitsuchenden sich auf die Lohnhöhe auswirken, zu der sie schließlich wieder zu arbeiten bereit sind, und einer „verhandlungsorientierten", die die Arbeitslosenquote als „Ausdruck der Verhandlungsbedingungen auf einem organisierten Arbeitsmarkt" ansieht; vgl. Lohnpolitik, 1974, S. 63 f. Die lohntheoretische Untersuchung von *Nowotny / Rothschild / Schwödiauer*, S. 162, nimmt z. B. ohne weiteres an, daß die Phillips-Kurve einen Mechanismus der Stärkung oder Schwächung der eigentlich den Lohn bestimmenden gewerkschaftlichen Macht wiedergibt. Den Phillips-Zusammenhang als Ausdruck einer gewerkschaftlichen Strategie zu deuten, die ihrerseits in einer bestimmten Beziehung zum Beschäftigungsgrad steht, versucht, offenbar erfolgreich, auch *Ramser*, Phillips-Kurve und Bargaining-Theorie, 1975, bes. S. 2 u. 14.

[47] Vgl. dazu *Kuh*, Eine Produktivitätstheorie des Lohnniveaus — eine Alternative zur Phillips-Kurve, in: Nowotny (Hrsg.), Löhne, Preise, Beschäftigung, 1974, S. 159 ff., bes. S. 162 ff.; ebenso in: Külp / Schreiber (Hrsg.), Arbeitsökonomik, 1972, S. 285 ff.

[48] Vgl. *Külp*, Der Lohnfindungsprozeß, S. 31 f.

[49] Vgl. dazu *Beckord*, Lohnführerschaft, S. 199 u. 202.

metallverarbeitende und eisenschaffende Industrie zeigten sich allerdings gewisse Korrelationen der Tarifergebnisse zu Umsätzen und Arbeitsproduktivität der Branche in der Vorperiode[50].

Generell ist bei der Heranziehung von *Beckords* Untersuchung zu bedenken: Wenn dieser am Ende seiner Studie feststellt, die Erforschung der Bestimmungsgründe für den Abschluß des Lohnführers sei ein über das Erkenntnisinteresse seiner Arbeit hinausreichendes Problem[51], so gilt für die vorliegende Arbeit umgekehrt: Die entscheidende Frage ist, wie die wirtschaftlichen Gegebenheiten die Tarifergebnisse kämpfender Gewerkschaften präjudizieren — mögen sie gleichzeitig „Lohnführer" sein[52]. Zur Klärung dieser Frage, verbunden mit der Gegenfrage, welche Bedeutung Kampfmaßnahmen für die Entwicklung der Tariflöhne haben, wird daher im folgenden ein einfacher, auf die Erfordernisse oder Interessen des kollektiven Arbeitsrechts, nicht auf wirtschaftswissenschaftliche Theoriebildung zugeschnittener Versuch unternommen.

### *3. Arbeitskampfmaßnahmen sowie die Entwicklung von Produktion, geleisteten Arbeitsstunden und Beschäftigungsstand in ihrem Einfluß auf Tariflohnveränderungen*

Eine Schwierigkeit, ökonomischen Bestimmungsmomenten der Tariflöhne die spezifisch „organisationspolitischen" Maßnahmen der Gewerkschaft wie Streik — bzw. die Aussperrung durch die Arbeitgeber — sowie Streikdrohung entgegenzustellen, besteht schon in einer methodisch gesicherten Erhebung dieser Phänomene, insbesondere der Drohung: Wie z. B. will man den Umstand erfassen, daß Tarifverhandlungen generell vor dem (drohenden) Alternativzustand Arbeitskampf ablaufen[53]? Schließlich ist zu bedenken, daß historisch die Arbeitgeber eben

[50] Vgl. *Beckord,* Lohnführerschaft, S. 193, 194 u. 202. Einen ähnlichen Zusammenhang zwischen Produktivität und Löhnen in der Bundesrepublik stellte *Volkmanns* (sozialhistorische) Studie fest: Modernisierung, in: Kaelble u. a., Probleme, S. 161.

[51] So *Beckord,* Lohnführerschaft, S. 214. Auf Kampfmaßnahmen geht seine Untersuchung überhaupt nicht ein.

[52] Eine Möglichkeit allerdings wird in der vorliegenden Arbeit mehr oder weniger selbstverständlich ausgeschlossen: Daß kämpfende Gewerkschaften zugleich „Lohnfolger" sind. Vielmehr sei angenommen, daß, ob sie bessere oder schlechtere Ergebnisse als „friedliche" Gewerkschaften erzielen mögen, sie ihr tarifpolitisches Anspruchsniveau autonom setzen — darauf mindestens dürfte ihre Militanz hinweisen.

[53] In den Theorien zum „collective bargaining" wurde dieser potentielle, drohende Zustand Arbeitskampf als „dead line", als tote Linie konstruiert: Nach Stevens hat diese tote Linie die Funktion, in den eigentlichen Verhandlungen einen „Zeitpunkt 11 Uhr 59" zu schaffen — um 12 Uhr bricht, wie beide Seiten wissen, der Arbeitskampf aus; vgl. dazu *Stevens,* Strategie und Tarifverhandlungen, in: Külp / Schreiber (Hrsg.), Arbeitsökonomik, 1972, S. 308 ff.,

durch die Kampfdrohung der Gewerkschaften genötigt wurden, sich auf Verhandlungen einzulassen[54]. Andererseits kann auch die Möglichkeit des Streiks von ihrer in Tarifverhandlungen permanenten Drohwirkung verlieren, wenn die Auftragseingänge des betreffenden Industriezweigs niedrig, der Absatz flau und die Lagerbestände hoch sind.

Empirisch greifbar jedenfalls sind, neben den akuten Kampfzuständen Streik und Aussperrung[55], nur solche Drohungen, die bereits institutionalisierten, damit für jedermann manifesten Charakter haben: Gemeint sind Urabstimmungen, die das BAG sogar als Kampfmaßnahmen beurteilte[56]. Ähnlich greifbar wurde auch eine Arbeitskampfdrohung der Arbeitgeber in der Metallindustrie 1962 durch bedingten Aussperrungsbeschluß für den Fall, daß die IG Metall streiken würde[57]. Sie ist zu berücksichtigen, ohne daß wegen dieses einmaligen Falls eine besondere Kategorie gebildet wird.

An ökonomischen Faktoren wurden für die folgenden Schaubilder 4 bis 8 erfaßt: Veränderungen der Nettoproduktion im Industriebereich, für den der Tariflohn gilt; Arbeitslosenzahlen und (als weiteres, sensibleres Instrument zur Messung des Nachfragedrucks auf Arbeitskräfte)

---

bes. S. 310 ff. Dieser Druck der Arbeitskampfdrohung in Tarifverhandlungen ist durch rechtstatsächliche Forschung schwer bzw. kaum zu greifen.

[54] Daran erinnert *K. Wiedemann*, Streik und Streikdrohung, 1971, S. 85 f.

[55] Erfaßt sind in den Graphen nur Verbandsaussperrungen: Es wäre weitgehend sinnlos, Auswirkungen von Einzelaussperrungen oder auch Aussperrungen weniger, nicht organisiert vorgehender Unternehmer auf das Tariflohnniveau des Industrieverbands zu suchen. Umgekehrt ist die (organisierte) Verbandsaussperrung sowieso die für den Berichtszeitraum der Schaubilder im folgenden absolut typische, moderne Form dieses Arbeitgeberkampfmittels (geworden), die die Formen der Einzelaussperrung und nichtorganisierten Flächenaussperrung, an Betroffenen und Ausfalltagen gemessen, bis zur Bedeutungslosigkeit verdrängt hat: Vgl. dazu *Kalbitz,* Aussperrung, S. 42 f. Schließlich kann man auch gerade in der Verbandsaussperrung, welche die Gewerkschaft zu einer aufwendigen Auseinandersetzung (mindestens) in einem ganzen Tarifbezirk zwingt, der dann zwangsläufig zum „Modellbezirk" bzw. -abschluß wird, eine Bestätigung für den historischen Zentralisierungsprozeß der „Lohnrunden" im Industriebereich seit dem Krieg sehen: Dieser war eben für eine Paritätsbetrachtung auf Industriebereichsebene Anlaß, vgl. oben B., I. u. II., 1 sowie zur Funktion der Verbandsaussperrung *Kalbitz,* S. 72.

[56] BAGE 6, 231 ff. = AP Nr. 2 zu § 1 TVG Friedenspflicht.

[57] Soweit hier und im folgenden tarifpolitische Ereignisse angesprochen werden, entstammen die Kenntnisse über diese:

— Presseberichten aus dem Archiv einer regionalen Tageszeitung („Südkurier"), innerhalb dessen aber auch mehrere überregionale Blätter ausgewertet werden („Frankfurter Allgemeine Zeitung", „Welt", „Süddeutsche" u. a.)

— den Geschäftsberichten des Verbandes der Metallindustrie Baden-Württemberg e. V. (VMI) sowie des Vorstandes der IG Metall.

— dem „Metall-Pressedienst" der IG Metall.

Besonders zitiert werden nur darüber hinaus informative Darstellungen von Daten in der wissenschaftlichen Literatur zu Tariforganisationen und -auseinandersetzungen.

*Schaubild 4*

*Kampfmaßnahmen* (S, A, UA), *Veränderungen des Tariflohnniveaus* (—) *und der Nettoproduktion* (- - -) *in der metallverarbeitenden Industrie des Bundesgebiets; Veränderungen der tatsächlich geleisteten Arbeitsstunden im produzierenden Gewerbe* (- - · - - ·) *sowie des Beschäftigungsstandes* (- · · · -) *der Bundesrepublik*

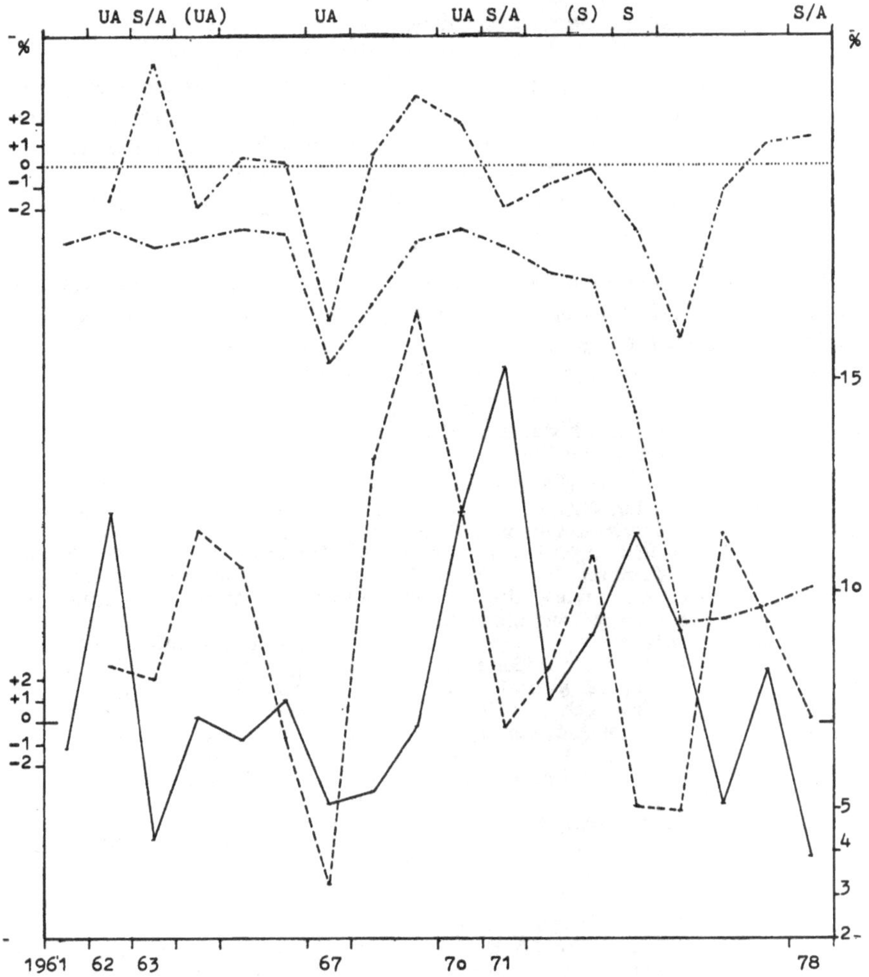


die Veränderungen der tatsächlich geleisteten Arbeitsstunden im produzierenden Gewerbe, bezogen auf die Bundesrepublik[58].

[58] Die zur Berechnung der diesbezüglichen Kurven notwendigen Daten sind wiederum dem vom Statistischen Bundesamt veröffentlichten Material entnommen, und zwar

Alle nunmehr angesprochenen Faktoren werden zunächst einmal dargestellt im Verhältnis zu den Tariflohnveränderungen der metallverarbeitenden Industrie im Bundesgebiet — gemäß der theoretischen Konzeption von Parität auf der Ebene des Industrieverbands sowie vom Gleichschritt der Löhne innerhalb der regionalen Untergliederungen desselben[59].

Sucht man nach Spuren der Arbeitskämpfe[60] von 1963, 1971[61] und 1978, so zeigt in deren Bereich der Kurvenverlauf bei den Tariflöhnen in der Tat auffällig deutliche Ausschläge nach unten: Wirkung der Aussperrungen? Auch für den Arbeitskampf 1978, in dem die Löhne nicht allein Gegenstand der Auseinandersetzung waren, ist die charakteristische Abwärtsbewegung der Tariflöhne vorhanden. Weniger eindeutig ist das Bild bei den Urabstimmungen: 1962 und 1970 gingen sie jeweils mit einer positiven, 1967 mit einer negativen Kurvenbewegung einher. 1962 war dies trotz eines formellen, bedingten Aussperrungsbeschlusses der Arbeitgeber der Fall. Andererseits muß dazu gesagt werden, daß die ausgesprochen positive Bewegung der Tariflohnkurve in diesem Bereich auch

— dem „Index der industriellen Nettoproduktion", bzw., ab 1974, dem „Index der Nettoproduktion für das produzierende Gewerbe". Dabei wurden für die metallverarbeitende Industrie die Daten der in etwa kongruenten Investitionsgüterindustrie, für den Bereich Papier- und Pappeverarbeitung, Druckerei und Vervielfältigung ein Mittelwert verwendet.

— der Erhebung „Arbeitslose, Kurzarbeiter, offene Stellen und Vermittlungen". (Insoweit ist das Material in „Wirtschaft und Statistik" enthalten.)

— aus der Fachserie A, Reihe 6, Entwicklung der Erwerbstätigkeit, den „Ergebnissen des Mikrozensus" zu den geleisteten Arbeitsstunden.

Die Kurven geben (aus den Indices berechnete) Prozentsätze relativer Veränderungen wieder, abgesehen von der Kurve der Arbeitslosen, bei der absolute Zahlen (1 cm = 100 000) verwendet wurden. Die Arbeitslosenzahlen wurden dabei von einer, oben in dem Graphen angedeuteten, Linie der Vollbeschäftigung abgezogen, um durch diese negative Umkehr der Kurve die bessere Erfassung möglicher Parallelität der, Höhen und Tiefen anzeigenden, Daten wirtschaftlicher Entwicklung zu gewährleisten. Prozentsätze der Veränderung sind dagegen immer von Null aus positiv bzw. negativ abgetragen, jedoch wurde die Null-Achse bei der Produktivitätsentwicklungskurve verschoben, ebenfalls, um mögliche Parallelität der Kurven zu unterstreichen; dasselbe geschah mit der Kurve tatsächlicher Arbeitsstunden, um die Graphen insgesamt nicht völlig unübersichtlich zu machen.

[59] Vgl. zu dieser Konzeption oben B., I. u. II. 1.

[60] Kampfmaßnahmen sind in den Graphen mit S = Streik, A = Aussperrung und UA = Urabstimmung gekennzeichnet. Kampfmaßnahmen, die sich auf das Tariflohnniveau aus irgendeinem Grund nicht auswirken konnten, wurden in Klammern gesetzt: So der Streik 1973 in Nordwürttemberg-Nordbaden, der gar nicht um den Lohn ging, und eine Urabstimmung 1964 in 18 bayerischen Betrieben, die die später zentral geführten Verhandlungen wohl nicht mehr beeinflussen konnte.

[61] Was den Arbeitskampf 1971 betrifft, ist hierzu die Information wichtig, daß dieser sich erst 1972 auf das Tariflohnniveau theoretisch auswirken konnte: Der Abschluß kam im Dezember 1971 zustande, zwar mit einer Regelung für die 3 Monate zuvor, jedoch zeitlicher Gültigkeit für das ganze Jahr 1972.

mit einer weiteren, früher vereinbarten Arbeitszeitverkürzung unter Lohnausgleich zusammenhängt[62]. Sie schwächt sich unter diesem Aspekt ab, ohne jedoch zu entfallen.

Einige Anmerkungen sind nötig zu den konkreten Umständen des Streiks 1974, der in Bremen (Bezirk Unterweser) stattfand[63]. Dort erstreikten 30 000 Metallarbeiter, 3 Wochen lang, am Schluß der Lohn„runde" durch die Bezirke ein Ergebnis, das mit 12,25 % rund 1 % über dem lag, das ausgehend von Nordrhein-Westfalen zuvor sich kampflos in fast allen anderen Bezirken durchgesetzt hatte. Hält man daran fest, Parität und Kampfmitteleinwirkung auf der Ebene der Industrieverbände zu suchen, so schlägt der Bremer Alleingang für die metallverarbeitende Industrie jedenfalls mit weniger als 0,09 % erkämpftem Plus zu Buche. Bei dieser vom einzelnen Bezirk losgelösten Betrachtungsweise des Kampferfolgs muß man gerade auch im Fall des Unterweserstreiks bleiben: Es ist anzunehmen, daß dessen Sondererfolg gerade dadurch möglich wurde, daß von diesem Bezirk keine präjudizierende Wirkung auf andere Bezirke mehr ausgehen konnte. In diesen möglichen Folgewirkungen liegt aber ein wichtiger Bestimmungsgrund des Widerstandsgrads auf Arbeitgeberseite in Tarifverhandlungen, zumindest seit in der Metallindustrie die „Kernkommission" von Gesamtmetall nacheinander in allen Bezirken verhandelt[64]. Es wäre demnach verfehlt, zu schließen, die IG Metall könne in jedem Bezirk, sei es Bremen oder Nordwürttemberg-Nordbaden, sei er „Vorreiter" oder „Schlußlicht", 1 % mehr durch Kampf herausholen als in anderen Bezirken.

Wichtiger als der Hinweis auf einen, wenn auch minimalen, Kampfmitteleffekt, der sich im Bremer Tarifabschluß von 1974 manifestiert, ist jedenfalls die Feststellung, daß der Verlauf der Tariflohnkurve für dieses Jahr (im vorgestellten Schaubild 4) vom Bremer Streik insgesamt kaum abhängt. Viel mehr beeindruckt, daß die IG Metall friedlich in dieser Runde fast gleich weit kam wie durch Kampf — besonders eben unter Berücksichtigung dessen, daß die IG Metall durch Kampfhandlungen sicher nicht einmal für alle Bezirke ein ganzes Prozent mehr hätte durchdrücken können. Die Arbeitgeber sind am Ende der Lohnrunde eher bereit, sich die Wiederherstellung des sozialen Friedens etwas kosten zu lassen. Insgesamt kann man sagen, daß der Unterweserstreik

[62] Eine Folge des Abkommens von Bad Homburg vom 1. 7. 1960. Der Lohnausgleich wirkte sich mit ca. 3,5 % aus.

[63] Vgl. für eine zusammengefaßte Darstellung des Streikgeschehens 1974 in Bremen *Steinhaus*, Streiks, S. 154 ff.

[64] Diese zentrale Verhandlungskommission von Gesamtmetall wurde 1960/61 gegründet und 1963 in einer „Verfahrensordnung II für Verhandlungen von Gesamtmetall auf Grund von Vollmachtserteilung" verankert. *Himmelmann* formuliert, daß durch diese Kommission, dank größerer Professionalität der Mitglieder, für die Arbeitgeber „hinsichtlich des Verhandlungsgeschicks eine Parität erreicht worden sei", Lohnbildung, S. 143.

einen im diskutierten Graphen kaum sichtbaren — die Korrelation des „S“ für Streik mit der positiven Kurvenbewegung für 1974 ist insofern irreführend! — minimalen Kampfmitteleffekt belegt, dessen Verallgemeinerungsfähigkeit jedoch sehr fraglich ist.

Eine weitere auffällige Entdeckung zur Kurve der Tariflohnveränderungen bezieht sich auf die Wirksamkeit der ökonomischen Faktoren: die Lohnkurve scheint in einer eigentümlichen — zeitlich verschobenen — Parallelität der Nettoproduktionskurve zu folgen[65]. Auch die optische Verwandtschaft beider Kurven zu jener der tatsächlich geleisteten Arbeitsstunden ist unübersehbar, zu der Kurve des Beschäftigungsstandes tritt sie weniger deutlich hervor.

Geht man einmal davon aus, daß der Graph also bemerkenswerte Phänomene sowohl unter der Kategorie denkbarer Kampfmittelwirkungen wie unter der ökonomischer Einflüsse verzeichnet, so mag der Austausch der Tariflohnkurve des Bundes gegen die des Bezirks Nordwürttemberg-Nordbaden[66] weiterhelfen: Im Kampfbezirk selbst, so läßt sich hypothetisch formulieren, müßten — vor den Auswirkungen aller Übertragungsprozesse von Bezirk zu Bezirk, bei denen vermutlich doch eher „ökonomisch“ argumentiert bzw. verhandelt wird — die Kampfmittelwirkungen tendenziell deutlicher in Erscheinung treten. Diese könnten dort eindeutiger vielleicht über die Parallelität der Lohnentwicklung insbesondere zu Veränderungen der Nettoproduktion des davor liegenden Zeitraums dominieren[67]. Zugleich wird so noch einmal die These vom Gleichschritt der Löhne im Industrieverband, die ja auch einheitliche Ursachen oder maßgebliche Faktoren für die Lohnbewegungen in den regionalen Untergliederungen voraussetzt, überprüft.

---

[65] Man spricht von einer „Lag“-Korrelation. Vgl. dazu auch *Beckord*, Lohnführerschaft, S. 193. Ein ähnliches Bild weist diesbezüglich auch ein Graph „Reale Produktivität und reale Lohneinkommen in der BRD von 1950 - 1972“ aus bei *Bergmann / Jacobi / Müller-Jentsch*, Gewerkschaften, S. 482. Auf denselben Zusammenhang zwischen Produktivität und Löhnen im Bund wies *Volkmann* hin: Modernisierung, in: Kaelble u. a., Probleme, S. 158 und 161.

[66] Sie ist aus Durchschnittswerten durch die verschiedenen Lohngruppen der jeweils geltenden Tarifabkommen errechnet. Das Statistische Bundesamt veröffentlicht diese Tarifverträge in der Fachserie M, Reihe 11, Tariflöhne.

[67] Hinsichtlich der Nettoproduktionsveränderungen werden die Werte für die metallverarbeitende Industrie auf Bundesebene beibehalten. Das also auch an dieser Stelle reichlich grobe Verfahren entspricht den Möglichkeiten und auch den Intentionen einer rechtstatsächlichen Untersuchung: Diese kann kein wirtschaftswissenschaftlich anspruchsvolles Lohnbestimmungsmodell beisteuern, will aber auch nur vergleichsweise allgemeine Fragen beantworten, wie die, ob Kampfmaßnahmen die Lohnentwicklung aus einem Bereich drängen können, in dem diese noch mit den Daten des wirtschaftlichen Kontextes von Tarifverhandlungen konform geht. Außerdem ist zu vermuten, daß gerade in einem Bezirk, der immer wieder als „Vorreiter“ oder Lohnführer eingesetzt wird, die durchschnittlichen Daten des ganzen Industriebereichs eine Rolle in den Verhandlungen spielen.

*Schaubild 5*

*Kampfmaßnahmen* (S, A, UA), *Veränderungen des Tariflohnniveaus* (—) *in der metallverarbeitenden Industrie Nordwürttemberg-Nordbadens, Veränderungen der Nettoproduktion in der metallverarbeitenden Industrie des Bundesgebietes* (- - -), *jeweils in Prozent*

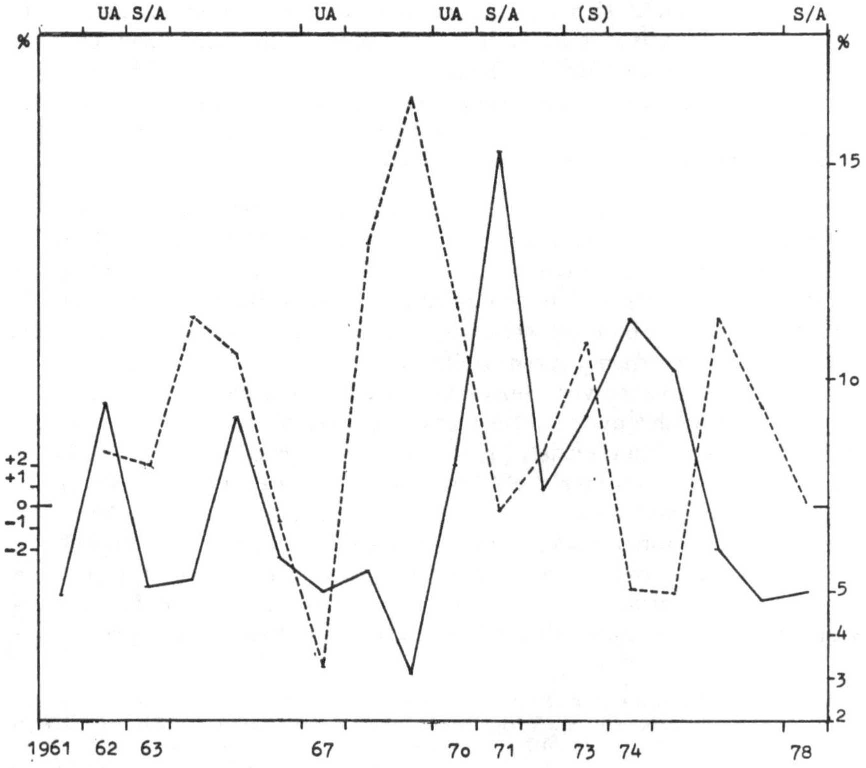


Die zuvor formulierte Hypothese, im eigentlichen Kampfbezirk müßten, verglichen mit dem ganzen Industrieverband, Kampfmittelwirkungen hinsichtlich der Lohnentwicklung gegenüber ökonomischen Einflüssen tendenziell deutlicher hervortreten, scheint nicht zuzutreffen. Eher das Gegenteil ist der Fall: Die womöglich kampfbedingten Abwärtsbewegungen der Löhne treten für 1963 weniger deutlich, für 1978 gar nicht mehr hervor. Umgekehrt ist die zeitlich verschobene Parallelität der Lohnkurve mit der Nettoproduktionskurve (des Industriebereichs auf Bundesebene) jetzt eher noch deutlicher als im vorhergehenden Graphen der Tariflöhne im Bund.

Weiteres Anschauungsmaterial können entsprechende zeichnerische Darstellungen aus den Bereichen anderer „kämpferischer" Gewerk-

*Schaubild 6*

*Kampfmaßnahmen* (S, A, UA), *Veränderungen des Tariflohnniveaus (—) und der Nettoproduktion (- - - - -) in der chemischen Industrie; Veränderungen der tatsächlich geleisteten Arbeitsstunden im produzierenden Gewerbe des Bundesgebietes* (- - · - - ·), *jeweils in Prozent*

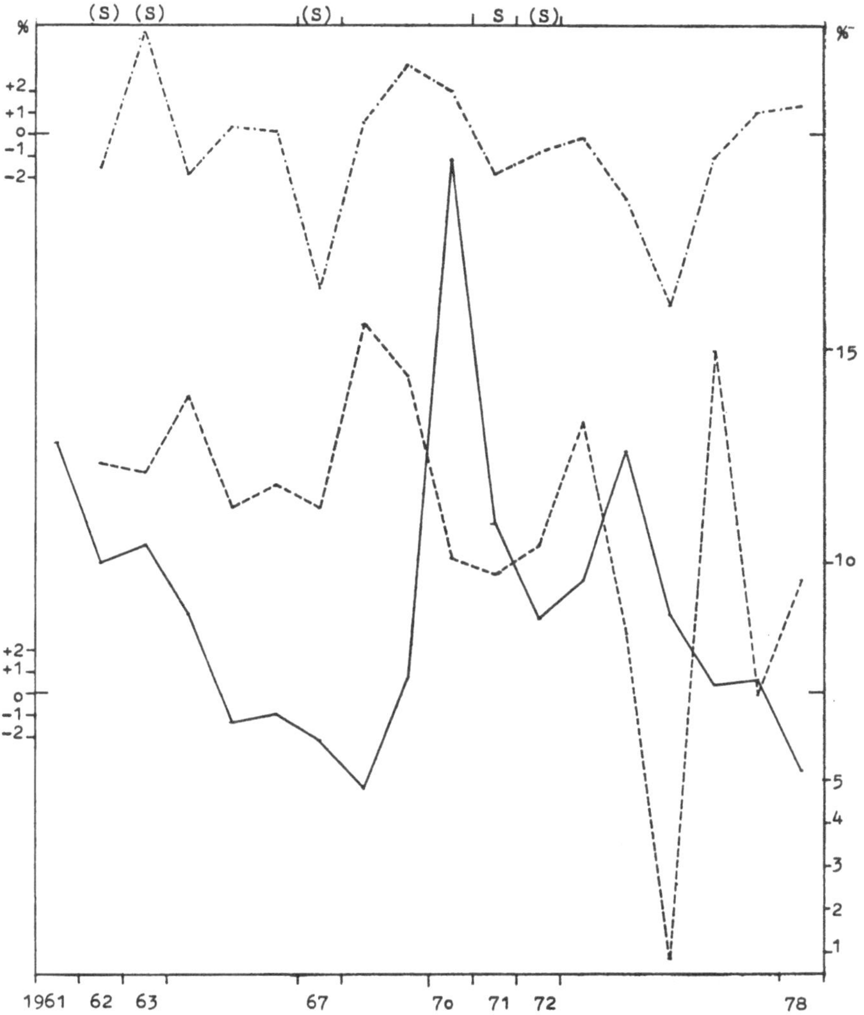


schaften (IG Chemie, Papier, Keramik, IG Druck und Papier, Gewerkschaft ÖTV) liefern[68]. Was die Verhältnisse im öffentlichen Dienst an-

[68] Auch hier wurden Veränderungen des Tariflohnniveaus wie auch der Nettoproduktion und der tatsächlich geleisteten Arbeitsstunden aus den Indices des Statistischen Bundesamts hierzu, bzw. aus dem Mikrozensus zur

*Schaubild 7*

*Kampfmaßnahmen* (S, A, UA), *Veränderungen des Tariflohnniveaus* (—) *und der Nettoproduktion* (- - - - -) *im Industriebereich Papier- und Pappeverarbeitung, Druckerei und Vervielfältigung; Veränderungen der tatsächlich geleisteten Arbeitsstunden im produzierenden Gewerbe des Bundesgebietes* (- - · - - · -), *jeweils in Prozent*

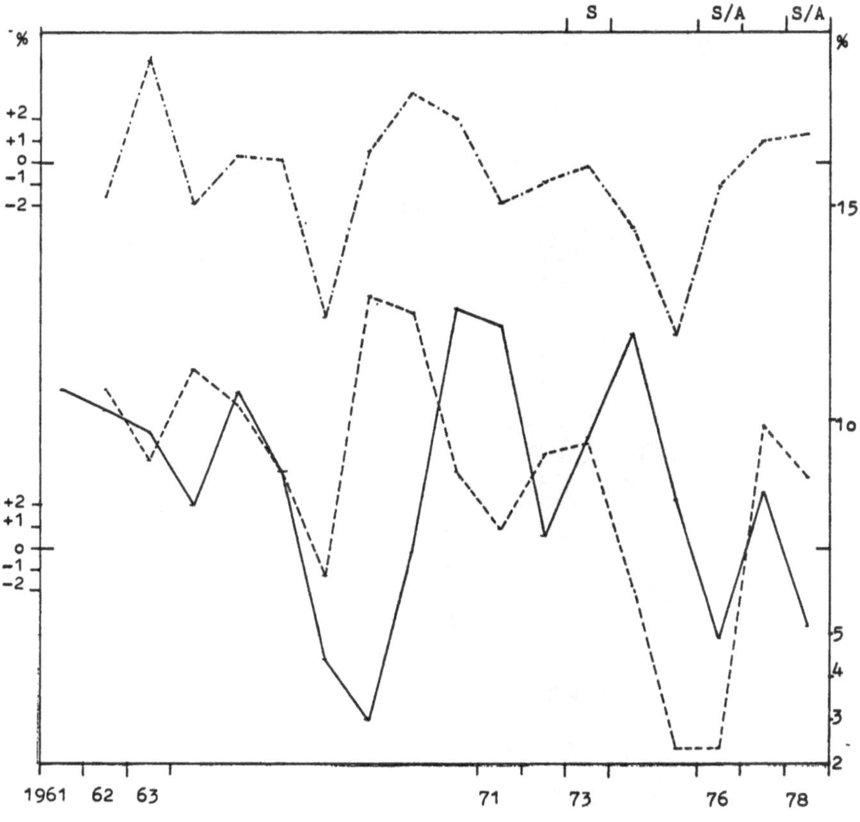


Erfassung der Erwerbstätigkeit berechnet. Die Wirtschaftsbereiche, für die die jeweiligen Gewerkschaften organisatorisch zuständig sind, sind z. T. unvollkommen erfaßt: Anstelle etlicher Industriebereiche, für die die IG Chemie verhandelt, steht der der chemischen Industrie im engeren Sinne (der allerdings der bedeutsamste ist) allein. Die Entwicklung der Tarifeinkommen im Bereich der Gewerkschaft ÖTV erfaßt nur die Arbeitnehmer bei den Gebietskörperschaften; allerdings dürften auch diese Werte die interessantesten bzw. für die Erfolge der ÖTV repräsentativsten sein.

Kampfmaßnahmen, die sich auf das Tariflohnniveau des Industriebereichs überhaupt nicht auswirken konnten, wurden wiederum in Klammern gesetzt: Bei der IG Chemie sind das kleinere Streiks in der papiererzeugenden, der Hohlglas-, Gummi- und Schleifmittelindustrie gewesen, für die jedenfalls eigene Lohntarife gelten. Ebenso haben Kampfmaßnahmen, die die ÖTV 1973 und 1978 in der Seeschiffahrt durchführte, mit der Tariflohnkurve der

*Schaubild 8*

*Kampfmaßnahmen* (S, A, UA), *Veränderungen des Tariflohnniveaus bei den Beschäftigten im öffentlichen Dienst (Gebietskörperschaften)* (—); *Veränderungen der Nettoproduktion* (- - -) *und der tatsächlich geleisteten Arbeitsstunden* (- - · - - ·) *im produzierenden Gewerbe des Bundesgebietes, jeweils in Prozent*

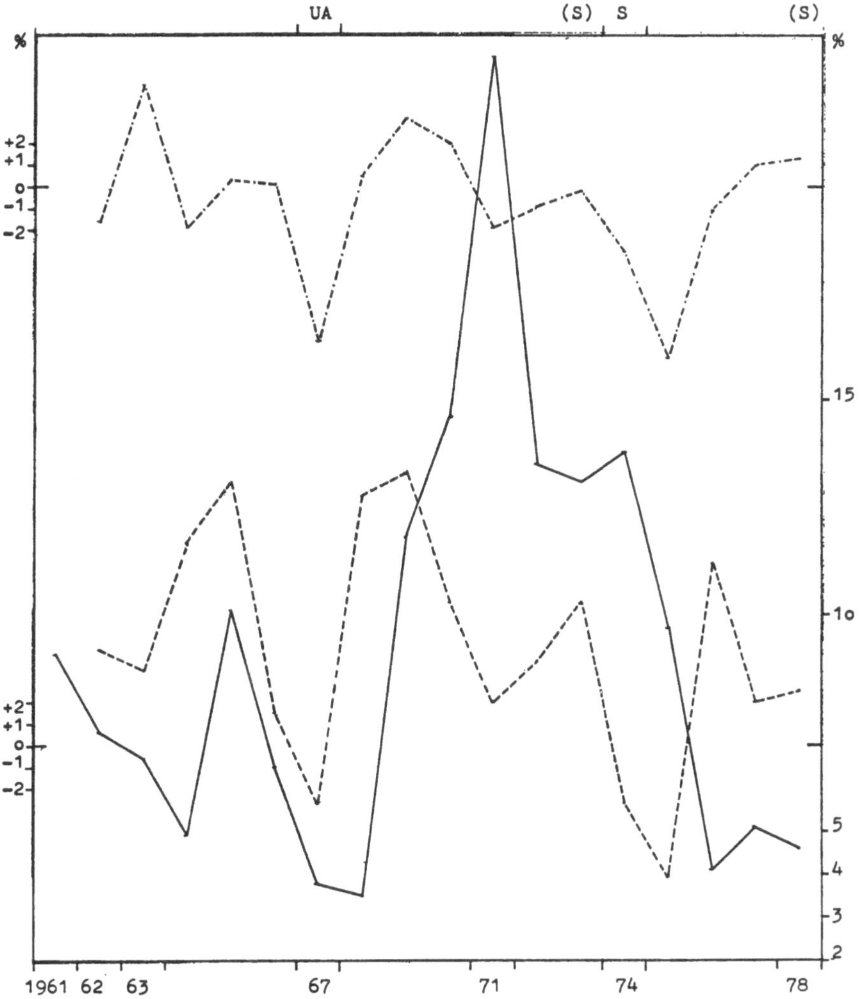


geht, so wurde mangels einer für diesen Bereich typischen Nettoproduktionskurve die des produzierenden Gewerbes allgemein im Bundesgebiet verwendet.

---

Beschäftigten bei den Gebietskörperschaften natürlich nichts zu tun. Vgl. generell zu einer genaueren Beschreibung der in den Graphen markierten Streiks und Aussperrungen weiter unten die Tabelle 7 „Arbeitskämpfe in der Bundesrepublik".

Man kommt nicht umhin festzustellen, daß die zeitliche Nachfolge der Tariflohnkurven, in ganz ähnlicher Gestalt, hinter der Nettoproduktionskurve des jeweiligen Industriebereichs in allen Graphen unübersehbar angelegt ist. Ein deutliches Auseinanderfallen der Bewegungen muß man allerdings in der chemischen Industrie 1975/76 verzeichnen, wo offenbar die Lohnkurve auf kurz aufeinanderfolgende extreme Produktivitätsschwankungen nicht reagierte und auf einem mittleren Niveau verblieb, und 1971 im Bereich der Gewerkschaft ÖTV. Im letzteren Fall fehlt, jedenfalls aufgrund der Faktoren in den Schaubildern 4 - 8, eine rechte Erklärung. Vergleicht man die Graphen aber untereinander, stehen Begriffe wie „Lohnfolgerverhalten“, „Nachholbedürfnis“ im Raum[69].

Geht es weiterhin um die Suche nach Kampfmittelwirkungen in den vorgeführten weiteren Industriebereichen, so sind in der Druckindustrie in den Aussperrungsjahren 1976 (und auch 1978, obwohl sich der Kampf nicht um den Lohntarif drehte!) die bereits von der Metallindustrie her bekannten Abwärtsbewegungen zu finden. Mehr noch: Beim Streik in der Druckindustrie vom Frühjahr 1973 und im öffentlichen Dienst 1974[70] — nicht bei dem in der chemischen Industrie von 1971! — finden sich Aufwärtsbewegungen der Tariflöhne: streikbedingt? Keine positive Wirkung zeitigten allerdings die Urabstimmungen im öffentlichen Dienst und in der Metallindustrie 1967.

Jedoch muß beachtet werden, daß all die im bisherigen geschilderten, vielleicht mit Arbeitskampf zusammenhängenden Phänomene in allen Kurvenverläufen gleichzeitig Bestätigungen der zeitlich verschobenen Parallelentwicklung von Tariflohnniveau und Nettoproduktion darstellen. Man könnte sagen, daß diese Wirksamkeit der ökonomischen Faktoren, über die fraglichen Arbeitskämpfe (und Urabstimmungen) hinweg, durchgängig weiter besteht, allenfalls verstärkt oder bestätigt durch den Kampfmitteleinsatz.

Im Zusammenhang mit der Frage, wieviel Spielraum wirtschaftliche Determinanten für kampfbedingte Tariflohnveränderungen lassen, ist gerade die fehlende positive Spur des Chemie-Streiks von 1971 im Graphen der Tariflohnentwicklung interessant. Sie steht in einem gewissen Gegensatz, scheinbar zumindest, zu empirischen Entdeckungen,

[69] *Beckord* macht in einem sehr provisorischen Erklärungsversuch v. a. ein Nachholbedürfnis bzw. die Notwendigkeit, daß die Arbeitsplätze bei den Gebietskörperschaften konkurrenzfähig bleiben, für die außerordentlich günstige Entwicklung von deren Tariflöhnen anfangs der 70er Jahre verantwortlich; vgl. Lohnführerschaft, S. 211. Das ist i. ü. auch die einzige Stelle, an der Beckord auf mögliche Effekte von Arbeitskämpfen eingeht: Sie jedenfalls schiebt er als Erklärungsgrund beiseite.

[70] Nähere Daten zu Kampfhandlungen können gegebenenfalls weiter unten der Tabelle 7 „Arbeitskämpfe in der Bundesrepublik“ entnommen werden.

die sich, ähnlich wie beim Bremer Metall-Streik von 1974, aus dem konkreten historischen Detail ergeben[71]: Nachdem 1971 der Chemie-Tarifbezirk Rheinland-Pfalz bereits mit 7,8 % Lohnerhöhung ab dem 1. 6. 71 und einer zweimonatigen Lohnpause für April und Mai (umgerechnet = 6,5 % für die Laufzeit des Abkommens) „friedlich" abgeschlossen hatte, begannen erst die Kampfhandlungen in Nordrhein, Hessen, Westfalen und Hamburg. Dort wurde schließlich ein Ergebnis von ebenfalls 7,8 % Lohnerhöhung ab 1. 6. 71 erzielt, nur daß man für die Zeit April/Mai noch einen Pauschalbetrag von DM 60,— vereinbarte. Der Gesamtwert dieses Abschlusses wurde in der Presse mit 6,9 % berechnet.

Hier könnte man also wieder von einem mehr oder weniger eindeutigen Kampfmitteleffekt des Chemie-Streiks sprechen. Bemerkenswert ist aber v. a., wie gering dieser durch Arbeitskampf erzwungene Vorteil ausfällt: In Rheinland-Pfalz wurden nicht weniger als 94,2 % des gleichen Erfolgs auf friedlichem Weg erreicht. Nun ist natürlich zu bedenken, daß der rheinland-pfälzische Abschluß vom 24. 5. 71 vielleicht unter dem Eindruck des Streiks von Nordrhein-Westfalen besonders hoch ausfiel. Aber immerhin begannen die Streiks erst — unmittelbar nach dem Scheitern der Verhandlungen — am 2. 6. 71 und die Unternehmer selbst schienen das rheinland-pfälzische Ergebnis nicht als unvernünftig oder maßlos anzusehen[72].

Ähnlich wie schon im Fall des Bremer Metallarbeiterstreiks beeindruckt auch beim Chemie-Streik von 1971 nicht so sehr die aufgefundene Spur einer effektiven Kampfmittelwirkung als vielmehr die Erkenntnis, wie wenig der Streik genützt hat: Daß man in etwa berechnen kann, wieviel dieser Streik brachte, zeigt erst, wie erfolglos er eigentlich war[73]. Nichtsdestoweniger wird der zweite Fall eines empirischen Hinweises auf eine, wenn auch minimale Kampfmittelwirkung hinsichtlich der Lohntarife konstatiert. Der fehlende positive Ausschlag der Tariflohnniveaukurve 1971 in der Chemie, der im Rahmen der angestellten Untersuchung mit „Wirkungslosigkeit" des entsprechenden Streiks identifiziert werden muß, dürfte jedoch durch diese Entdeckungen zu dessen Effektivität kaum beschönigt, eher bestätigt, keinesfalls widerlegt werden.

---

[71] Für eine zusammenhängende Darstellung des Streikgeschehens 1971 in der chemischen Industrie vgl. *Bergmann / Jacobi / Müller-Jentsch,* Gewerkschaften, S. 299 ff. Ausführlich wurde dieser Streik analysiert von *Dzielak u. a.,* Belegschaften, bes. S. 135 ff.

[72] Die Unternehmer verteilten jedenfalls selbst ein Flugblatt, in dem der IG Chemie-Bezirk Rheinland-Pfalz seinen Mitgliedern das Ergebnis als „richtig und vernünftig" nahezubringen versuchte, an die Belegschaften in Hessen und Nordrhein, vgl. *Bergmann / Jacobi / Müller-Jentsch,* Gewerkschaften, S. 302.

[73] Auch *Steinhaus,* Streiks, S. 92 weist auf den unbefriedigenden Abschluß des Chemie-Arbeitskampfs hin.

Deshalb kann man auch nicht zuletzt den fehlenden deutlichen Niederschlag des Chemie-Streiks in der Tariflohnkurve als Umstand ansprechen, der das Fazit Konturen annehmen läßt: Vor dem Hintergrund ökonomischer Einflüsse auf das Tariflohnniveau, konkret manifestiert durch die Nettoproduktion des Industriebereichs, sind eigengesetzlich verlaufende, nennenswerte Kampfmittelwirkungen nicht zweifelsfrei herauszuschälen[74]. Nur zu diesem Fazit paßt es auch, daß Kurvenbewegungen, die man im besonderen Fall auf Kampfmittelwirkungen zurückführen könnte, in allen Graphen auch außerhalb der zeitlichen Bereiche eines Kampfmittelgebrauchs auftauchen, und daß die Löhne durchgängig die größten Höhen und Tiefen auch ohne Streik und Aussperrung erreichten — aber praktisch immer im Zusammenhang mit der Entwicklung der Nettoproduktion des voranliegenden Zeitraums[75].

Ohne zuviel Spekulation und Phantasie kann somit nicht von den dargestellten Tariflohnveränderungen auf Kampfmittelgebrauch geschlos-

[74] Was die Wirkung einer Verbandsaussperrung angeht, weist z. B. auch *Kalbitz* darauf hin, daß deren „ökonomische", d. h. auf Veränderung der Lohnhöhe bezogene Wirkung sekundär sei. Nach seiner Ansicht dient die Verbandsaussperrung, zumindest, was die großen Arbeitskämpfe in der Metallindustrie angeht, einer weiteren Vereinheitlichung der Lohnbewegungen im Industriebereich — die v. a. die Arbeitgeber aus Konkurrenzgründen anstreben —, indem der für die Aussperrung ausersehene Bezirk, wegen der aufwendigen Auseinandersetzung, in die Rolle des Muster-Bezirks gedrängt wird. Vgl. Aussperrungen, S. 72. Jedoch scheinen Lohnführerrolle Nordwürttemberg-Nordbadens und Vereinheitlichung der Tarifbewegungen auch schon vor der Zeit der großen Arbeitskämpfe in diesem Bezirk weit entwickelt gewesen zu sein, vgl. dazu die tarifpolitisch-historischen Darstellungen bei *Bergmann / Jacobi / Müller-Jentsch,* Gewerkschaften, S. 232 ff. sowie *Beckord,* Lohnführerschaft, S. 114 ff.

[75] Fast alle Graphen erreichen insbesondere in den Gegenden der Jahre 63/64, 67/68 und 76 absolute Tiefpunkte, die eindeutig mit der wirtschaftlichen Entwicklung zusammenhängen und in der Intensität die Abwärtsbewegungen der Aussperrungsjahre durchaus z. T. übertreffen. Demgegenüber in den Jahren 1963, 71 und 78 — Metallindustrie — bzw. 76 — Druckindustrie — spezielle Auswirkungen insbesondere der Aussperrungen zu separieren, erscheint jedenfalls unmöglich. Der Eindruck liegt nahe, daß diese speziellen Effekte, falls vorhanden, nicht von entscheidendem Ausmaß waren. Bestätigung dafür, daß die Tariflohnentwicklung bei der IG Metall mit der Entwicklung der Produktivität des vorangegangenen Zeitraums zusammenhängt, findet sich i. ü. bei *Beckord,* Lohnführerschaft, S. 193 f. Den Bereich Druck und Vervielfältigung untersucht Beckord nicht in der entsprechenden Weise, ebenso nicht den Organisationsbereich der Gewerkschaft ÖTV, für den in der vorliegenden Untersuchung der „Kunstgriff" angewendet wurde, mit der Nettoproduktionskurve des Bundesgebiets, im Schnitt der Industriebereiche, zu operieren. Was die chemische Industrie angeht, so stehen allerdings die Ergebnisse Beckords, der hier kaum eine positive Korrelation der Tariflohnentwicklung zu der der Nettoproduktion des zeitlich vorangegangenen Raums ermittelte, in einem gewissen Gegensatz zu den Früchten der vorliegenden, freilich sehr einfachen Studie: Auch in der chemischen Industrie scheint die Kurve der Tariflohnveränderungen eindeutig mit der Nettoproduktion des vorangegangenen, manchmal gleichen Zeitraums „optisch verwandt" zu sein, wenn auch die Kurven hier in der Tat ein vergleichsweise zerrisseneres Gesamtbild ergeben. Zu *Beckords* Resultaten vgl. seine Tabelle 20 auf S. 192.

sen werden. Dabei ist trotzdem umgekehrt noch nicht gesagt, daß sich die Tariflöhne rein nach ökonomischen Faktoren, ungeachtet des gewerkschaftlichen tarifpolitischen Wirkens, richten: Warum überhaupt folgen die Tariflöhne der Nettoproduktion? Liegen hier rein ökonomische Mechanismen vor (z. B. Nachfragedruck auf dem Arbeitsmarkt) oder zeigt sich gerade in der Anpassung der Tariflöhne an die Produktivitätsentwicklung der Effekt, bzw. die Notwendigkeit gewerkschaftlich organisierten Drucks[76]?

Hier kommt eben das Problem ins Spiel, welche Bedeutung die „permanente Streikdrohung“ hat, d. h. der Umstand, daß Tarifverhandlungen — zumindest der „kämpferischen“ Gewerkschaften — immer geprägt sind vom möglichen Alternativzustand Streik[77]. Unzulänglichkeiten der vorangegangenen Untersuchung werden gerade am Beispiel der IG Chemie klar: Wenn man von dieser feststellen kann, daß sie lange Jahre hindurch sehr gute Lohnerfolge ohne Streik erreichte[78], so steht

[76] Initiierung und Beschleunigung dynamischer Anpassungsprozesse an laufend neu entstehende ökonomische Konstellationen bilden vielleicht die überhaupt wichtigste Aufgabe der Gewerkschaften, deren Bewältigung auch auf die Einkommensverteilung einen beachtlichen Einfluß haben kann: *Külp* z. B. stellte einfache, aber aufschlußreiche Rechnungen über Einkommenseffekte in Prozenten an, je nachdem ob eine Gewerkschaft auf eine volkswirtschaftliche (eigengesetzliche, spätestens über den Arbeitsmarkt) Anpassung der Löhne an die Produktivitätsentwicklung wartet, ob sie statt dessen selbst die Anpassung zu berechnen und zu forcieren versucht, oder letztlich gar die Produktivitätssteigerungen der künftigen Periode vorwegzunehmen bestrebt ist; vgl. Lohnbildung, S. 335 f. *Dall'Asta* hält für möglich, daß solche Anpassungsvorteile und -verzögerungen bei der Untersuchung des gewerkschaftlichen Einflusses auf die Einkommensverteilung sogar eine entscheidende Rolle spielen: Theorie, S. 19. So betrachtet, wäre es a priori verfehlt, sich den vorgestellten Graphen mit der Erwartung bzw. Frage zu nähern, ob die kämpfenden Gewerkschaften aus einem in sich konsistenten Verlauf wirtschaftlicher Entwicklung „ausbrechen“ — eben durch den Kampfmitteleinsatz.

[77] *Himmelmann* betont, das „eigentliche Handelsobjekt“ bei Tarifverhandlungen sei die, wenn auch nicht immer manifeste, so doch ständig latent vorhandene Streikdrohung der Gewerkschaft bzw. umgekehrt ihr Versprechen, „für eine bestimmte Zeit von sich aus Ruhe zu bewahren“; vgl. Lohnbildung, S. 133 f. Die wirkliche Relevanz der Streikdrohung in Verhandlungen ist schwer einzuschätzen. *Volkmann*, der i. ü. ebenfalls, auf nationaler Ebene, einen Zusammenhang zwischen dem Wachstum der Löhne und den Steigerungsraten der Industrieproduktion (in zeitlicher Verschiebung) konstatierte, nimmt an: „Um die Löhne mit geringem Zeitverzug an die wirtschaftliche Entwicklung anzupassen, bedarf es bei schnellem Wirtschaftswachstum kaum noch des Streiks. Dagegen scheint er bei niedrigen Wachstumsraten der Wirtschaft notwendig zu sein, um ein noch stärkeres Absinken der Löhne zu verhindern“, vgl.: Modernisierung, in: Kaelble u. a., Probleme, S. 161. (Generell läßt Volkmanns Material noch keine Schlüsse auf den Erfolg gewerkschaftlich inszenierter Tarifarbeitskämpfe zu: Auf den Bund bezogene Produktions- und Tariflohnkurven schließen gerade nicht aus, daß militante Gewerkschaften sich proportional auf Kosten anderer, „friedlicher“, bereichern; außerdem unterscheidet Volkmanns Indikator der Streiktätigkeit nicht zwischen gewerkschaftlich gesteuerten und „wilden“ Aktionen.)

[78] Diese werden allerdings von vornherein bei *Dzielak u. a.*, Belegschaften,

dem der Verdacht gegenüber, daß die Arbeitgeber vielleicht doch nur deshalb von den großen Produktionszuwächsen „freiwillig" abzugeben bereit waren, um langfristig des Auftreten einer kämpfenden Gewerkschaft zu verhindern [79]. Auch ist z. B. interessant, daß die chemische Industrie zweifellos bereits im „erfolgreichen" Jahr 1970 in Kampfstimmung war: In Hessen stand man kurz vor einer Urabstimmung, nach Abschluß der maßgeblichen regionalen Verträge der Tarifrunde wurden im Rahmen einer Sonderentwicklung in Hamburg sogar, im „aktiven tariflosen Zustand", vereinzelte kleine Ausstände von der Gewerkschaft durchgeführt[80].

Der Umstand, daß die Arbeitskämpfe in allen Bereichen meist hinter einen Kulminationspunkt der Tariflohnkurve (im Gefolge der Nettoproduktionskurve) fallen, könnte durchaus damit zusammenhängen, daß zunächst die Kampfstimmung wächst, die Arbeitgeber vielleicht auch zu besonderen Zugeständnissen veranlaßt, der eigentliche „Ausbruch" aber in einen Zeitraum fällt, in dem es von dem vorangegangenen Produktionsanstieg bereits nichts mehr zu verteilen gibt. Das ist für die Gewerkschaft schwerer zu beurteilen als für die Unternehmer und dem Verständnis des einzelnen Gewerkschaftsmitglieds, das eben noch unter Hinweis auf Produktionszuwächse mobilisiert wurde, ohnehin schlecht plausibel zu machen. Zu diesem Zeitpunkt jedenfalls helfen ökonomische Grenzen den Unternehmern, hart zu bleiben: Bei ohnehin stark gefallener Nettoproduktion mag sogar die Suspendierung von der Lohnzahlungspflicht durch Streik und Aussperrung nicht ungelegen kommen.

Für die eben entwickelte Theorie sprechen auch die Urabstimmungen in der metallverarbeitenden Industrie 1962 und 1970, wobei letztere sich als „Alleingang" Nordwürttemberg-Nordbadens nach „friedlichen" Abschlüssen von 10 % in Hessen, 11 % in Nordrhein-Westfalen tarifpolitisch nur noch sehr begrenzt auswirken konnte, umgekehrt einen Abschluß von 12,2 % Nominallohnerhöhung einbrachte. Bemerkenswert ist, daß im ersteren Fall ein Aussperrungsbeschluß der Arbeitgeber, also eine Kampfdrohung, allein noch keine negative Trendumkehr der Tariflohnentwicklung bewirkte. Bei den Urabstimmungen in der Metallindustrie und im öffentlichen Dienst von 1967, die bereits wieder mit negativen Lohnbewegungen korrelieren, könnte man vielleicht sagen, daß die Be-

S. 86, neben der besonders expansiven Branchenentwicklung der chemischen Industrie, auch einer „Orientierungsfunktion der tarifpolitischen Ergebnisse in der Metallindustrie" zugeschrieben.

[79] *Steinhaus*, Streiks, S. 85 drückt das so aus: „Die Taktik der Chemiekonzerne heißt: Bindung der Arbeiter und Angestellten nicht an Belegschafts- und Klasseninteressen, sondern an Konzerninteressen, Spaltung der Belegschaften, Trennung der Belegschaften von ihrer Gewerkschaft."

[80] Vgl. dazu *Dzielak u. a.*, Belegschaften, S. 85.

wegung eskalierter Kampfkraft über Urabstimmung und (ohnehin meist „verspäteten") Kampf hier noch verzögerter ablief.

Ein Rhythmus, welcher Kämpfe während der Produktionsflauten bringt, könnte auch dem bewußten gewerkschaftlichen Versuch entsprechen, die Löhne in guten Zeiten durch Verhandlungen anzuheben und sodann von dieser positiven Entwicklung möglichst viel durch (zunehmenden) militanten Druck in die Flaute hineinzuretten[81]. In diesem Fall können offen ausgebrochene Arbeitskämpfe generell nicht so erfolgreich sein wie Verhandeln im Boom, das zunächst friedlich, dann, der Krise zu, unter zunehmenden Drohungen stattfindet[82].

---

[81] Auch hier sei wieder *Volkmann* zitiert: „Auf der vorläufig letzten Stufe" — der Beziehungen zwischen Arbeitskampf und Konjunktur — „werden die Arbeitsstreitigkeiten bei guter Wirtschaftslage nahezu ausnahmslos in Tarifverhandlungen beigelegt. Der Streik wird zu einer Begleiterscheinung der Krise und hat das Ziel, die Krisenbewältigung durch überproportionale Belastung der Arbeiter zu verhindern", vgl.: Modernisierung, in: Kaelble u. a., Probleme, S. 162. Allerdings fehlen nach *Volkmanns* Ansicht „befriedigende Untersuchungen über den Einfluß des Streiks auf die Lohnhöhe noch", vgl. S. 168. Aufschlußreich ist nichtsdestoweniger *Volkmanns* empirischer Befund, daß ab 1958 die Arbeitskampfhäufigkeit sich umgekehrt zum Verlauf der wirtschaftlichen Entwicklung (dargestellt durch Nettoproduktion und Arbeitslosigkeit in ihren Veränderungsquoten, auf die Bundesrepublik bezogen) verhält: „In Zeiten wirtschaftlicher Stagnation oder Schrumpfung ... wird nun bevorzugt gestreikt", S. 155 ff.

[82] Der offen ausgebrochene, angesichts harten, diesen aber vom ökonomischen Kalkül her leicht fallenden Widerstandes der Arbeitgeber zur Erfolglosigkeit verurteilte Streik muß nichtsdestoweniger durchgeführt werden, weil der Gewerkschaft sonst ein „Gesichtsverlust" drohen kann; ein Gedanke, auf den in den Theorien zum „collective bargaining" besonders *Shackle* hingewiesen hat, vgl.: Die Wirkungsweise des Verhandlungsprozesses, in: Külp / Schreiber (Hrsg.), Arbeitsökonomik, 1972, S. 236 ff., bes. S. 253. Denselben Gedanken greifen *Dzielak u. a.*, Belegschaften, S. 476 auf: Danach ging es der IG Chemie 1971 in erster Linie darum, gegenüber einem vergleichsweise offensiven Versuch der Arbeitgeber zu einem „Lohndiktat" das „Gesicht zu wahren". Auch der „Bargaining-Klassiker" Hicks, der die Streikdrohung als an sich nur für bessere Ergebnisse rational eingesetztes Mittel und Streiks nur als Folgen von Irrtümern über das Erreichbare, als Fehler oder Versehen, ansah, räumte ein, daß gelegentlich eine Art von „feed-back"-Streik für die Glaubwürdigkeit der Gewerkschaft durchgeführt werden muß: „weapons grow rusty if unused"; vgl. dazu *Hicks*, The Theory of Wages, 2. Aufl. 1963, S. 140 ff., bes. S. 146. Insofern wird eher Streikfähigkeit demonstriert, das „Gesicht gewahrt", als es auf das Ergebnis des konkreten Kampfes überhaupt ankommt.

Daß der Erfolg „streikloser Bewegungen", die mit dem Zunehmen einer Praxis organisierten „collective bargainings" immer häufiger wurden, sich verschlechternde Erfolgsquoten von Streiks kompensieren kann, versuchte v. a. Volkmann nachzuweisen. Er möchte damit einen „zweckrationalen" Funktionswandel der Tarifauseinandersetzung, vom Kräftemessen in (häufigen) Kämpfen hin zu prinzipiellem Verhandeln, begleitet nur von (seltenen, der Demonstration von Konfliktbereitschaft dienenden) Kämpfen belegen. Dabei stehen ihm freilich Daten nur bis 1913 und auch nur in der groben Einteilung erfolgloser, erfolgreicher und teilweise erfolgreicher Lohnbewegungen zur Verfügung. Für spätere Zeitabschnitte, insbesondere den nach dem 2. Weltkrieg, kann Volkmann aber immerhin auf die zeitlich verschobene Parallelität von Tariflohnentwicklung und Industrieproduktion in der Bundesrepublik

Jedoch dürfen all diese Theorien sich nur auf Intuition, d. h. nicht methodisch ausreichend vertretbar auf die erstellten Graphen berufen: Sie ordnen Kampf und Kampfdrohung sowohl steigende wie fallende Kurvenverläufe fast nach Belieben zu, bis eben alles „paßt", ohne daß die — freilich sehr einfachen — empirischen Mittel dies jeweils zwingend genug nahelegen. An dieser Stelle kann kaum ein anderes Ergebnis festgehalten werden, als daß der empirische Nachweis von Kampfmittelwirkungen in der Tarifauseinandersetzung anhand des Nominallohnniveaus und seiner Veränderungen nicht gelungen bzw. ohne zuviel Spekulationen nicht möglich ist. Kurz: Es sind keine nennenswerten Kampfmittelwirkungen auszumachen, sei es, daß sie nicht vorhanden, oder, daß sie eben nicht isoliert feststellbar sind.

Konstatiert wurden allerdings zwei aus den Graphen nicht ersichtliche Fälle minimaler Effekte von Kampfhandlungen auf das Lohnniveau des jeweiligen Beobachtungsbereichs. Diese bestehen zwar in einem schlecht verallgemeinerungsfähigen Einzelfall (Bremer Metall-Streik 1974) sowie einem weiteren Befund, der die Wirkungslosigkeit eines Lohnstreiks eher zu unterstreichen als zu widerlegen geeignet war (Chemie-Streik 1971). Zu denken gibt nichtsdestoweniger eben der Umstand, daß diese beiden Vorgänge bzw. Befunde aus der angestellten empirischen Untersuchung nicht unmittelbar hervorgingen. Deswegen muß das Fazit derselben noch durch den Hinweis ergänzt werden: Kampfmitteleffekte sind theoretisch nicht auszuschließen, die sich in den Tariflohnniveauveränderungen des Industriebereichs nur geringfügig niederschlagen, folglich den Gesamteindruck nicht umkehren können, daß diese Veränderungen vor allem der volkswirtschaftlichen Entwicklung entsprechen, d. h. daß diese irgendwelchen Kampfmitteln ein enges Band möglicher Auswirkungen setzt.

### III. Der Verzicht auf die weitere Untersuchung von Reallohn und Effektivlohn

Der grundsätzliche Aufriß der Problematik, was man mit dem Begriff des Lohnes meinen kann, weiter oben unter C., I, führte auf die Differenzierung von Nominal-, Real- und Effektivlohn. Eine Beantwortung der Frage, ob sich aus der Entwicklung der Löhne für das Arbeitskampfrecht fruchtbare Schlüsse auf Gleichgewicht oder erfolgreichen Kampfmitteleinsatz ziehen lassen, kann daher bei der Behandlung des Nominallohns im vorhergehenden nicht stehen bleiben. Vielmehr ist

---

verweisen, wobei Schwerpunkte der Streiktätigkeit (allerdings nicht nur der organisierten) nur in Rezessionen verzeichnet werden mußten, vgl. zu allem *Volkmann*, Modernisierung, in: Kaelble u. a., Probleme, bes. S. 146 ff., 153 ff. Verhandlungserfolg kann also den Kampferfolg ersetzen und gleichzeitig Kampfaktivitäten auf die Zeiten beschränken, in denen sowieso „nichts zu holen" ist.

ergänzend auf den Nutzen einer Untersuchung von Real- und Effektivlöhnen einzugehen.

### *1. Reallohn und Effektivlohn als Indikatoren erfolgreichen Kampfmitteleinsatzes*

Unmittelbarer Gegenstand der Tarifauseinandersetzung ist der Tarif(nominal)lohn. Dieser bestimmt, zusammen mit den Preissteigerungen, den Reallohn, in Verbindung mit der betrieblichen Lohnfindungsebene entsteht letztlich der Effektivlohn[83]. Angesichts dieser „Bestimmungskette" wäre für die Herstellung einer Verbindung zwischen Real- bzw. Effektivlohnbewegungen und Kampfmitteleinsatz Voraussetzung gewesen, daß überhaupt einmal der Tariflohn auf Kampfmittel in einem eindeutigen Sinn reagiert. Andernfalls wird es immer schwieriger, willkürliche Annahmen im Untersuchungsfeld „Lohnbestimmung durch Tarifarbeitskampf" zu verhindern. Eine sinnvolle Fragestellung wäre etwa gewesen, ob kampfbedingte Nominallohnerfolge bei der Real- bzw. der Effektivlohnbildung wieder neutralisiert werden. Der umgekehrte Zusammenhang — Kampfmittelwirkung beim Real- oder Effektivlohn ohne solche beim Tarifnominallohn — ist kaum möglich. Letztere waren jedoch nicht genügend zweifelsfrei festzustellen.

Wichtig ist ferner der Hinweis, daß schon der Versuch, die Kampfmittelwirkung am Reallohnzuwachs dingfest zu machen, mit der normativen Konsequenz verbunden ist, die Verfügungsmöglichkeit der Arbeitgeber bzw. Unternehmer über die Preise als „Kampfmittel" anzusehen. An dieser Konsequenz bräuchte man sich allerdings nicht zu stören[84] — deshalb vor allem, weil sich „Vertragsgerechtigkeit" beim Lohn sinngemäß auf das kaufkräftige Einkommen bezieht und das Verhalten der Arbeitgeber bzw. Unternehmer auf den Gütermärkten die (kollektivarbeitsrechtlich) zu gewährleistende Lohngerechtigkeit ebenso unmittelbar beeinflußt wie jenes auf dem Arbeitsmarkt[85].

Letztlich aber erscheint eine Untersuchung von Reallohn und Effektivlohn auch — prima facie — nicht sehr vielversprechend, weil sich die Kurven (in der Metallindustrie) von Reallohn und Tariflohn, wenn auch mit beträchtlich variierendem Abstand, doch ähnlich in den jeweils entscheidenden zeitlichen Bereichen von Kampfhandlungen verhalten; speziell das letztere trifft auch auf die Effektivlohnkurve zu[86]. Von daher sind neue Erkenntnisse unwahrscheinlich.

---

[83] Vgl. zu diesen Zusammenhängen weiter oben C., I., 2 u. 3.

[84] Vgl. dagegen jedoch, stellvertretend für die wohl überwiegende Meinung, *Zöllner*, Aussperrung, S. 25 f.

[85] *Dall'Asta* weist zutreffend darauf hin, daß auch beim Übergang der fertigen Konsumgüter in die Hand der Verbraucher um die Verteilung des Volkseinkommens gekämpft wird: Theorie, S. 51.

[86] Vgl. dazu weiter oben Schaubilder 2 und 3.

### *2. Reallohn und Effektivlohn als Belege längerfristigen Gleichgewichts zwischen den sozialen Gegenspielern (abstrakt-materieller Verhandlungsparität)?*

Bei einer Betrachtung des Reallohns oder Effektivlohns wären einerseits gewisse Bedenken ausgeräumt, die sich auf den Nominallohn als Instrument der Gleichgewichtsfeststellung richteten — nämlich eben die aus dem Umstand herrührenden, daß das Verhältnis des Nominallohns zum effektiven, realen Einkommen unklar bzw. vielfach vermittelt ist. Andererseits, und das scheint erneut ein gewichtiger Einwand zu sein, erfaßt eben jede auf den Lohn beschränkte Betrachtung des Tariferfolgs nicht die sozialpolitischen Konfliktstoffe zwischen den Tariforganisationen, die diese, wie im Fall der Humanisierung des Arbeitsplatzes, auch speziell in die Tarifverhandlungen hineintragen[87].

Eine Betrachtung der Reallöhne und der Effektivlöhne als Beleg für die Ausgeglichenheit der Kräfte auf Arbeitgeber- und Arbeitnehmerseite zeigt auch die Tendenz, sich immer mehr vom Gegenstand des kollektiven Arbeitsrechts zu entfernen: Wenn „materielle" Kampfparität, soll es mit dem Begriff Ernst sein, dazu anhält, auch Preissteigerungen als Mittel der Auseinandersetzung um Tarife anzuerkennen, weil Lohngerechtigkeit sich sinngemäß auf das kaufkräftige Einkommen beziehen muß, zwingt dies zu einem ersten Schritt in der Richtung, nicht nur das zu vergleichen, was Tariforganisationen unmittelbar am Verhandlungstisch und im konventionell verstandenen Arbeitskampf bewirken.

Noch mehr würde aber eine Einbeziehung betrieblicher Lohnfindungsprozesse, in welche alle konjunkturell bedingten Einflüsse am Arbeitsmarkt, alle regional, branchenspezifisch unterschiedlichen wirtschaftlichen Bedingungen eingehen und die von der Tarifvereinbarung nur noch sehr vermittelt abhängen, die Frage nach Parität in einen allgemeinwirtschaftlichen Bereich verschieben: D. h. es wäre weniger gefragt, ob die Tariforganisationen in ihrem spezifischen Handeln sich gleichgewich-

[87] *Himmelmann* bezeichnet Lohnstrukturpolitik, Sozialpolitik und Vermögenspolitik als „Aktivpolitik" der Gewerkschaft, die Nominallohnpolitik dagegen als „Defensivpolitik", die praktisch nur Schutz vor laufenden Einkommensnachteilen bieten könne. Der materiell-demokratische Aspekt des Kollektivvertragssystems drücke sich gerade in der Sozialpolitik durch Tarifvertrag aus: Lohnbildung, S. 215 ff. Gegenüber dieser originär politikwissenschaftlichen Perspektive, die zumindest auf eine begonnene bzw. künftige Entwicklung der Tarifpolitik überzeugend hinzuweisen scheint, droht eine Betrachtungsweise im kollektiven Arbeitsrecht historisch überholt zu werden, wenn sie allein die Erhöhung der geldwerten Leistungen als Gegenstand der gewerkschaftlichen Forderungen betont: So aber z. B. *Säcker*, der davon ausgeht, daß auf diese Weise einer „fiktionsfreien, das Wesentliche und nicht das Vordergründige oder Vorgeschobene erfassenden materialen Betrachtung" am ehesten gedient sei; vgl. Gruppenparität, S. 95 f.

tig auseinandersetzen, als, ob soziale Marktwirtschaft einen akzeptablen Ausgleich zwischen Kapital und Arbeit bringt[88]. Je mehr wirtschaftliche, Verteilungsprozesse bestimmende Mechanismen neben den eigentlichen Tarifverhandlungen in die Untersuchung abstrakt-materieller Parität eingehen, desto weniger kann ihr Gegenstand Verhandlungsparität sein[89], und desto weniger sind Rückschlüsse auf Kampfparität und ihre konkrete Ausgestaltung möglich, d. h. desto weniger wäre ein Zusammenhang zwischen Betrachtung effektiver Reallöhne und Kampfmittelregelung herzustellen. Nur der Einfluß speziell der Koalitionen auf die Arbeits- und Wirtschaftsbedingungen ist aber nach bisher wohl überwiegender Ansicht Gegenstand des kollektiven Arbeitsrechts, und nur die Kampfmittelgestaltung, die sich auf spezifisch koalitionsmäßiges Handeln bezieht, fällt, zumindest in den angestammten, Bereich des Arbeitskampfrechts[90].

Umgekehrt kann materielle Kampfparität, die nicht nur Formen der Kampfmittel vergleichen will, sondern Wirkungen, d. h. aber Tarifvertragsinhalte, diese nicht erschöpfend als „Spielmarken" in Gestalt von Nominallohnprozenten begreifen: Auf ein bloßes Symbol des Organisationserfolgs, dessen Konsequenzen für das Einkommen des einzelnen Arbeitnehmers nicht gesichert sind[91], kann sich die Vertragsgerechtigkeit im Individualarbeitsvertrag, die durch Tarifautonomie her- bzw. wiederhergestellt werden soll[92], nicht beziehen.

---

[88] Den das Ordnungsmodell des Art. 9 III GG (wie auch die Kompetenzen des Arbeitsrechts zur Gestaltung der wirtschafts- und gesellschaftspolitisch aktuell bestehenden Ordnung) überschreitenden Paritätsbegriff, sofern er die Arbeitgeber auch als Unternehmer in irgendwelche Verhaltenspflichten nimmt, hat am klarsten *Zöllner* angesprochen, vgl. Aussperrung, S. 25 f. Jedoch ist es das zu Anfang seiner Überlegungen ausgesprochene Urteil, Parität könne nicht in einem so gesamthaften Sinn verstanden werden, welches, aus einer Inhaltsbestimmung des Begriffs „materieller" Parität heraus, angezweifelt werden muß.

[89] Jedenfalls solange die Möglichkeit besteht, übertarifliche Zuschläge im Individualarbeitsvertrag zu vereinbaren.

[90] Vgl. etwa für den Rahmen konventioneller Diskussion um die Grenzen der für Parität relevanten Tarifarbeitskampfmittel *Seiter*, Streikrecht, S. 162: Daß „Kampfhandlungen" von Arbeitgeberorganisationen (aber auch vom einzelnen Arbeitgeber!) sowie von Arbeitnehmerorganisationen ausgehen, nicht aber von Unternehmern, ist implizierte Voraussetzung.

[91] Vgl. die Ergebnisse dieser Untersuchung unter C., I., 4 und 5.

[92] Auf den Gedanken der Tarifautonomie als Privatautonomie der kollektiven Ebene sowie des gleichgewichtigen Tausches gründete insbesondere *Rüthers* das Paritätsgebot des Arbeitskampfrechts, vgl. dazu DB 1973, S. 1649 ff. Auch ein Modell inhaltlicher Vertragsgerechtigkeit (letztlich) im Individualarbeitsvertrag, infolge eines bestimmten Tauschverfahrens (der Koalitionen) auf einem Markt, nämlich dem Arbeitsmarkt, kann den Umstand aber nicht übersehen: Dieselben Kontrahenten des Individualarbeitsvertrags stehen sich, freilich in anderen Funktionen, auf einem weiteren Markt gegenüber, wo nichtsdestoweniger der Wert des Lohnes zur Diskussion steht, nämlich dem Markt für Konsumgüter. Hier zeigt sich, daß das Einkommen, nach wie vor wenigstens ein wichtiges Ziel der Vertragsgerechtigkeit auf dem Arbeitsmarkt,

Damit zeichnet sich das Dilemma ab, in das der dogmatische Begriff kollektiv-arbeitsrechtlicher Parität führt. Er muß versprechen, was er nicht halten kann bzw. kann nicht halten, was er verspricht: Der Ausgleich der Kampfmittel ließ sich nicht auf Dauer glaubwürdig, vom Zweck der Kollektivverhandlungen her, nach formalen Kriterien beurteilen; die Feststellung aber, ob „materielle Vertragsgerechtigkeit" in oder mit bestimmten Tarifinhalten sich einstellt, sprengt die Möglichkeiten des kollektiven Arbeitsrechts. Konkret wird dieses Dilemma — zusammenfassend und abschließend —, wenn nur das kaufkräftige, effektive Einkommen den Maßstab für Vertragsgerechtigkeit auf Individualarbeitsvertragsebene und damit für den angemessenen Interessenausgleich auf Kollektivvertragsebene bietet, andererseits dieser Maßstab durch etliche Einflüsse neben dem Verhalten von Koalitionen, das im wesentlichen Gegenstand des kollektiven Arbeitsrechts ist, beeinflußt wird. Diese Einflüsse ließen bzw. lassen sich wohl auch nicht in ein durchschaubares Verhältnis zueinander setzen. Angesichts dessen wird auf eine weitere Untersuchung absoluter Effektiv- und Reallohngrößen als Belege für Kampfparität verzichtet.

### IV. Zusammenfassung: Der Tariferfolg beim Lohn als tatsächlicher Nachweis von Verhandlungs- und Kampfparität sowie von Kampfmitteleffekten

Das Ergebnis der vorangegangenen empirischen Untersuchungen und damit verbundenen normativen Überlegungen ist an der zuvor gestellten Frage zu messen: Läßt sich eine Tabelle, ähnlich der von *Bertele* und *Raiser* verwendeten[93], erstellen, die den Erfolg von Tarifparteien in geeigneter Weise wiedergibt, um als Beleg für Kampfparität (im Dienste der Verhandlungsparität) oder wenigstens für die Wirksamkeit gewisser Tarifarbeitskampfmittel herangezogen zu werden[94]?

a) Im Zentrum der Betrachtung standen zunächst Lohnergebnisse der Tarifverhandlungen in dem Sinne, daß bei einem, für sich betrachtet, hohen Nominallohnergebnis vielleicht auf einen besonderen Erfolg der Gewerkschaft bzw. Mißerfolg der Arbeitgeber geschlossen werden kann. Dabei impliziert die Gleichsetzung des gewerkschaftlichen Erfolgs mit

---

zugleich das „allgemeine Äquivalent" Geld ist, dessen Wert auch auf den Gütermärkten bestimmt wird. Wenn es dort aber von denselben Personen, nur in den neuen Rollen der Produzenten und Konsumenten, bestimmt wird, dann droht auch die durch den Vertragsmechanismus und den Gedanken der Tauschgerechtigkeit auf dem Arbeitsmarkt fundierte Parität wieder zur inhaltslosen Leerformel zu werden, bzw. das Postulat der Vertragsgerechtigkeit bleibt auf halbem Weg stecken.

[93] *Bertele*, Rechtsnatur, S. 31; *Raiser*, Die Aussperrung, S. 81.

[94] Vgl. zur Fragestellung weiter oben A.

hohen Nominallohnsteigerungsraten die Vorstellung, daß Nominallohnsteigerungen (zumindest in etwa) mit entsprechenden wirklichen Einkommenssteigerungen der Arbeitnehmer einhergehen. Diese Annahme trifft aber nicht zu: Die realen Effektivlöhne, d. h. diejenigen, die tatsächlich ausbezahlt werden, nach ihrer realen Kaufkraft gemessen, werden von den Nominallohnabschlüssen entweder nicht entscheidend oder aber jedenfalls in einer methodisch nicht mehr zurückzuverfolgenden Weise determiniert.

Damit verlieren Nominallohnergebnisse ihre Eignung, ein längerfristiges Gleichgewicht zwischen den Organisationen von Arbeitnehmern und Arbeitgebern zu indizieren, jedenfalls dann, wenn man die Effekte der Tarifauseinandersetzungen, die es in ausgeglichene Proportionen zu setzen gilt, auf der Arbeitnehmerseite beim realen Einkommen, auf der Arbeitgeberseite als Kostenbelastung sieht[95].

b) Eine weitere Überlegung, die den Nominallohn als Erfolgssymbol der gewerkschaftlichen Organisation selbst betrifft, die also die Frage überflüssig machte, ob Nominallohnsteigerungen überhaupt eine meßbare Wirkung für das Einkommen der gewerkschaftlich Organisierten haben, mußte aus normativen Gründen verworfen werden: Die Vorstellung, daß die Tariforganisationen um eine Art von „Spielgeld“ streiten, dessen Wert nur vordergründig das Publikum in Aufregung versetzen und Einkommenssteigerungen, wegen Preiserhöhungen, bis zu einem gewissen Grad nur vortäuschen kann, sollte für eine rechtstatsächliche Betrachtung des Tariferfolgs nicht entscheidend werden. Die Mittel der Tarifauseinandersetzung dürfen nicht auf der Ebene einer „Nominallohnillusion“ gemessen und angepaßt werden. Die Nominallohnillusion besteht darin, daß die Gewerkschaften Nominallohn„erfolge“ ertrotzen, die den Mitgliedern nur vermeintlich etwas einbringen und die Arbeitgeber als Unternehmer nicht wirklich belasten, weil diese die Kosten durch höhere Preise ausgleichen — mit der Folge, daß inflationäre Prozesse auch die gesamtwirtschaftliche Entwicklung beeinflussen. Eine Betrachtung adäquater Erfolge und angemessenen Ausgleichs zwischen den sozialen Gegenspielern sollte einer auf Nominallohnprozente beschränkten Perspektive nicht noch Vorschub leisten[96].

c) Vor allem aber ungenügend in der Funktion eines Maßstabs für kontinuierliches Verhandlungsgleichgewicht erscheint die bloße Betrachtung des Nominallohns (und der Einkommensmeßzahlen überhaupt), wenn man den hohen Anteil an Forderungen und Resultaten in Tarifverhandlungen bedenkt, die mit dem Lohn nichts oder nicht viel zu tun haben. Die Heranziehung der konkret von der IG Metall in den letzten Jahren ge-

---

[95] Vgl. insoweit oben C., I., 4 u. 5 sowie D., I., 1.

[96] Vgl. insoweit oben C., III., 2 sowie D., I., 2.

stellten Forderungen weist eine große Menge „immaterieller“, d. h. sozialpolitischer, der Organisation als solcher dienlicher u. ä. Forderungen aus. Hier kann man sogar durchaus von einem Trend sprechen, innerhalb dessen sich seit fast 10 Jahren die tarifpolitischen Ziele umorientierten von Einkommensverbesserungen — einem mangels wirtschaftlichen Wachstums tendenziell unattraktiv werdenden Verhandlungsbereich — auf Postulate wie „Lebensqualität“, „Humanität am Arbeitsplatz“, sicherer Arbeitsplatz, sicheres Einkommen. Die (ausgeglichene) Verwirklichung der kontroversen Vorstellungen bei diesen Verhandlungsmaterien kann man aber in Nominallohnprozenten nicht mehr messen[97].

d) Ist demnach der Nominallohn als Indikator „abstrakt-materieller Parität“, d. h. eines längerfristigen, tatsächlichen Ausgleichs in den gegenseitigen tarifpolitischen Zielvorstellungen ungeeignet, so fällt die Suche nicht fruchtbarer aus, was den Nachweis von Kampfmittelwirkungen anhand von Tariflohnergebnissen angeht: Veränderungen des Tariflohnniveaus in der metallverarbeitenden Industrie, der chemischen Industrie, im Industriebereich Druck und Papier sowie im öffentlichen Dienst, ließen sich nicht in ausreichender Eindeutigkeit mit dem Einsatz bzw. der Androhung von Tarifarbeitskampfmitteln in Verbindung bringen. Lediglich Anhaltspunkte für vereinzelte geringfügige Einflüsse des Kampfmittelgebrauchs liegen vor, auf die jedoch nicht die Betrachtung des Tariflohnniveaus im entsprechenden Industriebereich, als dem adäquaten Beobachtungsrahmen relevanter Kampfmitteleffekte, hinlenkte, weil sie sich dort nicht nennenswert niederschlugen. Hinsichtlich der Tariflohnniveauveränderungen sprang als Bestimmungsgrund um so stärker die wirtschaftliche Konstellation der Tarifverhandlungen ins Auge, (notdürftig) erfaßt durch die Veränderungen der Nettoproduktion sowie der Menge tatsächlich geleisteter Arbeitsstunden.

Generell schienen wirtschaftliche Bestimmungsgründe des Tariflohnniveaus in den Industriebereichen wenig Spielraum zu gewähren für eine Beeinflussung desselben durch „organisationspolitische“ Maßnahmen wie insbesondere den Arbeitskampf. Dabei läßt die pauschale Ergebnisformel, daß kaum nennenswerte Effekte von Kampfmitteln zu finden waren, zwei Lesarten zu: Entweder sind diese von der empirischen Methode her zu schwer zu ermitteln, oder aber Arbeitskämpfe sind tatsächlich hinsichtlich der Lohnergebnisse weitgehend wirkungslos. Letztlich aber konnte die Untersuchung nicht ausschließen, daß die sichtbaren starken wirtschaftlichen Einflüsse auf die Lohnentwicklung ein allerdings anscheinend schmales Band lassen, innerhalb dessen Tariflöhne durch Kampfmaßnahmen bewegt werden können[98].

---

[97] Vgl. insoweit oben C., I., 1 sowie D., I., 3.

[98] Vgl. insoweit oben D., II., 3.

e) Setzt man, was Lohndaten als Belege des Tariferfolgs angeht, Reallöhne oder Effektivlöhne für die Nominallöhne ein, so muß zunächst auf die Konsequenz verwiesen werden, daß dann Preissteigerungen durch die Arbeitgeber als Unternehmer automatisch zu Mitteln der Tarifauseinandersetzung gemacht werden. Mit der Betrachtung der effektiven Reallöhne vollends ist der Übergang von einer Untersuchung dessen, was die Tarifparteien vermögen, zu einer allgemeinen Beurteilung, ob in der „sozialen Marktwirtschaft" die Interessen von Arbeit und Kapital adäquat im Verhältnis berücksichtigt sind, verbunden: Sicher aber lassen sich aus der Entwicklung von effektiven Reallöhnen, weil sie von Tarifarbeitskämpfen nur noch vielfach vermittelt durch konjunkturelle und strukturelle wirtschaftliche Einflüsse, durch eine weitere, betriebliche Lohnfindungsebene etc. beeinflußt werden, keine genügend direkten Fingerzeige auf die Gestaltung oder „Dosierung" einzelner Kampfmittel mehr ableiten[99].

## E. Vergleiche zwischen Ausgangspositionen und Ergebnissen der Tarifverhandlungen als Belege von Kräftegleichgewicht und Kampfmittelwirkung

Tarifautonomie als verfassungsrechtlich geschützter Zustand, in dem Kollektivvereinbarungen durch autonome Koalitionen geschlossen werden, läßt es geboten erscheinen, die Koalitionen auch selbst den Erfolg qualitativ und quantitativ definieren zu lassen, der ihnen ansteht: Gerade im Ausgleich ihrer konträren, aber für eine Normierung des Koalitionsverfahrens verbindlich hinzunehmenden Definitionen liegt der Sinn von Tarifautonomie[1].

Grenzen einer solchen prinzipiellen Überlegung wurden allerdings bereits deutlich: Die Koalitionen der Arbeitnehmerseite könnten nicht schrankenlos Nominallohnzuwächse, die anschließend von einem die ganze Volkswirtschaft schädigenden inflationären Prozeß wieder aufgezehrt werden, mit stillschweigender Billigung der Arbeitgeber zu ihrem notwendigen Erfolg erklären[2]. Jedenfalls hätte in diesem Moment eine Normen für das kollektive Arbeitsrecht setzende Instanz nicht mehr nur Erfolge zu betrachten und zu bewerten, sondern zu begrenzen[3] — min-

---

[99] Vgl. insoweit oben D., III.

[1] „Es ist ausschließlich Sache der Beteiligten, darüber zu befinden, was zur Wahrnehmung ihrer Interessen ... geboten ist": so RGZ 106, 272 (277). Vgl. zur freien Verfügung der Parteien über das, was sie als Erfolg ansehen wollen, *Seiter*, Streikrecht, S. 176 ff.

[2] Vgl. zu den Grenzen einer für die Rechtsetzungsinstanzen verbindlichen, autonomen Definition ihres „Erfolgs" durch die Tariforganisationen auch weiter oben, unter D., I., 2, die Kritik an einer reinen Nominallohnbetrachtung als Erfolgsmesser.

destens könnte man solchen „Erfolgen" keine positive rechtliche Relevanz für das Vorliegen von Kampfparität beimessen.

Überhaupt steht jede Betrachtung, die zur Feststellung eines prinzipiellen, kontinuierlichen Interessenausgleichs der Tarifparteien auf die periodischen Veränderungen der Nominallöhne verweisen will, irgendwann vor der Frage, in welcher Höhe sie nun konkret einen angemessenen Verteilungserfolg der Gewerkschaften ansiedelt[4]. Ab welcher Lohnhöhe besteht die Gefahr, daß eine Seite ihre Interessen unverhältnismäßig durchsetzt?

Ein ebenso einfacher wie populärer Weg, zu ermitteln, ob eine Seite in den Verhandlungen dominiert oder ob man von Kompromissen sprechen kann, besteht darin, nicht nur auf das Ergebnis zu schauen, sondern auch auf die Ausgangspositionen der beiden Seiten. Auf diese Möglichkeit wird im folgenden eingegangen. Ein derartiger Versuch, Tariferfolge zu fassen, scheint jedenfalls der Forderung entgegenzukommen, daß Tarifparteien ihren Erfolg selbst definieren müssen.

## I. Zur Aussagekraft von Vergleichen zwischen Forderungen und Ergebnissen für die tatsächlichen Kräfteverhältnisse unter den Tarifparteien

### 1. *Die strategische Wahl der Anfangspositionen in Verhandlungen*

Vorweg: Wenn von Anfangspositionen im — umfassend verstandenen — Prozeß der Tarifverhandlungen die Rede ist, so käme für die an den Erfordernissen des Arbeitskampfrechts orientierte Betrachtung

[3] Damit ist nicht gemeint, daß man versucht, einzelne Erfolge, in denen eine Gefährdung des gesamtwirtschaftlichen Gleichgewichts erblickt wird, zu verbieten, wie es angelegentlich schon gefordert wurde, vgl. z. B. *Nipperdey / Säcker*, Lehrbuch des Arbeitsrechts II/2, 1970, S. 1032. Jedoch müßten u. U. die Spielregeln oder Rahmenbedingungen der Tarifauseinandersetzung revidiert werden nach der Maßgabe, „daß der Gesetzgeber" — wie der Ersatzgesetzgeber — „bei einer Ausgestaltung des Arbeitskampfrechts ... die Staatszielbestimmung des gesamtwirtschaftlichen Gleichgewichts zu berücksichtigen hätte", so *Seiter*, JZ 1978, S. 419.

[4] Dies, obwohl Tarifautonomie doch „Installierung eines Auseinandersetzungsprozesses, nicht Bindung an bestimmte materielle Positionen oder Postulate" sein soll, vgl. *Lerche*, Verfassungsrechtliche Zentralfragen des Arbeitskampfes, 1968, S. 87. Dazu muß bei den Juristen, die zur Regelung des kollektiven Arbeitsrechts berufen sind, noch die „Einsicht in die eigene Inkompetenz treten", was die Frage nach dem richtigen Anteil der Arbeitnehmer an der Einkommensverteilung angeht, vgl. *Seiter*, Streikrecht, S. 291. Nach *Himmelmann*, also aus der Sicht des Politologen, ist der „Versuch, ökonomisch-exakte, logisch-rationale oder ‚objektive' Kriterien für die Lohnbildung und Tariffestsetzung zu definieren, dem politischen und sozial- wie psychodynamischen Prozeß- und Konfliktcharakter des kollektiven Tarifvertragssystems inadäquat und kann im konkreten Fall nur mit der Falsifizierung enden"; vgl. Lohnbildung, S. 197.

u. U. noch eine weitere Unterscheidung in Frage: die zwischen den Positionen zu Beginn der Verhandlungen überhaupt und denen zu Beginn des Arbeitskampfes, sofern ein solcher stattfindet. Da es aber für den Vergleich erkämpfter Ergebnisse mit denen „friedlicher" Tarifrunden vor allem darauf ankommt, was ganz am Anfang und ganz am Ende einer Tarifverhandlung gefordert bzw. bewilligt wird, beziehen sich Überlegungen zu „Anfangspositionen" im folgenden ohne weiteres auf die Forderungen und Angebote in bzw. vor der ersten Verhandlungsrunde. Für diese Beschränkung spielen, soweit empirische Untersuchungen folgen, auch Schwierigkeiten eine gewisse Rolle, vollständige tatsächliche Unterlagen über die Veränderungen der Positionen im Verlauf von Verhandlungen und Arbeitskampf zu gewinnen[5].

Allgemein ist nun mehr als fraglich, ob beispielsweise die Anfangsforderung der Gewerkschaft das wiedergibt, was sie wirklich will. Ihre Stärke aber an der Durchsetzung einer völlig utopischen, überzogenen Forderung zu messen, an der die Gewerkschaft womöglich gar nicht interessiert ist, etwa weil sie selbst die wachstumsschädigenden Effekte möglicher Inflationsprozesse durch nachfolgende Preissteigerungen für zu hoch einschätzt, bietet sich nicht als tunlich an: Man könnte dann nämlich aus einem trügerischen Zustand alarmierender Schwäche falsche Konsequenzen für das Arbeitskampfrecht ziehen. Abwegig ist es aber keineswegs, daß die Verhandlungsdelegation der Gewerkschaft unter dem Druck von Mitgliedern und Funktionären in den Betrieben eine unverhältnismäßig hohe Nominallohnforderung präsentiert, von deren Wert für das Einkommen der Mitglieder, würde sie tatsächlich durchgesetzt, die Funktionäre zumindest an der Gewerkschaftsspitze, aus bereits angedeuteten wirtschaftlichen Gründen, gar nicht überzeugt sind[6]. In diesem Fall wollen jedenfalls diejenigen, die die Verhandlungen führen, nicht wirklich, was sie fordern.

---

[5] Generell entstammt das in diesem Kapitel verwendete empirische Material wiederum, falls nicht besondere Quellen zitiert werden:
— Zeitungsberichten aus dem Archiv einer regionalen Tageszeitung („Südkurier"), innerhalb dessen aber auch einige überregionale Blätter ausgewertet werden („Frankfurter Allgemeine Zeitung", „Welt", „Süddeutsche" u. a.)
— Geschäftsberichten des Verbandes der Metallindustrie Baden-Württemberg (VMI) sowie des Vorstandes der IG Metall
— dem „Metall-Pressedienst" der IG Metall.

[6] Vgl. dazu *Noé*, Gebändigter Klassenkampf, S. 150 ff., über das Zustandekommen von Forderungen bei der IG Metall: Danach liegen die Empfehlungen der Bezirks-Tarifkommissionen teilweise beträchtlich über den vom Vorstand letztlich beschlossenen Forderungen. In den Bezirken spielt die „Notwendigkeit, Mitglieder zu werben, den Apparat zu stärken oder auch lokal besonders wirksame Lohn- und Gehaltstarife anderer Gewerkschaften zu übertreffen", eine große Rolle, während umgekehrt „der Vorstand wirtschaftliche Argumente verbandspolitischen und agitatorischen vorzuziehen geneigt ist", vgl. *Noé*, S. 157, 159 f.

Über solche Überlegungen zu denkbaren Situationen tarifpolitischer Willensbildung hinaus muß man sogar davon ausgehen, daß die gewerkschaftliche Anfangsforderung geradezu ihrer Natur nach oder grundsätzlich nicht das wiedergibt, was die Gewerkschaft sich zum Ziel gesetzt hat. Aus der wirtschafts- und sozialwissenschaftlichen Literatur zu Kollektivverhandlungen stellt *Wolters* Theorien dar, denenzufolge „zuviel Fordern effektiver ist als zuwenig Anbieten“: Hohe Anfangsforderungen können sich für die Gewerkschaftsseite aus Gesetzen des Konzessionsablaufs selbst heraus lohnen[7]. Natürlich sind auch einem solchen Vorgehen andererseits Grenzen gesetzt, weil der nicht unwesentliche Eindruck von Erfolg nach außen darunter leidet, wenn eine Tarifpartei sich zuviel abhandeln lassen muß[8].

Plausibel erscheint aber weiter die Überlegung, daß beide Verhandlungsparteien einen gewissen Spielraum für Konzessionen in ihre Positionen einkalkulieren, um die Gegenseite leichter zu ebensolchen veranlassen zu können[9]. Bezeichnend ist, daß ein Arbeitgeberverband in den USA, der dazu übergehen wollte, sein ernstgemeintes letztes Angebot gleich zu Beginn der Verhandlungen aufzudecken — „last offer first“, dieses Vorgehen wurde nach dem Initiator unter dem Namen „Boulwarism“ bekannt —, damit anscheinend geradezu auf Empörung stieß[10].

Eine realistische Betrachtungsweise des Verhandlungsgeschehens muß also dem Umstand Rechnung tragen, daß die Anfangspositionen der Par-

---

[7] Vgl. dazu *Wolters*, Strategien, S. 133 f. Forderungen können wohl im Verhältnis weiter überzogen werden, als man Angebote untertreiben kann, jedenfalls bei Tarifverhandlungen. Dadurch mag sich eine für den fordernden Teil günstigere Verteilung der Konzessionswege ergeben — wenigstens dann, wenn der Konzessionsprozeß quasi symmetrisch und abwechselnd verläuft. Dies ist freilich in den Verhandlungstheorien umstritten und empirisch nicht eindeutig nachweisbar, vgl. auch dazu *Wolters*, S. 150 ff. Er selbst geht von einer Moral wechselseitig sich entsprechender Konzessionsschritte aus, S. 143 f. Mindestens aber wird dieser kontinuierliche, symmetrische Prozeß erheblich verzerrt durch bestimmte, sich anbietende, hervorgehobene oder „prominente Lösungen“ des Einigungsproblems in Verhandlungen, die *Schelling* in die Diskussion brachte (wie Schlichtersprüche oder Orientierungsdaten der Konzertierten Aktion u. ä.). Vgl. dazu *Schelling*, Bargaining, Communication, and Limited War, JCR 1957 (Vol. 1), S. 19 ff., bes. S. 21 f., S. 30; sowie *Wolters*, Strategien, S. 157 ff.

[8] Umgekehrt erfüllt nach *Ross* auch die unrealistische Forderung der Gewerkschaft bedeutsame Funktionen: Sie ermöglicht Entfaltung vorübergehender Militanz, ist Symbol für die Verständnislosigkeit der Arbeitgeber oder das Vorurteil des Schlichters; vgl. Die Gewerkschaft als eine Institution der Lohnbestimmung, in: Külp / Schreiber (Hrsg.), Arbeitsökonomik, 1972, S. 181 ff., bes. S. 201.

[9] Es muß „Platz zum Verhandeln“ da sein, vgl. etwa *Weitbrecht*, Effektivität, S. 145.

[10] Auch *Wolters* erwähnt diese Methode, die „allen wesentlichen Merkmalen einer Lohnfindung auf dem Verhandlungswege“ widerspreche: Strategien, S. 129. Nach *Himmelmann* beruht das Erfolgsgefühl der Parteien nicht nur auf ihren (Teil-)Siegen, sondern auch auf dem Erschöpfungsgefühl aus dem Kampf, vgl. Lohnbildung, S. 148.

teien strategische Auf- bzw. Abschläge enthalten, die es schwer machen dürften, festzustellen, welches Ergebnis sie sich wirklich zu erreichen vorgenommen hatten[11], oder auch nur, welches sie sich als möglich vorgestellt hatten. An diesem Punkt könnte allenfalls eine denkbare Praxis weiterhelfen, daß die strategischen Aufschläge in immer konstanter, proportionaler Höhe gemacht werden. Auf diese Möglichkeit wird etwas weiter unten — bei der Behandlung einer „2/3-Faustregel" in der gewerkschaftlichen Strategie — eingegangen.

### *2. Faktoren neben dem eingesetzten Verhandlungsmachtpotential, die den Abstand zwischen Anfangspositionen und Ergebnissen bestimmen*

Veränderungen der Abstände zwischen Forderungen bzw. Angeboten und Daten der Einigung scheinen zumindest nicht nur von einem denkbaren wechselnden Erfolg der Parteien abhängig zu sein. So wird beispielsweise mit plausiblen Argumenten angenommen, daß sich die Differenz der gegnerischen Anfangspositionen ganz generell schon im historischen Verlauf verringert hat[12]: Zu einer solchen Entwicklung könnte insbesondere der zunehmende Grad von Professionalisierung geführt haben, von dem man angesichts kontinuierlich unterhaltener Verhandlungsapparate auf beiden Seiten ausgehen kann[13]. Funktionäre, für die das Verhandeln zu einem Geschäft wird, lernen aber immer besser zu sehen, was erreichbar ist, wie sie umgekehrt immer weniger Sinn darin erblicken werden, mit spektakulären Anfangspositionen das „Verhandlungsklima"[14] zu belasten.

Werden solche Anfangsforderungen doch einmal aufgestellt, wie im Falle der 35-Stunden-Woche, die in der Stahlindustrie jüngst durchgesetzt werden sollte, so scheint das der Ausnahmefall zu sein: Die Provokation eines Arbeitskampfes mochte die Möglichkeit eines tarifpolitischen Kurswechsels in einem Industriebereich warnend andeuten, der

---

[11] Abgesehen von allen taktischen Bedingtheiten der Anfangsforderung weist *Külp* darauf hin, daß sich die Tarifparteien „zu Beginn der Verhandlungen vermutlich noch keine endgültigen Vorstellungen über das Erreichbare und Erstrebenswerte" machen und „daß sich ihre anfänglich sehr vagen Vorstellungen erst im Verlaufe der Verhandlungen konkretisieren": Lohnbildung, S. 171. Insgesamt dürfte kaum zu ermitteln sein, bis zu welchem Grad eine Partei in den Verhandlungen nur „Ballast abwirft", den sie ohnehin nicht bis zum Ergebnis mitzutragen gedachte bzw. mittragen zu können glaubte: *Wolters* spricht hinsichtlich der Forderungen, die a priori nur als eine Art von Manövriermasse in die Verhandlungen gelangen, von „unechten Konzessionen", vgl. Strategien, S. 134.

[12] In der Folge setzen dann die Parteien generell höhere Anteile ihrer Vorstellungen durch: ein im Grunde trügerisches Bild wachsenden Erfolgs.

[13] Vgl. dazu *Bredemeier,* Lohnbestimmung, S. 100.

[14] Auf die Bedeutung des guten Verhandlungsklimas wird öfters hingewiesen, vgl. z. B. *Dall'Asta,* Theorie, S. 102.

auf den Arbeitskampf schon fast völlig verzichtet hatte, oder sogar ein taktisches, auf die Rechtsprechung des BVerfG über das Mitbestimmungsgesetz zielendes Manöver gewesen sein[15]. Es war u. a. gerade der Eindruck, daß Mitbestimmung extrem konträre Positionen der sozialen Gegenspieler ausgleicht und daß die Arbeitskampffreiheit deshalb obsolet wird[16], der durch diesen aktuellen Kampf zerstreut werden sollte.

Denkbar ist natürlich, daß die eben angestellten Überlegungen zur Verringerung der Positionsdifferenzen in Tarifverhandlungen nur auf die nicht „kämpferischen"[17] Gewerkschaften im DGB zutreffen. Aber auch bei der militanten IG Metall entspricht es in der Praxis dem Typ des Funktionärs mit Augenmaß, daß der Willensbildungsprozeß in der Organisation bei der periodischen Aufstellung von Forderungen nicht zuletzt dazu da zu sein scheint, der Basis und den ehrenamtlichen Funktionären ihre weiterreichenden Forderungen möglichst auszureden[18].

Ein weiterer dämpfender Einfluß auf die Anfangspositionen geht u. U. von der Formulierung gesamtwirtschaftsbezogener Zielvorstellungen für den Tarifabschluß durch den Staat oder durch von ihm ins Leben gerufene Sachverständigengremien aus. Auch können Perioden einer funktionierenden „Konzertierten Aktion" die fraglichen Relationen zumindest zeitweilig verändern[19].

Letztlich sind — als Problem im Rahmen einer auf die Forderung bezogenen Erfolgsmessung — Phasen zu beachten, in denen eine Gewerkschaft von vornherein Zurückhaltung bei ihren Forderungen übt. So hat die IG Metall einige Jahre lang ihre Erwartungen mehr oder weniger erklärtermaßen am gesamtwirtschaftlichen Produktivitätszuwachs orientiert[20], was spektakuläre Nominallohnerfolge ausschloß, aber zumindest

[15] Die Entscheidung des BVerfG über das Mitbestimmungsgesetz von 1976 ist inzwischen ergangen: Urteil v. 1. 3. 1979, BVerfGE 38, 386 ff. = NJW 1979, S. 699.

[16] Vgl. zum Gedanken einer für Tarifautonomie und Arbeitskampf notwendigen Polarität der beiderseitigen Tariforganisationen *Zöllner / Seiter*, Paritätische Mitbestimmung, S. 52 ff.; *Badura / Rittner / Rüthers*, Mitbestimmungsgesetz 1976 und Grundgesetz, 1977, S. 155 ff.

[17] Vgl. zu dieser Qualifikation oben B., II., 3.

[18] Vgl. dazu *Noé*, Gebändigter Klassenkampf, S. 150 ff.

[19] Zumindest auf Arbeitgeberseite wurde der erwartete Erfolg der Konzertierten Aktion so formuliert: „Wir brauchen nicht mehr mit utopischen Lohnforderungen zu rechnen, denen wir uns in der Vergangenheit oftmals gegenübergestellt sahen"; vgl. *Eichler*, Das Spannungsfeld wird kleiner, Der Arbeitgeber 19 (1967), S. 131.

[20] Zunehmend in den Jahren ab 1962, besonders zwischen 1967 und 1969, fand sich die IG Metall faktisch mit einer „Doppelanpassung" der Löhne an Produktivitätszuwachs und Kaufkraftschwund ab. Diese wurde als „Meinhold-Formel" bekannt nach einem Schlichter in der Eisen- und Stahlindustrie, der 1965 einen entsprechenden (akzeptierten) Einigungsvorschlag unterbreitet hatte. Vgl. zu diesen Zusammenhängen *Bergmann / Jacobi / Müller-Jentsch*, Gewerkschaften, S. 242 u. 246 ff.

teilweise zu durchaus respektablen realen Einkommenszuwächsen führte[21]. Vergleicht man hier nur Forderung und Ergebnis, so ist es mit dem Erfolg vielleicht nicht weit her, obwohl u. U. gerade die günstigen Konsequenzen einer Kooperation der Tarifpartner, konkret ihrer Mäßigung, für den richtig beurteilten Erfolg maßgeblich zu berücksichtigen wären.

Zusammenfassend zeigt sich bereits, daß es schwer ist, den Tariferfolg mit Hilfe dessen zu messen, was eine Tariforganisation als ihre Ausgangsposition in Verhandlungen verlautbart: Durch sie ist nur bedingt etwas darüber ausgesagt, was eine Verhandlungspartei wirklich will; auch hängt es nicht nur mit ihren Kräften, Ziele durchzusetzen, zusammen, in welchem Abstand von der Ausgangsposition das Ergebnis zu liegen kommt. Selbst bei prinzipieller Anerkennung der Notwendigkeit, in die arbeitskampfrechtliche Diskussion möglichst viel empirisches Material einzuführen, ist die eingeschränkte Brauchbarkeit der im folgenden verwendeten Quotienten zwischen Anfangs- und Endpositionen als Erfolgsmaßstab vorweg zu Bedenken zu geben.

## II. Umsetzung der Relationen zwischen Anfangsposition und Ergebnis in eine numerische Schätzung des Erfolgs (am Beispiel des Metall-Tarifbezirks Nordwürttemberg-Nordbaden)

### *1. Die „2/3-Faustregel" nach der (ergänzten) Tabelle von Weitbrecht*

In der bundesdeutschen Literatur wurde darauf hingewiesen, die IG Metall ginge von einer „Faustregel" aus, daß das Ergebnis zwei Drittel der Anfangsforderung betragen sollte, um als Erfolg präsentiert werden zu können[22]. Eine auf den ersten Blick beeindruckende tabellarische Zusammenstellung von *Weitbrecht*[23] weist beim Lohn für die Tarifabschlüsse der IG Metall in einer Reihe von Jahren hintereinander Zahlenverhältnisse aus, die in etwa der genannten Regel entsprechen. Die Tabelle auf der folgenden Seite wurde für die vorliegende Untersuchung bis 1978 ergänzt.

Zunächst: *Weitbrechts* „Regel" scheint bei näherem Zusehen doch erhebliche Ausnahmen zu kennen. Insbesondere im neu angefügten Teil weicht fast die Hälfte der Ergebnisse beträchtlich vom 66 %-Wert ab. So betrachtet, scheint doch nicht viel mehr als die Vorstellung eines Durchschnitts zu bleiben, der ca. 64 % beträgt — eine nicht unbedingt er-

---

[21] Vgl. dazu weiter oben Schaubild 2 „Nominelle und reale Zuwächse" der Löhne; bemerkenswert ist der generell größere Abstand beider Daten in der zweiten Hälfte des Betrachtungszeitraums.

[22] Vgl. *Weitbrecht*, Effektivität, S. 78; ebenso *Himmelmann*, Lohnbildung, S. 146.

[23] Effektivität, S. 146.

Vergleich von Forderung und Ergebnis in Lohnverhandlungen
(Ohne Berücksichtigung von Nebenforderungen)

Tarifgebiet: Württ.-Baden der Metallindustrie

| Zeit des Abkommens | Forderung in v. H. des letzten Tariflohns (Ecklohns) | Ergebnis in v. H. des letzten Tariflohns (Ecklohns) | Ergebnis in v. H. der Forderung | neuer tariflicher Ecklohn[a)] in DM |
|---|---|---|---|---|
| 1948, Mai | | | | 1,08 |
| 1948, Okt. | 15 | 10 | 66 | 1,19 |
| 1950, Mai | 5 | 3,4 | 68 | 1,23 |
| 1950, Nov. | 20 Pfg.<br>= 16,4 | 7,3 | 44 | 1,32 |
| 1951 | 20 Pfg.<br>= 15 | 10 (+ 1,8) | 66 (+ 7,9) | 1,45 (+ 2,5 Pfg.) |
| 1952, Febr. | 10 Pfg. | 5 Pfg.<br>(./. 2,5 Pfg.) | 50<br>(./. 25) | 1,50 |
| 1952, Okt. | 8 Pfg. | 4 Pfg. | 50 | 1,54 |
| 1954 | 8 | 5 | 62 | 1,62 |
| 1955 | 12 | 7,4 | 66 | 1,75 |
| 1956 | AZ | 8 (einschl. AZ) | | 1,89 |
| 1957 | 10 | 6 | 60 | 2,00 |
| 1959, Jan. | | | | 2,05 (AZ) |
| 1959, April | | | | 2,05 (and. Ford.) |
| 1960 | 10 | 8,3 | 83 | 2,22 |
| 1961 | | | | 2,33 lt. Abk. 1960 |
| 1962 | 10 | 6 | 60 | 2,55 (einschl. AZ) |
| 1963 | 8 | 5 | 60 | 2,68 |
| 1964, Jan. | | | | 2,76 (AZ) |
| 1964, April | | 2 | | 2,82 lt. Abk. 1963 |
| 1964, Juni | Urlaub | 6 | | 2,99 |
| 1965 | | 3 | | 3,08 lt. Abk. 1964 |
| 1966 | 9 | 6 | 66 | 3,26 |
| 1967 | | 5 (einschl. AZ) | | 3,42 lt. Abk. 1966 |
| 1968 | 7 | 4 | 57 | 3,56 |
| 1969 | | 3 | | 3,67 lt. Abk. 1968 |
| 1970 | 15 | 12,2 | 81 | |
| 1971 | 11 | 7,5 | 68 | |
| 1972/73 | 11 | 8,5 | 77 | |
| 1973/74 | 15 | 11,2 | 75 | |
| 1975 | 11,4 | 6,8 | 60 | |
| 1976 | 8,5 | 5,4 | 64 | |
| 1977 | 10,2 | 6,9 | 68 | |
| 1978 | 8 | 5 | 63 | |

AZ = Arbeitszeitverkürzung

a) Ohne 10 %igen Aufschlag nach Einarbeitung.

*Quellen:* Verband Württ.-Badischer Metallindustrieller e. V., Berichte über die ordentliche Mitgliederversammlung 1949 - 1961, Jahresberichte 1961/62, 1964/65; Stuttgarter Zeitung 1966. (Ab 1970: eigene Materialien des Verfassers, insbesondere ebenfalls die Geschäftsberichte der gegnerischen Verbände sowie mehrere Tageszeitungen.)

staunliche, wenngleich informative Tatsache zum gewerkschaftlichen Konzessionsverhalten.

Interpretiert man aber *Weitbrechts* Entdeckung als Regel, konsequent im Sinne eines Leitbildes für intentionales gewerkschaftliches Verhalten, nicht nur als faktische Regelmäßigkeit oder als empirisch zu beobachtenden Durchschnitt — und hält man einen „regelmäßigen" 2/3-Wert durch die Tabelle für ausreichend belegt —, so sind zwei alternative Schlüsse möglich: Der erste, gewagte, läuft auf die Vorstellung hinaus, die Gewerkschaft könne beliebige Prozentsätze ihrer Forderung durchsetzen, begnüge sich aber mit zwei Dritteln, weil das ihre Vorstellung von einem passablen bzw. repräsentablen Erfolg sei.

Eher erklärbar — das ist die zweite Interpretationsmöglichkeit — wäre ein empirischer Befund, daß die Gewerkschaften in der Regel 2/3 ihrer Forderungen durchsetzen, damit: Deren Experten können mit im Lauf der Zeit zunehmender Genauigkeit ausrechnen, welches Ergebnis in einer Auseinandersetzung „drin" ist, woraufhin dann 50 % zugeschlagen werden für eine Anfangsforderung, die das Image nicht gefährden kann[24].

Eine solche Praxis scheint zwar gerade die konstanten Aufschläge zu bringen, nach denen schon einmal, bei der Problematisierung der strategisch gewählten Ausgangsposition gefragt wurde, als Möglichkeit, diese aussagekräftiger zu machen. Jedoch wären bei erfolgreicher Anwendung einer solchen „Faustregel" natürlich auch immer gleiche „Erfolge" der Gewerkschaft zu verzeichnen, wenn man diese nur anhand ihrer Forderung und des Ergebnisses mißt: Der Unterschied zwischen einem „guten" und einem „schlechten" Jahr, der hier gerade untersucht werden soll, bleibt so auf der Strecke. Schlägt die Gewerkschaft einem als erreichbar angesehenen Ergebnis einen konstanten Bruchteil als strategisches Plus zu, ist man letztlich wieder darauf angewiesen zu ermitteln, was dieses erreichbare bzw. erreichte Ergebnis, absolut betrachtet, wert ist. Die vorliegende Untersuchung würde so im Bogen zurückgeführt zu dem Problem, worin ein angemessener, den Parteien langfristig zustehender Verhandlungserfolg besteht und wie man diesen in absoluten

---

[24] Danach würden sich die Gewerkschaften generell mehr darauf verlegen, zu taxieren, was sie bekommen können, als darauf, was sie wollen. Die Möglichkeit eines Lohnfindungsverfahrens als reinen ‚Feststellungsprozesses' des (ökonomisch) Machbaren wird jetzt auch bei *Külp* in Erwägung gezogen, Der Lohnfindungsprozeß, S. 46, während dieser sich früher dahingehend geäußert hatte, solche Erklärungen würden der Eigendynamik der Verbände, insbesondere der Verbandsführungen, nicht gerecht. Es werde eben nicht nur ein Marktlohn (vergleichbar dem Gleichgewichtslohn rein ökonomischer Lohndeterminationsmodelle) festgestellt. So jedenfalls noch: Lohnbildung, S. 21. Auch damit wäre i. ü. nicht ausgeschlossen, daß erfahrene Tarifpolitiker die Umstände, die das Ergebnis bestimmen, einschließlich eben der Faktoren, die man mit „gewerkschaftlicher Macht" umschreiben könnte, in etwa einzuschätzen vermögen.

Größen, bezüglich des Lohns und anderer Forderungen, definieren und feststellen kann.

Betrachtet man demgegenüber eine 66 %- (bzw. 64 %-) Regel nur als Durchschnitt, als objektive, faktische Regelhaftigkeit bei der Ergebnisbildung, so stellt sich die Tabelle — ungeachtet jetzt der genügend betonten Einwände gegen eine solche Erfolgsmeßmethode — als empirischer Beleg für die Verhandlungsstärke der Gewerkschaft dar. In diesem Fall ist sogleich auf ein weiteres Problem hinzuweisen: Das Verhältnis der gegenseitigen Chancen, Verhandlungsergebnisse durchzusetzen, läßt sich durch die Tabelle von *Weitbrecht* nicht illustrieren. Der 66 %ige Erfolg der Gewerkschaft kann nämlich im konkreten Fall genauso ein 100 %iger der Arbeitgeber sein, wenn der Einigungspunkt ihren Wunschvorstellungen (d. h. jetzt annahmegemäß: ihrer Ausgangsposition) genau entspricht, wie er vielleicht einen 20 %igen Erfolg der Arbeitgeber darstellt, wenn diese eine entsprechend divergierende Anfangsposition aufgebaut hatten.

Für die Zwecke dieser Untersuchung, die wieder mit den beiden Fragen nach Tariferfolgen als Belegen für längerfristiges (abstraktes) materielles Verhandlungsgleichgewicht sowie für Kampfmittelwirkungen zu umreißen sind[25], ist eine andere bzw. vollständige Erfolgsmeßzahl zu konstruieren: Sie muß nicht nur auf die Relationen von Ausgangspositionen und Ergebnissen einer Seite oder der jeweiligen Seiten für sich, sondern gleichzeitig auf die Proportionen bei beiden Kontrahenten und ihr Verhältnis zueinander eingehen. Das täte *Weitbrechts* Tabelle (implizit) nur dann, wenn die Arbeitgeber gewöhnlich nichts böten, insbesondere ständig Lohnpause forderten, was natürlich den Tatsachen nicht entspricht. Nur dann wäre der 2/3-Erfolg der Gewerkschaft zwangsläufig ein 2/3-Mißerfolg der Arbeitgeber.

Ein gravierender Mangel der Tabelle ist zudem der, daß sie die „immateriellen" Forderungen, d. h. sozialpolitische und organisationspolitische Forderungen, deren materielle Effekte (Einkommen oder Kosten) nicht die entscheidende Bedeutung für die Verhandlungsparteien haben oder kaum zu berechnen sind, wegläßt[26]. Diese können nichtsdestoweniger in Verhandlungen eine große Rolle spielen — und sei es nur als „Manövriermasse", um mangelnde Konzessionsbereitschaft beim Lohn durch Konzessionen in anderen Verhandlungsmaterien ausgleichen zu können und umgekehrt. Ohne Zweifel ist die Erfassung dieser „Nebenforderungen", wie *Weitbrecht* sie generell einstufen zu können glaubt[27], sehr schwierig. Der weiter unten angestellte Versuch ist denn auch stark vergröbernd

---

[25] Vgl. zum Frageansatz weiter oben A. und vor D., I.

[26] Vgl. zur Bedeutung der „immateriellen" Forderungen weiter oben C., I., 1 und D., I., 3.

[27] Vgl. die Überschrift seiner Tabelle, in: Effektivität, S. 146.

und notdürftig. Jedoch scheinen sie für den Inhalt oder Wert der Kompromisse eine nicht zu vernachlässigende Bedeutung zu haben.

Über aller Kritik bleibt zu konkreten Ergebnissen von *Weitbrechts* empirischer Detailstudie nicht viel zu sagen: Die Tarifrunden mit den großen Arbeitskämpfen (1963, 1971, 1978) würden jedenfalls keine Ausnahmen von einer angenommenen gewerkschaftlichen Strategie darstellen, bei 2/3 der Forderung abschließen zu wollen, bzw. bilden keine gravierenden Abweichungen von einem empirisch beobachteten 64 %-Durchschnitt so gemessenen „Erfolgs". Die besten Jahre für die Gewerkschaft waren 1960 und 1970: Beide markieren in etwa Kulminationspunkte großer Wirtschaftswachstumszyklen[28]. 1962 ging, im konjunkturellen Abschwung, der Erfolg schon ein Jahr vor dem großen Kampf zurück. Dies trotz einer Streikdrohung der Gewerkschaft in Form der Urabstimmung, der die Arbeitgeber allerdings eine ebenso „offizielle" erstmalige Aussperrungsdrohung entgegensetzten. Demgegenüber könnte das Jahr 1971, ungeachtet der „normalen" 68 %-Relation, in seiner näheren Umgebung den Eindruck erwecken, es liege ein Dämpfer des gewerkschaftlichen Erfolgs durch den Arbeitskampf, insbesondere die Aussperrung vor.

Weitere Interpretationen tatsächlicher Forderungs-Ergebnis-Proportionen sollen auf etwas verbesserter empirischer Grundlage folgen, d. h. vorbehalten bleiben, bis eine solche erarbeitet ist.

### *2. Die „Teilung des Kuchens" in Tarifverhandlungen — Methode zur empirischen Erfassung dieses Vorgangs sowie theoretische Fragwürdigkeit einer solchen Vorstellung*

Um nicht, wie *Weitbrecht*[29], nur die Gewerkschaftsseite (und nur Lohnforderungen) zu berücksichtigen, nimmt die folgende Untersuchung das „Verhandlungsvolumen" zum Ausgangspunkt, welches sich als Differenz der Ausgangspositionen von Gewerkschaft und Arbeitgebern vor oder in der ersten Verhandlung darstellt. Diese Differenz ist für Lohnprozente einfach zu ermitteln; bei allen sozialpolitischen, sonstigen „immateriellen" oder auch nur schwer bzw. gar nicht präzise zu berechnenden Forderungen blieb nur ein methodisch gewagtes Vorgehen:

In Lohnprozenten nicht unmittelbar zu beziffernde Forderungen erhielten 2 Wertungspunkte zugeordnet, wenn sie neben Lohnforderungen standen, welche mit 1 Punkt je Prozent gewertet wurden. Stellte die Gewerkschaft nur „immaterielle" Forderungen, d. h. keine Lohnforde-

[28] Genauer: des dritten und des fünften Wachstumszyklus nach dem 2. Weltkrieg. Vgl. für eine zusammengefaßte Schilderung der zyklischen Wirtschaftsentwicklung in der Bundesrepublik *Bergmann / Jacobi / Müller-Jentsch*, Gewerkschaften, S. 117 ff.

[29] Vgl. dazu die Ausführungen des vorhergehenden Abschnitts.

rungen auf, wurden 3 Wertungspunkte je Forderung oder Verhandlungsmaterie gerechnet. Damit sollte grob der Frage: Hauptforderung oder „Beiwerk"? bei den nicht auf Einkommen bezogenen Verhandlungsgegenständen Rechnung getragen werden. Natürlich läßt sich mit diesem pauschalen Bewertungsvorgehen nicht letztlich befriedigend darauf eingehen, auf welche sozialpolitischen bzw. organisationspolitischen, vielleicht „systemverändernden" Forderungen es den Parteien, insbesondere der Gewerkschaft, wirklich ankommt und welche nur ins Spiel gebracht werden, damit an einer ohnehin unrealistischen Forderung Konzessionsbereitschaft demonstriert werden kann[30]. Bei nicht in Lohnprozenten ausgedrückten Materien, zu denen beide Seiten Vorschläge machten, wurden die Bewertungspunkte halbiert, um beim Gedanken des Verhandlungsvolumens zu bleiben, das ja die — dann wieder nicht restlos — divergierenden Vorstellungen wiedergeben soll.

Sodann ließ sich die Lage des Einigungspunktes im Verhandlungsvolumen berechnen, was beim Lohn wieder relativ einfach ist, während bei den „immateriellen" Forderungen nur entweder volle Erfolge oder hälftige Punkteteilungen festgehalten wurden, um nicht einer willkürlichen Beurteilung die Tür zu öffnen. Anhand der sich ergebenden Punktwerte kann man letztlich den Mißerfolg, d. h. das Nachgeben einer Seite berechnen, worin zugleich der Erfolg der anderen Seite gesehen wurde.

Insbesondere diese letzte Annahme ist alles andere als theoretisch unproblematisch. Bringt man sie in die Terminologie der modernen mathematischen Spieltheorie, so müßte man von einem „Nullsummen-Spiel" oder „Konstantsummen-Spiel" sprechen, wenn der Gewinn des einen Spielers automatisch einen ebenso großen Verlust des anderen bedeutet[31]. Jedoch dürften solche „Nullsummen-Verhältnisse" auf Tarifverhandlungen nicht, jedenfalls nicht durchweg zutreffen, weil durchaus gravierende gemeinsame Interessen der Parteien „im Spiel" sind und nicht alles, was eine Partei fordert, der anderen in dem Umfang schadet, wie es durchgesetzt wird: Maßvolle periodische Einkommenserhöhungen entsprechen z. B. auch den Unternehmerinteressen, schon deshalb, weil Kaufkraft für den Konsum in Entsprechung zur wachsenden Produktion vorhanden sein muß; sozialpolitische gewerkschaftliche Forderungen können einem guten Klima in den Betrieben dienlich sein, von dem auch die Unternehmer (buchstäblich) profitieren[32].

---

[30] *Wolters*, Strategien, S. 134, spricht von „unechten Konzessionen".

[31] Vgl. hierzu insbesondere *Zerche*, Lohnfindung, S. 97 ff.; zu Begriff und Bedeutung der „Spieltheorie" allgemein weiter oben C., II., 4.

[32] Vgl. zu kooperativen Interessen der Tarifparteien weiterhin *Fürst*, Die Machttheorien, in: Frisch (Hrsg.), Beiträge, S. 115 ff., bes. 137 f. *Boulding* spricht die Situation plastisch an: Der industrielle Konflikt sei „a curiously ambivalent affair, closer to the domestic battle of the sexes than to the clash of the armies": Conflict and Defense, 1963 (Harper Torchbook), S. 226.

Dem Umstand, daß Tarifverhandlungen nicht nur durch Verfolgung gegensätzlicher, sich ausschließender Ziele charakterisiert sind, versucht ein öfters in der Literatur wieder aufgegriffenes Klassifikationsschema von *Walton* und *McKersie* Rechnung zu tragen[33]. Dieses unterscheidet zwischen verschiedenen Formen bzw. Aspekten des „bargaining": Das „distributive bargaining" spricht hiernach die Verhandlungsaktivitäten der insbesondere auf dem Verteilungssektor konkurrierenden Parteien an — das vielleicht gewöhnliche Verständnis des Begriffs. Mit „cooperative bargaining" hingegen versuchen die Parteien, gemeinsame nützliche Ziele zu verfolgen. Ein „attitudinal structuring" weiterhin dient dem Zweck, die Verhandlungsatmosphäre zwischen den beiden Verhandlungspartnern, die gegenseitigen Einstellungen zu pflegen. Der Begriff des „intraorganizational bargaining" schließlich führt vom Verhältnis der Parteien untereinander ganz weg und erlaubt eine Untersuchung der Prozesse, durch die sich die Verhandlungsdelegationen laufend der Unterstützung ihrer eigenen Organisationen versichern und diesen im Ende das Ergebnis „schmackhaft" machen[34].

*Bredemeier* übernahm in seiner auf der Grundlage einer schriftlichen Umfrage unter Tarifpolitikern der Verbände in der Bundesrepublik durchgeführten Untersuchung des Tarifverhandlungsprozesses das Begriffsgerüst von *Walton* und *McKersie* bzw. baute es aus[35]. Er schließt (sogar) aus seinem Material auf eine untergeordnete Bedeutung zumindest der feindseligen Auseinandersetzungen, des Konfliktcharakters in den eigentlichen Verhandlungen: Aus der Tatsache, daß die Erwartungen der Funktionäre an ein erfolgreiches „distributive bargaining" in den Verhandlungen nicht groß waren, zieht er die Konsequenz, daß, jedenfalls am grünen Tisch, die Kooperation, der Stil des „integrative bargaining" im Vordergrund steht[36]. Die Richtigkeit dieser Mutmaßung sei dahingestellt bzw. kann nicht abschließend beurteilt werden[37], insbesondere weil Ergebnisse aus Umfragen wie der von Bredemeier verarbeiteten eine etwas unsichere Grundlage für Schlüsse sind. Das hängt

---

[33] Vgl. zu diesem Klassifikationsschema bzw. zu den folgenden Ausführungen: *Walton / McKersie*, A Behavioral Theory of Labor Negotations, 1965, S. 4 ff.

[34] Dabei sind Verzahnungen zwischen „intraorganizational" und „distributive bargaining" denkbar, z. B., wenn Verhandlungsdelegationen nach internen Beratungen mit ihren Organisationen und der Rückkehr in die unterbrochenen Verhandlungen auf starreren Positionen als zuvor verhandeln. Ein ähnliches Phänomen erwähnt *Wolters*, Strategie, S. 175.

[35] Vgl. dazu *Bredemeier*, Lohnbestimmung, S. 198 ff.

[36] Vgl. *Bredemeier*, Lohnbestimmung, S. 214.

[37] In einer, von Schmölders geleiteten, Untersuchung zum Selbstverständnis von Verbänden befürwortete ein großer Teil der Arbeitgeberverbände Partnerschaft mit dem „sozialen Gegenspieler" jedenfalls nur dann, wenn die Durchsetzung der eigenen Interessen nicht darunter leidet. Die Gewerkschaften hatten die entsprechende Frage gar nicht beantwortet, vgl. dazu *Schmölders*, Das Selbstbild der Verbände, 1965, S. 124.

damit zusammen, daß Fragen und Antworten meist, im besonderen auch in der hier angesprochenen Erhebung, weite Interpretationsspielräume lassen[38].

Ganz allgemein läßt sich kritisieren, daß die konventionellen Theorien zu Kollektivverhandlungen dieses „integrative bargaining“ zu wenig berücksichtigen[39]. Konsequenz dieses Mangels ist für die vorliegende Untersuchung das notwendige Festhalten am Bild des „Kuchens“, der geteilt wird[40]: Wenigstens unter diesem Teilaspekt soll der Vorgang der Tarifverhandlung, methodisch möglichst überprüfbar, untersucht werden.

### *3. Die Verteilung des Erfolgs in den Tarifverhandlungen für die metallverarbeitende Industrie Nordwürttemberg-Nordbadens, gemessen an tatsächlichen Ausgangspositionen und Ergebnissen*

Auf der Grundlage der behandelten Methoden und theoretischen Vorstellungen entstand eine Tabelle, welche die Forderungen, Angebote und Ergebnisse für den Metall-Tarifbezirk Nordwürttemberg-Nordbaden kurz beschreiben[41] sowie die Bewertung nach Meßpunkten im einzelnen transparent machen soll. Ein entscheidender Zahlenwert, nämlich derjenige Prozentsatz des Verhandlungsvolumens, der der Gewerkschaft jeweils als Erfolg zufiel, ist sodann in einem Graphen dargestellt (siehe Schaubild 9, S. 168).

Dabei wurden zu der Kurve der wechselnden Prozentsätze — der „Kompromißkurve“ —, wie schon oben im Fall der Tariflohnniveauveränderungen[42], wieder weitere Kurven hinzugezeichnet, die über die wirtschaftliche Situation der Branche bzw. Volkswirtschaft Aufschluß geben. Es handelt sich dabei (erneut) um die Kurven prozentualer Ver-

---

[38] Vgl. insofern selbstkritisch *Bredemeier*, Lohnbestimmung, S. 15 f.

[39] *Walton* und *McKersie* selbst erwähnen die existierenden „collective-bargaining“-Theorien schwerpunktmäßig als Beispiele für „distributive bargaining“; A Behavioral Theory of Labor Negotations, 1965, S. 6. Auch *Keller* weist darauf hin, daß die meisten „collective-bargaining“-Theorien den Gesamtprozeß der Verhandlungen auf ein „distributive bargaining“ reduzieren; Theorien, S. 36 und 124 f.

[40] Ungeachtet eben des Hinweises von *Wack*, die Idee, Gewerkschaften und Arbeitgeber würden um die Teilung eines Kuchens feilschen, könne in ihrer Vereinfachung zu schweren Irrtümern führen; vgl. Kollektivverhandlungen, S. 15; siehe dazu auch *Zerche*, Lohnfindung, S. 95 f.

[41] Diese sind wiederum entnommen:
— Presseberichten aus dem Archiv einer regionalen Tageszeitung („Südkurier“), innerhalb dessen aber auch mehrere überregionale Blätter ausgewertet werden („Frankfurter Allgemeine Zeitung“, „Die Welt“, „Süddeutsche Zeitung“ u. a.)
— den Geschäftsberichten des Verbandes der Metallindustrie Baden-Württemberg e. V. (VMI) sowie denen des Vorstandes der IG Metall
— dem „Metall-Pressedienst“ der IG Metall.

[42] Vgl. dazu oben D., II., 3.

*für die metallverarbeitende Industrie Nordwürttemberg-Nordbadens,* 1962 - 1978

| Tarifrunde | Gewerkschaft: Ausgangsposition | Ergebnis (Inhalt der Tarifvereinbarungen) | Arbeitgeber: Ausgangsposition | Bewertung d. Verhandlungsvolumens: Lohn + andere Ziele | Erfolgskonto der Gewerkschaft/ der Arbeitgeber | Gewerkschaftserfolg in % |
|---|---|---|---|---|---|---|
| 1962 | 10 % Lohnerhöhung (ungeachtet 3,5 % Kosten gleichzeitig in Kraft tretender Arbeitszeitverkürzung); Urlaubsverlängerung 6 Tage (2) | 9,5 % einschließlich Arbeitszeitverkürzung = 6 %; Urlaubsverlängerung 3 Tage (K) | 5 % einschließlich Arbeitszeitverkürzung = 1,5 % | 8,5 + 2 = 10,5 | 5,5/5 | 52 |
| 1963 | 8 % Lohnerhöhung | 5 % ab 1. 4. 63, weitere 2 % ab 1. 4. 64 - 30. 9. 64 = 5,6 % | Lohnpause | 8 | 5,6/2,4 | 70 |
| 1964 | Urlaubsverlängerung, (2) später: 10 % Lohnerhöhung; Urlaubsgeld (2) | 6 % ab 1. 10. 64, weitere 3 % ab 1. 7. 65 - 31. 12. 65 = 7,3 %; Urlaubsverlängerung (K); Urlaubsgeld; Verschiebung der letzten Arbeitszeitverkürzung | 5 % Lohnerhöhung; Verschiebung der letzten Stufe der Arbeitszeitverkürzung auf 40 Stunden (2) | 5 + 6 = 11 | 5,3/5,7 | 48 |
| 1966 | 9 % Lohnerhöhung | 6 % ab 1. 1. 67, weitere 5 % (—Arbeitszeitverkürzung 3,1 % = 1,9 % ab 1. 1. 67) = 6,6 %; Verschiebung der Arbeitszeitverkürzung | 4 % Lohnerhöhung; weitere Verschiebung der Arbeitszeitverkürzung (2) | 5 + 2 = 7 | 2,6/4,4 | 37 |

*Tabelle 6* (Fortsetzung)

| Tarif-runde | Gewerkschaft: Ausgangsposition | Ergebnis (Inhalt der Tarifvereinbarungen) | Arbeitgeber: Ausgangsposition | Bewertung d. Verhandlungsvolumens: Lohn + andere Ziele | Erfolgskonto der Gewerkschaft/der Arbeitgeber | Gewerkschaftserfolg in % |
|---|---|---|---|---|---|---|
| 1967 | Arbeitgebergarantie bez. Absicherung der Effektivverdienste u. freiw. soz. Leistungen; (3)<br>Abschluß eines Lohnrahmentarifvertrags; (3)<br>Abbau der Ortsklassen (3) | Formel für Absicherung der Effektivverdienste u. freiw. soz. Leistungen (K);<br>Abschluß eines Lohnrahmentarifvertrags (K);<br>Abbau der Ortsklassen (K) | Bereitschaft, über Lohnrahmen zu verhandeln | 0 + 7,5 = 7,5 | 3,75/3,75 | 50 |
| 1968 | 7 % Lohnerhöhung, davon 1,5 % für Rationalisierungsschutzentwurf = 5,5 %;<br>Entwurf eines Rationalisierungsschutzabkommens; (2)<br>Überbetrieblicher Fonds für Kosten des Abkommens, betriebliche Personalkommissionen (2) | 4 % ab 1. 4. 68, weitere 3 % ab 1. 1. 69 - 30. 9. 69 = 5,5 %;<br>Rationalisierungsschutzabkommen (K) | 4 % Lohnerhöhung;<br>Gegenentwurf für Rationalisierungsschutzabkommen | 1,5 + 3 = 4,5 | 2,0/2,5 | 44 |

| | | | | | | |
|---|---|---|---|---|---|---|
| 1969 | 12 % Lohnerhöhung; Urlaubsgeld/Urlaubsverlängerung; (2) Schutz gewerksch. Vertrauensleute und Betriebsjugendvertreter; (2) Bildungsurlaub (2) | 8 % Lohnerhöhung; Urlaubsverlängerung; Vertrauensleute-/Betriebsjugendvertreterschutz (K); Kommission für Bildungsurlaub (K) | 7 % Lohnerhöhung, davon 2 % als Investivlohn = 5 %; (Investivlohngedanke: (2)) | 7 + 7 = 14 | 7,5/6,5 | 54 |
| 1970 | 15 % Lohnerhöhung; Verringerung der Differenz Tarif-/Effektivlohn durch anrechenbare Leistungszulage (2) | 12,2 %; Vorweganhebung und Leistungszulage | 7 % Lohnerhöhung | 8 + 2 = 10 | 7,2/2,8 | 72 |
| 1971 | 11 % Lohnerhöhung; (später) Tarifierung eines 13. Monatseinkommens (2) | 7,5 % Lohnerhöhung; Teilabsicherung eines 13. Monatseink. (K) | 4,5 % Lohnerhöhung; Teiltarifierung eines 13 Monatseinkommens | 6,5 + 1 = 7,5 | 3,5/4 | 47 |
| 1972 | 11 % Lohnerhöhung; für untere Lohngruppen mind. DM —,57,- Änderung des Lohnrahmens (2) | 8,5 % stärkere Anhebung der unteren Lohngruppen, geringe Änderungen des Lohnrahmens (K) | 8 % Lohnerhöhung | 3 + 2 = 5 | 1,5/3,5 | 30 |
| 1973 | Grunderholungszeit für Fließband- und Akkordarbeit, Mindesttaktzeit bei Fließbandarbeit; (3) individuelle Akkordverdienstsicherung: 140 %; (3) Verdienstsicherung und Kündigungsschutz im Alter (3) | Grunderholungszeiten, keine weitere Teilung der Fließbandarbeit (K); kollektive, durchschnittliche Akkordverdienstsicherung: 125 % (K); Verdienstsicherung, Kündigungsschutz im Alter (K) | Bereitschaft, über Altersverdienstsicherung zu verhandeln | 0 + 7,5 = 7,5 | 3,75/3,75 | 50 |

*Tabelle 6* (Fortsetzung)

| Tarif-runde | Gewerkschaft: Ausgangsposition | Ergebnis (Inhalt der Tarifvereinbarungen) | Arbeitgeber: Ausgangsposition | Bewertung d. Verhandlungsvolumens: Lohn + andere Ziele | Erfolgskonto der Gewerkschaft/der Arbeitgeber | Gewerkschaftserfolg in % |
|---|---|---|---|---|---|---|
| 1974 | 15 % Lohnerhöhung, mind. DM 150,—; Urlaubsverlängerung 3 Tage; (2) Vereinheitlichung d. Urlaubsrahmenbest. f. Arbeiter u. Angestellte, Geltung von Lohn- und Urlaubsabkommen auch für Heimarbeiter (2) | 11 % ab 1. 1. 74, 13 % ab 1. 12. 74 = 11,2 %; Urlaubsverlängerung 2 Tage (K); Vereinheitlichung des Urlaubsabkommens f. Arb. u. Angest. (K) | 8,5 % Lohnerhöhungen, sofern keine weiteren, andersartigen Forderungen gestellt werden | 6,5 + 4 = 10,5 | 4,7/5,8 | 45 |
| 1975 | Lohnerhöhung 7 % zuzüglich DM 60,— für alle = 11,4 % | 6,8 % | 6 % | 5,4 | 0,8/4,6 | 15 |
| 1976 | 8,5 % Lohnerhöhung; Kündigung der Abkommen über Urlaub und betriebl. Sonderzahlung (13. Monatseink.): Forderungen vorbehalten (2) | 5,4 %; gekündigte Abkommen über 13. Monatseink. und Urlaub wieder in Kraft, Urlaubsverlängerung ab 1. 1. 70 1 Tag (K) | 4 % bei Verlängerung aller übrigen offenen Verträge | 4,5 + 1 = 5,5 | 1,9/3,6 | 35 |

| | | | | | | |
|---|---|---|---|---|---|---|
| 1976 | Erhöhung der vermögenswirksamen Leistungen von DM 312,— auf DM 624,—; (3)<br>Erhöhung der betr. Sonderzahlung (13. Monatseink.); (3)<br>neues Vertrauensleuteschutzabkommen (3) | Erhöhung der vermögenswirksamen Leistungen stufenweise auf DM 624,— (K);<br>Erhöhung der betriebl. Sonderzahlung (K); | Erhöhung der vermögenswirksamen Leistungen auf DM 468,— | 0 + 7,5 = 7,5 | 2,25/5,25 | 30 |
| 1977 | 7 % Lohnerhöhung + Sockelbetrag von DM 50,— = 10,2 % | 6,9 % | 5 % | 5,2 | 1,9/3,3 | 37 |
| 1978 | 8 % Lohnerhöhung;<br>Tarifvertrag zur Besitzstandssicherung bei Rationalisierungen; (2)<br>„Tarifstatus-Bericht“ (2)<br>Abschaffung der unteren Lohngruppen (2) | 5 %;<br>Tarifvertrag zur Besitzstandssicherung (K);<br>Abschaffung der untersten Lohngruppe (K) | 3,5 %;<br>Vorschlag zum Rationalisierungsschutz | 4,5 + 5 = 9,5 | 3/6,5 | 32 |

*Schaubild 9*

*Gewerkschaftlicher Erfolgsanteil am Verhandlungsvolumen in den Tarifverhandlungen für die metallverarbeitende Industrie des Bezirks Nordwürttemberg-Nordbaden (—); Veränderungen der Nettoproduktion in der metallverarbeitenden Industrie (- - - -) sowie der tatsächlich geleisteten Arbeitsstunden im produzierenden Gewerbe (-·-·-) des Bundes; jeweils in %; sowie Tarifarbeitskampfmaßnahmen in Nordwürttemberg-Nordbaden*
**(S, A, UA)**

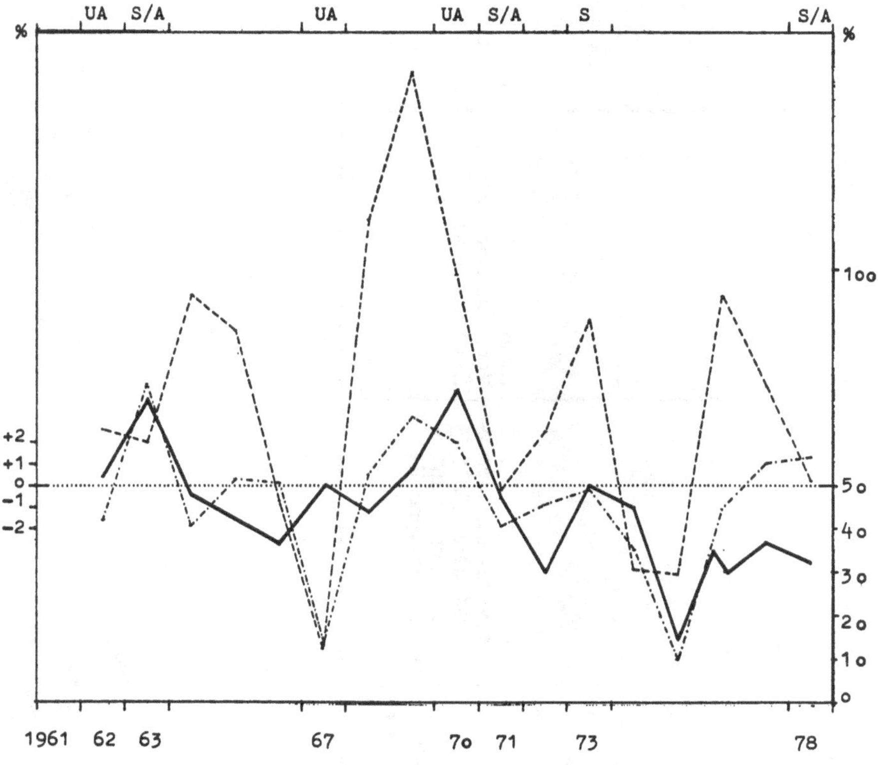


änderungen der Nettoproduktion in der metallverarbeitenden Industrie des Bundes sowie um die prozentualen Veränderungen der tatsächlich geleisteten Arbeitsstunden im produzierenden Gewerbe der Bundesrepublik[43]. Letztlich sind aus dem Graphen wiederum, als Kampfmaßnah-

[43] Die nötigen Daten für die Erstellung der Kurven sind wiederum dem vom Statistischen Bundesamt veröffentlichten Material entnommen, und zwar
— dem „Index der industriellen Nettoproduktion" bzw. ab 1974 dem „Index der Nettoproduktion für das produzierende Gewerbe", wobei die Daten für die Investitionsgüterindustrie verwendet wurden, die mit der metallverarbeitenden Industrie praktisch synonym ist (aus: „Wirtschaft und Statistik"),
— aus der Fachserie A, Reihe 6, Entwicklung der Erwerbstätigkeit, den „Ergebnissen des Mikrozensus" zu den tatsächlich geleisteten Arbeitsstunden.

men, Streiks, Urabstimmungen und Aussperrungen[44] ersichtlich. Die Diskussion des empirischen Ertrags für den arbeitskampfrechtlichen Paritätsbegriff folgt im anschließenden Kapitel[45].

## III. Die Bedeutung des Befundes bei Forderungen und Ergebnissen für den empirischen Nachweis abstrakt-materieller Kampfparität sowie von Wirkungen der Mittel des Tarifarbeitskampfes (Interpretation der „Kompromißkurve“ für die metallverarbeitende Industrie Nordwürttemberg-Nordbadens)

### *1. Der gewerkschaftliche Erfolg, bezogen auf das Verhandlungsvolumen, und die Wirkungen von Kampfmitteln*

Die Betrachtung der im vorangegangenen Kapitel konstruierten „Kompromißkurve“ für die metallverarbeitende Industrie Nordwürttemberg-Nordbadens im Bereich von Arbeitskämpfen führt zu folgenden Feststellungen: Vom Arbeitskampf 1978 ist so gut wie nichts Besonderes im Kurvenverlauf zu vermerken, welcher vielmehr relativ konstant im Niveau verbleibt. Die Arbeitskämpfe 1963 und 1971 gehen jeweils mit einem positiven und einem negativen, also entgegengesetzten Ausschlägen der Kurve einher. Woran liegt letzteres?

Die Antwort ist bei den verschieden gewählten Strategien der Parteien zu suchen, insbesondere der Arbeitgeber: 1963 verfolgten diese eine extrem offensive Tarifpolitik, wie schon 1962, als es erstmalig zu einer offiziell beschlossenen Aussperrungsdrohung kam[46]. Sie boten gar nichts

---

Die Kurve der Nettoproduktion gibt aus Indexwerten berechnete Prozentsätze relativer Veränderung, jeweils von Null aus gemessen, wieder. Insgesamt betreffen die für die Erfassung des wirtschaftlichen Hintergrunds der Kompromisse ausgewählten Kurven die Branchen- bzw. die allgemeine wirtschaftliche Lage im Bund. Dieses Vorgehen entspricht den weiter oben, Kap. B, aufgestellten Annahmen von einem Gleichschritt der Tarifergebnisse innerhalb des Industriebereichs mit seinen Tarifbezirken und der „Lohnführer“-Rolle Nordwürttemberg-Nordbadens: Die dort geschlossenen Kompromisse werden demnach stellvertretend für den Erfolg des ganzen Industrieverbandes gesetzt, bzw. wenn Lohnführerimpulse von einem anderen Bezirk ausgehen — konkret kommt Nordrhein-Westfalen (1974 u. 1975) in Frage —, wird das für den Industrieverband repräsentative Ergebnis auch in Nordwürttemberg-Nordbaden zu finden sein.

[44] Erfaßt sind gewerkschaftliche Streiks (bzw. Urabstimmungen) sowie (organisierte) Verbandsaussperrungen der Arbeitgeber. Diese sind etwa seit 1960 das charakteristische Kampfmittel der Arbeitgeber, insbesondere in der Metallindustrie geworden, vgl. dazu *Kalbitz*, Aussperrungen, S. 42 f.

[45] Für alle Fragen zur Berechnung der Kompromißwerte vgl. den vorangegangenen Abschnitt E., II., 2.

[46] Vgl. zum tarifpolitischen Vorgehen der Arbeitgeber in diesen beiden Jahren — die Arbeitgeber eröffneten bereits die Tarifrunde 1962 mit dem Novum einer Kündigung aller bestehenden Lohn- und Gehaltstarife ihrerseits — *Noé*, Gebändigter Klassenkampf, S. 251 ff. *Noé* irrt allerdings mit der Angabe, die Arbeitgeber hätten 1962 6,5 % geboten: Das war erst das zweite, dem ersten, „der Produktivität angepaßten“ Angebot von 5 % folgende, vgl. dazu den Geschäftsbericht des VMI von 1961/62, S. 10.

an, d. h. forderten eine Lohnpause — eine prima facie überzogene, fast provozierende Position, denn niemand konnte ernsthaft einen absoluten Null-Prozent-Abschluß erwarten. 1971 dagegen wurde ein Angebot gemacht[47], das von den neutral betrachteten wirtschaftlichen Möglichkeiten und Erfordernissen gar nicht so weit entfernt lag. Mit diesen Umständen hängt es aber zusammen, daß die Lage des Einigungspunktes im Verhandlungsvolumen 1963 und 1971 so verschieden ausfiel. Die ganze Problematik der Methode, anhand von Ausgangspositionen und Ergebnissen Erfolge zu messen, zeigt sich schon an dieser Stelle: Die Strategie, nicht die Stärke der Arbeitgeber war es, die ihren Konzessionsweg bestimmte.

Weiter ließe sich annehmen, daß die Aufwärtsbewegung der Kompromißkurve im Jahr 1967 eventuell mit der Arbeitskampfdrohung der Gewerkschaft (der Urabstimmung) zusammenhängt. Aber auch hier zeigt die nähere Betrachtung des Verhandlungsgeschehens: Der für die Gewerkschaft günstige Kompromiß ist insbesondere dem Umstand zuzuschreiben, daß diese praktisch keine konventionelle Lohnerhöhung forderte, sondern unter dem Schlagwort der „Kostenneutralität" Forderungen präsentierte, die, zumindest weitgehend, nur eine Sicherung, keine Vermehrung der Einkommen bedeuteten[48]. Pointiert ausgedrückt liegt also auch in diesem Fall nicht Stärke der Gewerkschaft, sondern Schwäche der Methode zur Erfassung von Verhandlungsstärke vor: Resignation angesichts einer seit dem Krieg ungekannten wirtschaftlichen Talfahrt[49] ließ die Gewerkschaft so maßvoll fordern, daß der Erfolg passabel sein mußte. Hinzu kommt in methodischer Hinsicht, daß der 50 %-Wert für 1967 sich ausschließlich aus Kompromissen über „immaterielle" bzw. schwer berechenbare Materien errechnet, hinsichtlich derer die hälftige Teilung des Volumens nur eine Hilfsannahme, d. h. nicht real nachprüfbar ist. Der rein durch einen notwendigen Kunstgriff der Untersuchung zustandegekommene Wert ist also auch etwas farblos.

---

[47] Die Arbeitgeber verzögerten zwar ihr Angebot, d. h. sie unterbreiteten es erst in der zweiten Verhandlungsrunde, jedoch ist dies mit der Forderung nach einer Lohnpause, wie sie 1963 erhoben wurde, nicht gleichzusetzen. Insofern unzutreffend *Kalbitz*, Aussperrungen, S. 71, der für beide Verhandlungsrunden von einem „Nullangebot" ausgeht. 1971 wollten die Arbeitgeber ein Angebot machen, nur eben nicht sofort. Hinsichtlich von Einzelheiten zu Forderungen und Ergebnissen, die in der Diskussion des Graphen (Schaubild 9) angesprochen werden, vgl. i. ü. die Angaben in der vorhergehenden Tabelle 6.

[48] Die IG Metall akzeptierte 1967 die (tarifpolitisch „kooperative") Doppelanpassung der Löhne an Produktivitätsentwicklung und Kaufkraftschwund, „die angesichts der Stagnation auf ein Null-Wachstum der Lohneinkommen zusammenschrumpfen mußte", vgl. dazu *Bergmann / Jacobi / Müller-Jentsch*, Gewerkschaften, S. 247 f.

[49] Vgl. zur einschneidenden Bedeutung der Rezession von 1966/67 z. B. *Steinhaus*, Streiks, S. 23 ff.

Wendet man sich von der Betrachtung möglicher Kampfmittelwirkungen ab, hin zu der wirtschaftlicher Determinanten des Verhandlungsvolumens und des Einigungspunktes, so sind die Ergebnisse weit eindrucksvoller bzw. eindeutiger: Die „Kompromißkurve“ weist durchaus eine Verwandtschaft zur Kurve der Nettoproduktionsveränderungen auf — diesmal eine synchrone Verwandtschaft, im Gegensatz zur früher untersuchten Kurve der Tariflohnveränderungen[50]. Vor allem aber die Parallelität zu den Bewegungen der tatsächlich geleisteten Arbeitsstunden nimmt sich überzeugend aus. Von dieser Kurve weicht der Graph der Kompromisse fast nur einmal ernsthaft ab: Das war im Bereich des Jahres 1967, von dem bereits die Rede war, in dem die Gewerkschaft sich durch die Rezession sozusagen jeden „Schneid“ schon vor den Verhandlungen abkaufen ließ.

Der Druck auf den Arbeitsmarkt, den die Veränderungskurve der tatsächlich geleisteten Arbeitsstunden widerspiegelt, d. h. die Nachfrage nach Arbeitsleistung, scheint ein schlagendes Argument in den Verhandlungen zu sein. Man muß sich, angesichts der vielen Unzulänglichkeiten der empirischen Untersuchungsmethode von Forderungen und Ergebnissen, nun umgekehrt geradezu wundern, daß die „Kompromißkurve“ doch letztlich eine bestimmte Struktur zeigt, welche eindeutig auf einen im Grunde einleuchtenden wirtschaftlichen Bestimmungsfaktor des Konzessionsverhaltens hinweist.

Vergebliche Suche nach überzeugenden Niederschlägen des Kampfmittelgebrauchs, umgekehrt größerer Erfolg der Ursachenforschung, was die „Teilung des Kuchens“ bei Tarifverhandlungen angeht, in Richtung des wirtschaftlichen Kontextes derselben, münden in das Fazit: Der Gebrauch von Kampfmitteln in der Tarifauseinandersetzung ist an den Konzessionswegen, die zu den jeweiligen Kompromissen führen, nicht abzulesen.

Die Frage nach Kausalität der Kampfmittel für die Relationen des tatsächlichen Kompromisses lautet im Kehrsatz: Was wäre ohne Kampfmittel der Fall hinsichtlich des Verhandlungsergebnisses und der beiderseitigen Konzessionen? Die Möglichkeit, daß die Kompromisse ohne Kampfmittel zumindest nicht wesentlich anders ausgefallen wären, leitet bei Betrachtung des Graphen auf die Überlegung hin, ob nicht Arbeitskämpfe nur „Begleitmusik der Flaute“ sind, d. h. Ausbrüche des mangelnden Willens zum Verzicht, der jedoch zwangsläufig ansteht. Auf letzteres deutet der Umstand hin, daß sich die „Kompromißkurve“, mit oder ohne Kampf, harmonisch einfügt in den Pulsschlag der wirtschaftlichen Entwicklung, wiedergegeben durch Nettoproduktionsveränderungen und solche der tatsächlich geleisteten Arbeitsstunden.

[50] Vgl. dazu oben D., II., 3.

### *2. Der gewerkschaftliche Erfolg, bezogen auf das Verhandlungsvolumen, und der langfristige Interessenausgleich der sozialen Gegenspieler*

Untersucht man die „Kompromißkurve" der Tarifverhandlungen für die metallverarbeitende Industrie Nordwürttemberg-Nordbadens unter dem Aspekt, ob die Tarifparteien sich, ungeachtet aller insbesondere wirtschaftlich bedingten temporären Schwankungen, durchschnittlich in der Mitte begegneten[51]. so müßte man für einen dahingehend positiven Schluß eine symmetrische Bewegung der Kurve um die (eingezeichnete) 50 %-Achse fordern. Nun weist aber die Kurve eine insgesamt fallende Tendenz auf: Kompromisse, in denen die Gewerkschaft 50 % und mehr des Verhandlungsspielraums auf ihr Konto bringen konnte, sind in der zweiten Hälfte des erfaßten Zeitraums kaum noch zu finden, der Graph bewegt sich zunehmend ganz unter der Linie des „Idealkompromisses". Bedeutet das, daß die Gewerkschaft immer mehr ins Hintertreffen geriet?

Auch dieser Schluß jedoch hieße der empirischen Betrachtung von Anfangspositionen und Ergebnissen zuviel Aussagekraft über die tatsächliche Verhandlungsstärke der Gewerkschaft beizumessen. Das Abfallen der „Kompromißkurve" hängt wohl v. a. damit zusammen, daß die gewerkschaftliche Forderungsstrategie der letzten Jahre in Nordwürttemberg-Nordbaden zunehmend offensiver geworden zu sein scheint[52]. Damit mag dem Druck der selbstbewußter gewordenen und zu wilden Streiks neigenden gewerkschaftlichen Basis „optisch" durch die Anfangsforderung Genüge getan werden[53]. Vielleicht ist der Stuttgarter Bezirksleiter der IG Metall, Steinkühler, auch ein Anhänger der schon

---

[51] „Vorbehaltlich der konkreten, insbesondere auch der wechselnden wirtschaftlichen Situation", wie das BAG das Wesen eines solchen längerfristigen, paritätischen Ausgleichs anspricht; BAGE 23, 292 (308).

[52] In dem Zeitraum, den Tabelle 6 und Schaubild 9 wiedergeben (ab 1962), wurde vor den Jahren 1969/70 eine Grenze von 10 % bei den Lohnforderungen nicht überschritten, nachher jedoch nur noch zweimal unterschritten. Einer dieser Fälle war das Jahr 1978, in dem eine gewerkschaftliche Offensive zwecks Rationalisierungsschutz im Vordergrund der Tarifrunde stand. Nimmt man an, eine denkbar maßvolle Anfangsforderung der Gewerkschaft würde sich an einer Formel „Nettoproduktionszuwachs + Preissteigerungsrate" des Verhandlungszeitraums richten, so läßt sich in etwa berechnen, daß die IG Metall mit ihren Anfangsforderungen von 1962 - 1967 um 8 % über diesem maßvollen Pegel, in den Jahren von 1974 - 1978 dagegen um ca. 80 % darüber lag. (Soviel zur aggressiveren Lohnforderungsstrategie — neuartige Vorstöße wegen Humanisierung am Arbeitsplatz etc. sind derart natürlich noch nicht berücksichtigt).

[53] Nach *Bergmann / Jacobi / Müller-Jentsch*, Gewerkschaften, S. 404, „impliziert die außerhalb verbandsoffizieller Aktionsmuster sich manifestierende Militanz einerseits einen Funktions- und Vertrauensverlust der offiziellen Organisationen, andererseits wird darin ein Kampfpotential sichtbar, mit dem die Gewerkschaftsführung in ihrer zukünftigen Tarifpolitik rechnen muß". Vgl. zu diesem Druck von unten auch *Steinhaus*, Streiks, S. 169.

einmal erwähnten, in der Wissenschaft vertretenen Verhandlungsregel: „Zuviel Fordern lohnt sich mehr als zuwenig Anbieten“[54], und versucht insofern positive Aspekte der gewerkschaftlichen, fordernden Rolle zu realisieren. Sicher können die Arbeitgeber mit ihrem Angebot gar nicht so weit nach unten greifen, wenn sie glaubwürdig bleiben und die Öffentlichkeit auf ihrer Seite halten wollen, wie die Gewerkschaft umgekehrt ihre Forderungen überziehen kann. Auch ein langer Konzessionsweg der Gewerkschaft muß nicht unbedingt von deren Mitgliedern als die Gefolgschaft in Frage stellender Mißerfolg, sondern kann als besonderer Starrsinn der Unternehmer interpretiert werden — mit Solidarität fördernder Wirkung[55].

Nachdem auch diese „Entdeckung“ zum Verlauf der numerischen Kompromißwerte im Zeitverlauf, wie schon bei der Suche nach Kampfmittelwirkungen, eher Unzulänglichkeiten der empirischen Methode zuzuschreiben ist, Verhandlungsstärke zu messen, erscheint es nicht weiter vielversprechend, von der „Kompromißkurve“ Aufschluß über das reale Gleichgewicht der sozialen Gegenspieler zu erhoffen. Es ist vor allem die — schon im Vorspann der empirischen Untersuchung bemängelte — strategische Auswahl der Anfangspositionen, die zum Ergebnis führt, daß Betrachtungen, wie der „Kuchen geteilt“ wurde, keine aussagekräftigen Belege für abstrakt-materielle Kampfparität sind.

## IV. Der Erfolg in Tarifarbeitskämpfen der Bundesrepublik seit dem schleswig-holsteinischen Metallarbeiterstreik, gemessen an Ausgangspositionen und Ergebnissen

### 1. *Zweck und Methode einer weiteren empirischen Betrachtung*

Kampfparität als abstrakte, d. h. von einzelnen, einmaligen, die Ergebnisse bestimmenden Umständen unabhängige, läßt sich nur längerfristig durch Berücksichtigung einer Reihe aufeinanderfolgender Tarifrunden erfassen. Dieselbe historisch kontinuierliche Betrachtung erschien notwendig, um, im Vergleich mit „friedlichen“ Tarifrunden, Wirkungen von Kampfmitteleinsatz auszumachen.

Eine weitere, letzte Möglichkeit, auf den Effekt verschiedener Kampfmittel zu schließen, besteht allerdings darin, daß man, ohne Rücksicht auf ihre jeweilige historische Einbettung, Arbeitskämpfe vergleicht, in denen verschiedene Kampfmittel zum Zuge kamen. Konkreter: Arbeitskämpfen, in denen nur gestreikt wurde, sind solche gegenüberzustellen, in denen auch ausgesperrt wurde. Dabei kann man vielleicht hoffen, daß

---

[54] Vgl. dazu *Wolters*, Strategien, S. 133 f. und weiter oben E., I., 1.

[55] Vgl. dazu *Ross*, Die Gewerkschaft als eine Institution der Lohnbestimmung, in: Külp / Schreiber (Hrsg.), Arbeitsökonomik, 1972, S. 181 ff., bes. S. 201.

über die Ermittlung von Durchschnittswerten ebenfalls wieder zufällige, nur das Ergebnis des einzelnen Arbeitskampfes bestimmende Momente ausgeschaltet werden.

Mit diesem Beobachtungsansatz ließe sich u. U. ein Effekt insbesondere der Aussperrung ablesen. Was den Erfolg von Streiks angeht, kommt man ohne den Vergleich mit friedlich verlaufenen Tarifrunden prinzipiell nicht aus, wenn man wissen will, was dieses Kampfmittel nützt. Jedoch wird man vielleicht Feststellungen zu dem Problem treffen können, ob bei Arbeitskämpfen (nur) mit Streik die Arbeitgeber bedroht sind, völlig zu unterliegen, d. h. nicht einmal einen Kompromiß zu erreichen; gegebenenfalls könnte die Größenordnung dieser Kompromisse sichtbar werden.

Der folgende Vergleich von Tarifarbeitskämpfen seit dem schleswig-holsteinischen Metallarbeiterstreik von 1956/57 in der Bundesrepublik ist, was die Erfassung des „Erfolges" angeht, trotz aller Unzulänglichkeiten wiederum auf die Methode angewiesen, die Aufteilung des anfänglichen Verhandlungsspielraums unter den Kontrahenten wiederzugeben[56]. Die Ermittlung gemessener Tariflohnveränderungen wäre dagegen, ohne das gleichzeitige Erfassen des zeitlichen Kontextes einzelner Tarifauseinandersetzungen, zur Erfolgsmessung schlechthin ungeeignet: Was z. B. für die chemische Industrie ein passabler, durchschnittlicher Lohnabschluß ist, kann für die Bekleidungsindustrie ein besonders guter sein. Andererseits mag das angreifbare Bewertungsverfahren zur Teilung des Verhandlungsvolumens, wie es weiter oben vorgestellt und angewandt wurde[57], ausreichen, um wenigstens grob Vorliegen und Größenordnung von Kompromissen veranschaulichen zu können.

Als Betrachtungszeitraum wurde die zurückliegende Zeit bis zum markanten Ereignis des schleswig-holsteinischen Metallarbeiterstreiks von 1956/57 gewählt. Einer Untersuchung auch früherer Zeiträume stehen nicht nur Aufwand bzw. Schwierigkeiten empirischer Forschung — die natürlich wachsen, je weiter man zurückgeht — entgegen, sondern auch die Überlegung, daß ein in sich homogener wirtschaftlicher und sozialer Kontext immer mehr verlassen wird, je mehr man die Untersuchung in die Vergangenheit zurückverlegt. Über Bestimmungsgründe des Tariferfolgs, die ohnehin schwer durchschaubar sind, läßt sich damit

[56] Vgl. dazu weiter oben E., II., 2. Dabei dürfte aber jene Konstruktion einer „Erfolgsquote" noch wesentlich befriedigender sein als die, mit der *Volkmann* den Erfolg in Arbeitskämpfen von 1899 - 1913 zu messen versucht: Er möchte der damaligen amtlichen Statistik, die nur zwischen vollem, fehlendem und teilweise vorhandenem Erfolg unterschied, eben die Aussagekraft abringen, die sie nicht hat, indem er die vollen Erfolge und immer die Hälfte der Teilerfolge (von Streiks pro Jahr) zu einer „Erfolgsquote" addiert, vgl. dazu: Modernisierung, in: Kaelble u. a., Probleme, S. 144.

[57] Unter E., II., 2.

wegen zunehmender Unabwägbarkeiten in Gestalt möglicherweise bedeutsamer zeitbedingter, wirtschaftlicher, sozialer, politischer Faktoren, für deren Einschätzung heute die Intuition fehlt, immer weniger aussagen[58].

Weiterhin kann auch diese zeitlich begrenzte Zusammenstellung von Arbeitskämpfen, angesichts der generell verfügbaren Quellen, keine Vollständigkeit garantieren. Es wurden Arbeitskämpfe aufgenommen, die in Zeitungsberichten aus dem Archiv einer regionalen Tageszeitung, das aber auch mehrere überregionale Blätter auswertet[59], Erwähnung finden. Ferner sind Streik-Fallstudien und Hinweise auf Streiks und Aussperrungen aus ergiebigen Werken zur Entwicklung von Gewerkschaften und Arbeitskämpfen in der Bundesrepublik berücksichtigt[60]. Hinsichtlich der Arbeitskämpfe, für die sich in diesem Material Anhaltspunkte fanden, ließen sich dann die nötigen Daten durch gezielte Zeitungslektüre für die Anforderungen der folgenden Untersuchung vervollständigen. Dabei sei aber nur erwähnt, daß z. B. der Streik in der Schleifmittelindustrie 1972 selbst in der „FAZ“ mit keinem Beitrag bedacht ist. So bleibt letztlich ungewiß, ob die angestrebte Vollständigkeit erreicht wurde[61]. Sie kann sich ohnehin nur auf Arbeitskämpfe von

---

[58] Außerdem ändern sich auch die eingesetzten Kampfmittel, d. h. die Regelungsgegenstände des Arbeitskampfrechts, seine jeweils aktuellen Probleme im Zeitverlauf: So stellt Kalbitz dar, daß sich die Praxis der Aussperrung nach Typen und zeitlichen Etappen der Anwendung aufgliedern läßt; in der „modernen“ Zeit, d. h. den letzten 20 Jahren, die die folgende Untersuchung abdeckt, dominiert die Verbandsaussperrung in hohem Maß gegenüber Einzelaussperrungen und Flächenaussperrungen weniger, nicht organisierter Unternehmer, vgl. *Kalbitz,* Aussperrungen, S. 35 ff. Vgl. zur Entwicklung des Arbeitskampfs und seiner Formen, insbesondere in Abhängigkeit vom gesamtwirtschaftlichen Kontext und der Gestalt der am industriellen Konflikt beteiligten Parteien, auch *Volkmann,* Modernisierung, in: Kaelble u. a., Probleme, S. 110 ff., bes. S. 161 f., 165 ff. Auch hiernach wird klar, daß das Arbeitskampfrecht eine aktuelle, moderne Form der Auseinandersetzung zwischen den Tarifparteien zu regeln hat, in welcher eben der meist kampflos, durch „collective bargaining“ erreichte Vertrag unter den Bedingungen (florierender) Industrieproduktion und stark ausgebildeter bzw. institutionell ausgebauter Organisationen beider Seiten im Vordergrund steht.

[59] Zur Verfügung standen Zeitungsberichte des „Südkurier“, der „Frankfurter Allgemeinen Zeitung“, der „Welt“, der „Süddeutschen Zeitung“ und der „Stuttgarter Zeitung“.

[60] Hierzu zählen v. a.: *Bergmann / Jacobi / Müller-Jentsch,* Gewerkschaften; *Dzielak u. a.,* Belegschaften; *Steinhaus,* Streiks. (Steinhaus' Werk ist, jenseits der Diskussion um seine offene marxistische Grundrichtung — die angesichts bestehenden Mangels an detaillierten Arbeitskampfbeschreibungen müßig wäre — eine sehr nützliche Zusammenstellung von Fakten).

[61] Ohnehin ist noch einmal darauf hinzuweisen, daß nur gewerkschaftlich organisierte Streiks berücksichtigt wurden, weil die vorliegende Untersuchung den Mitteln des Tarifarbeitskampfes gilt. Als Kampfmittel der Arbeitgeber sind nur Reaktionen derselben auf gewerkschaftliche Streiks erfaßt, die fast ausschließlich Verbandsaussperrungen darstellten. Nicht berücksichtigt sind also z. B. Aussperrungen einzelner Unternehmer als Antworten auf wilde Streiks etc. Jedoch bilden der Streik der Gewerkschaft und die organisiert

einiger Bedeutung beziehen, denn gerade mit der Heranziehung überregionaler Tageszeitungen entstand ein „Sieb“ betreffs der Bedeutsamkeit dort erwähnter Auseinandersetzungen[62].

### *2. Durchführung und Auswertung der Untersuchung von 25 Tarifarbeitskämpfen in der Bundesrepublik im Hinblick auf das Verhältnis der Ausgangspositionen und Ergebnisse*

*Tabelle 7*

*Arbeitskämpfe in der Bundesrepublik* seit dem schleswig-holsteinischen Metallarbeiterstreik: *Schätzung des gewerkschaftlichen Erfolgs* anhand der Lage des Einigungspunktes im Verhandlungsvolumen

*Ldf. Nr.: 1*

| | |
|---|---|
| Gewerkschaft:<br>IG Metall | Industrie:<br>*Metallverarbeitung*<br>regionaler Bereich:<br>Schleswig-Holstein |
| Zeitraum/Dauer, Beteiligte des Streiks:<br>24. 10. 56 - 15. 2. *1957*;<br>34 000 | Zeitraum/Dauer, Beteiligte der Aussperrung:<br>—.— |
| Ausgangsposition der Gewerkschaft:<br>Gleichstellung mit Angestellten im Krankheitsfall: Lohnfortzahlung für 6 Wochen;<br>18 Tage Urlaub;<br>Urlaubsgeld DM 7,50 pro Tag | Ausgangsposition der Arbeitgeber:<br>keine Vorschläge |

Ergebnis:

Keine volle Angleichung an Angestellte, aber Zuschüsse zum Krankengeld bis zu 90 % des Nettogehalts, längstens 28 Kalendertage; (K)
18 Tage Urlaub;
kein Urlaubsgeld

Erfolg der Gewerkschaft:

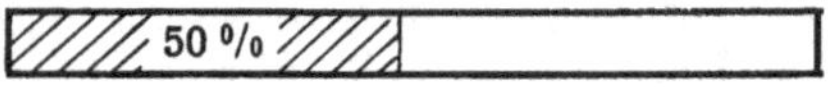


---

durchgeführte Aussperrung durch die Unternehmer das Geschehen, welches, als aktuelles Problem des Arbeitskampfrechts, mit „Parität“ in Angriff genommen wird. Zur Herausbildung insbesondere der Verbandsaussperrung als der mittlerweise völlig dominierenden Aussperrungsform, aber auch zu einer vollständigen Aufzählung aller Aussperrungen seit 1949 (auch Aussperrungen einzelner bzw. mehrerer, nicht organisierter Unternehmer) vgl. *Kalbitz,* Aussperrungen, S. 35 ff. u. 149 ff.

[62] Dieses „Sieb“ wird natürlich dann zum Problem, wenn einzelne, kleine Streiks in den Betrieben, hinter die sich die entsprechende Gewerkschaft stellt,

*Lfd. Nr.: 2*

Gewerkschaft:
Gew. Textil, Bekleidung

Industrie:
*Textilindustrie*

regionaler Bereich:
Bremen und Niedersachsen

Zeitraum/Dauer, Beteiligte des Streiks:

21. 1. - 24. 3. *1958*
8 000 Streikende

Zeitraum/Dauer, Beteiligte der Aussperrung:

zeitweilige Aussperrungen in 6 von 10 bestreikten Betrieben

Ausgangsposition der Gewerkschaft:

Lohnerhöhung 25 Pfg.

Ausgangsposition der Arbeitgeber:

Lohnerhöhung ca. 11 Pfg.

Ergebnis:

Lohnerhöhung 17 Pfg.

Erfolg der Gewerkschaft:

*Lfd. Nr.: 3*

Gewerkschaft:
Gew. Textil, Bekleidung

Industrie:
*Textilindustrie*

regionaler Bereich:
Hessen

Zeitraum/Dauer, Beteiligte des Streiks:

6. 2. - 31. 1. *1958*
6 000

Zeitraum/Dauer, Beteiligte der Aussperrung:

—.—

Ausgangsposition der Gewerkschaft:

Erhöhung Zeitlöhne 25 Pfg.,
Akkordlöhne 20 Pfg.

Ausgangsposition der Arbeitgeber:

Erhöhung Zeitlöhne 10 Pfg.,
Akkordlöhne 8 Pfg.

Ergebnis:

Erhöhung Zeitlöhne 16 Pfg.,
Akkordlöhne 14 Pfg.

Erfolg der Gewerkschaft:

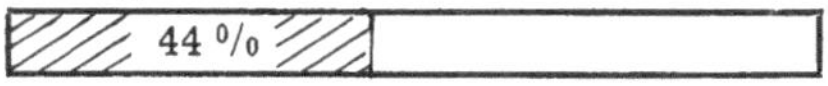


*Lfd. Nr.: 4*

Gewerkschaft:
Gew. Öffentl. Dienste, Transport, Verkehr

*Öffentlicher Dienst* (Kommunen)

regionaler Bereich:
bundesweit

---

zeitweise häufen, wie es anfangs der 60er Jahre im Bereich der Gewerkschaft Textil, Bekleidung der Fall war. Diese Schwierigkeit betrifft i. ü. ebenso die Tabelle zur Streikneigung der Gewerkschaften, siehe weiter oben Kap. B., II., 3. Verzerrungen des Bildes vom Kampfgeschehen, die sich maßgeblich auf Interpretationen und Ergebnisse der Untersuchung auswirken könnten, sind jedoch sehr unwahrscheinlich.

Zeitraum/Dauer, Beteiligte des Streiks:

19. 3. *1958*
(eintägiger „Warnstreik")
ca. 200 000

Zeitraum/Dauer, Beteiligte der Aussperrung:

—.—

Ausgangsposition der Gewerkschaft:
Ecklohnerhöhung 21 Pfg.

Ausgangsposition der Arbeitgeber:
Lohnerhöhung 9 Pfg.

Ergebnis:
Lohnerhöhung 14 Pfg.

Erfolg der Gewerkschaft:

*Lfd. Nr.: 5*

Gewerkschaft:
IG Bergbau und Energie

Industrie:
*Bergbau*

regionaler Bereich:
Saarland

Zeitraum/Dauer, Beteiligte des Streiks:

8. 5. - 16. 5. *1962*
45 000

Zeitraum/Dauer, Beteiligte der Aussperrung:

—.—

Ausgangsposition der Gewerkschaft:
Bis zum Streikbeginn keine Präzisierung der Formel: „Saarbergleute wieder an die Spitze der Lohnskala stellen." (Dazu wären ca. 12 % Erhöhung nötig gewesen). Nach anderen Quellen bezifferte die Gewerkschaft irgendwann auf „vorläufig 8 %",

Ausgangsposition der Arbeitgeber:
6 % ab sofort, 8 % ab 1. 10. 62

Ergebnis:
8 %; nach Streikeinstellung Weiterverhandlung über endgültige Forderung: „wieder an die Spitze der Lohnskala"

Erfolg der Gewerkschaft:

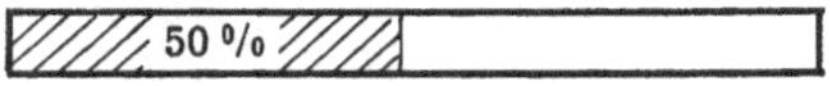


*Lfd. Nr.: 6*

Gewerkschaft:
IG Chemie, Papier, Keramik

Industrie:
*Papiererzeugung*

regionaler Bereich:
Norddeutschland

Zeitraum/Dauer, Beteiligte des Streiks:

3. 9. - 22. 9. *1962*
unterschiedlich zwischen 3 500 und 8 000

Zeitraum/Dauer, Beteiligte der Aussperrung:

—.—

Ausgangsposition der Gewerkschaft:
Lohnerhöhung 12 %

Ausgangsposition der Arbeitgeber:
Lohnerhöhung 7,4 %

Ergebnis:
9,2 % Lohnerhöhung

Erfolg der Gewerkschaft:

*Lfd. Nr.: 7*

Gewerkschaft:
IG Metall

Industrie:
*Metallverarbeitung*

regionaler Bereich:
Nordwürttemberg-Nordbaden
Südwürttemberg-Hohenzollern

Zeitraum/Dauer, Beteiligte des Streiks:
29. 4. - 10. 5. *1963*
140 000

Zeitraum/Dauer, Beteiligte der Aussperrung:
1. 5. - 7. 5. 1963
200 000 zusätzlich

Ausgangsposition der Gewerkschaft:
Lohnerhöhung 8 %

Ausgangsposition der Arbeitgeber:
Lohnpause

Ergebnis:
5 % ab 1. 4. 63, weitere 2 % ab 1. 4. 64 - 30. 9. 64 = 5,6 %

Erfolg der Gewerkschaft:

*Lfd. Nr.: 8*

Gewerkschaft:
IG Chemie, Papier, Keramik

Industrie:
*Hohlglasindustrie*

regionaler Bereich:
Bayern, Baden-Württemberg, Hessen

Zeitraum/Dauer, Beteiligte des Streiks:
16. - 30. 5. *1963*
3 000

Zeitraum/Dauer, Beteiligte der Aussperrung:
—.—

Ausgangsposition der Gewerkschaft:
18 - 24 Tage Urlaub schon für 1963

Ausgangsposition der Arbeitgeber:
Beibehaltung von 16 - 22 Tagen wie bisher, aber Kompromiß für 1964 schon jetzt verhandeln

Ergebnis:
Ab 1964 18 - 22 Tage Urlaub, bei 2 Jahren Betriebszugehörigkeit 2 Tage zusätzlich

Erfolg der Gewerkschaft:

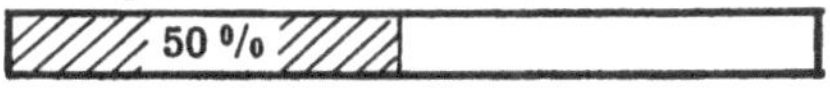

*Lfd. Nr.: 9*

Gewerkschaft:
IG Bau, Steine, Erden

Industrie:
*Bauwirtschaft*, Fachbereich *Fliesen*

regionaler Bereich:
Nordrhein-Westfalen

Zeitraum/Dauer, Beteiligte des Streiks:

10. 7. - 7. 9. *1967*
zwischen 5 900 und 6 500

Zeitraum/Dauer, Beteiligte der Aussperrung:

—.—

Ausgangsposition der Gewerkschaft:

Beibehaltung der bisherigen Akkordsätze

Ausgangsposition der Arbeitgeber:

Kürzung der Akkordsätze der Fliesenleger, durchschnittliche Verschlechterung: ca. 40 %

Ergebnis:

Kürzung der Akkordsätze um 8,5 %

Erfolg der Gewerkschaft:

*Lfd. Nr.: 10*

Gewerkschaft:
IG Chemie, Papier, Keramik

Industrie:
*Gummi-Industrie*

regionaler Bereich:
Hessen

Zeitraum/Dauer, Beteiligte des Streiks:

13. 11. - 20. 11. *1967*
15 000

Zeitraum/Dauer, Beteiligte der Aussperrung:

—.—

Ausgangsposition der Gewerkschaft:

Anhebung der Löhne (auf Effektivverdienste anrechenbar) um 10 % zur Angleichung an Niedersachsen und Hamburg;
Erhöhung der tarifl. Jahresleistungsprämie;
Sicherung der Arbeitsplätze

Ausgangsposition der Arbeitgeber:

Verlängerung des ausgelaufenen Lohntarifvertrages

Ergebnis:

Erhöhung Akkordlohn 4 %, Zeitlohn 5 % (Anrechnungsmöglichkeit auf nicht leistungsgebundene übertarifliche Lohnbestandteile);
Lohnrahmenbestimmungen für Abgruppierung und Kündigung; (K)
Beibehaltung betriebl. Jahresprämien von 1966 für 67, Steigerung stufenweise 68 - 71

Erfolg der Gewerkschaft:

*Lfd. Nr.: 11*

Gewerkschaft:
Gew. Öffentliche Dienste, Transport, Verkehr

*Lufthansa*-Bodenpersonal

Zeitraum/Dauer, Beteiligte des Streiks:
29. 1. - 7. 2. *1971*
5 000

Zeitraum/Dauer, Beteiligte der Aussperrung:
—.—

Ausgangsposition der Gewerkschaft:
lineare Lohnerhöhung durchschnittl. 20 %;
einmalige Sonderzahlung für 1970

Ausgangsposition der Arbeitgeber:
8 % Lohn- und Gehaltserhöhung

Ergebnis:
15,9 % Lohnerhöhung

Erfolg der Gewerkschaft:
56 %

*Lfd. Nr.: 12*

Gewerkschaft:
IG Chemie, Papier, Keramik

Industrie:
*Chemische Industrie*

regionaler Bereich:
Nordrhein-Westfalen, Hessen, Hamburg

Zeitraum/Dauer, Beteiligte des Streiks:
2. 6. - 3. 7. *1971*
Schwerpunktstreiks bis max. 50 000

Zeitraum/Dauer, Beteiligte der Aussperrung:
—.—

Ausgangsposition der Gewerkschaft:
durchschnittlich ca. 12,5 % Lohnerhöhung;
Tarifierung eines 13. Monatseinkommens

Ausgangsposition der Arbeitgeber:
5 % Lohnerhöhung

Ergebnis:
7,8 % ab 1. 6. 71, für April/Mai pauschal DM 60,— = 6,9 %;
Tarifierung eines 13. Monatseinkommens stufenweise ab 1971 (50 %) bis 74 (100 %)

Erfolg der Gewerkschaft:
31 %

*Lfd. Nr.: 13*

Gewerkschaft:
IG Metall

Industrie:
*Metallverarbeitung*

regionaler Bereich:
Nordwürttemberg-Nordbaden

Zeitraum/Dauer, Beteiligte des Streiks:

27. 11. - 15. 12. *1971*
120 000

Zeitraum/Dauer, Beteiligte der Aussperrung:

26. 11. - 14. 12. 1971
240 000 zusätzlich

Ausgangsposition der Gewerkschaft:

11 % Lohnerhöhung

Ausgangsposition der Arbeitgeber:

4,5 % Lohnerhöhung

Ergebnis:

7,5 % für 1972, DM 180,— pauschal für Okt./Nov./Dez. 71; Tarifierung eines 13. Monatseinkommens ab 1972 stufenweise (bis 40 % 1974)

Erfolg der Gewerkschaft:

47 %

*Lfd. Nr.: 14*

Gewerkschaft:

IG Chemie, Papier, Keramik;
IG Bergbau und Energie;
Gew. Handel, Banken, Versicherungen

Industrie:

*Mineralölindustrie*

regionaler Bereich:

Deutsche Texaco AG

Zeitraum/Dauer, Beteiligte des Streiks:

Nov./Dez. *1971*
(ca. 3 Wochen)
1 000

Zeitraum/Dauer, Beteiligte der Aussperrung:

—.—

Ausgangspositionen der Gewerkschaften:

Anrechenbare Vorweganhebung der Löhne (Gehälter) um 4 % zur Angleichung an andere Ölkonzerne

Ausgangsposition der Arbeitgeber:

Beibehaltung des alten Tarifs

Ergebnis:

3 % anrechenbare Vorweganhebung der Löhne (Gehälter)

Erfolg der Gewerkschaft:

75 %

*Lfd. Nr.: 15*

Gewerkschaft:

IG Chemie, Papier, Keramik

Industrie:

*Schleifmittelindustrie*

regionaler Bereich:

Hamburg, Niedersachsen, Nordrhein-Westfalen

Zeitraum/Dauer, Beteiligte des Streiks:

16. 10. - 27. 10. *1972*
3 000

Zeitraum/Dauer, Beteiligte der Aussperrung:

—.—

Ausgangsposition der Gewerkschaft:
ca. 8,6 % Lohnerhöhung

Ausgangsposition der Arbeitgeber:
ca. 6 % Lohnerhöhung

Ergebnis:
durchschnittlich 7,3 % Lohnerhöhung

Erfolg der Gewerkschaft:

*Lfd. Nr.: 16*

Gewerkschaft:
IG Druck und Papier

Industrie:
*Druckindustrie*

regionaler Bereich:
Bundesrepublik

Zeitraum/Dauer, Beteiligte des Streiks:
9. 4. *1973* (2 Stunden)
85 000

Zeitraum/Dauer, Beteiligte der Aussperrung:
—.—

Ausgangsposition der Gewerkschaft:
13 % Lohnerhöhung

Ausgangsposition der Arbeitgeber:
9 % Lohnerhöhung

Ergebnis:
10,8 % Lohnerhöhung

Erfolg der Gewerkschaft:

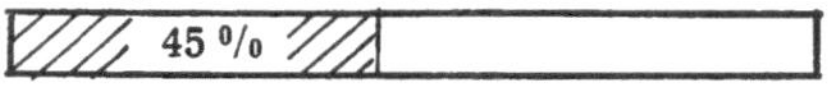


*Lfd. Nr.: 17*

Gewerkschaft:
Gew. Öffentl. Dienste, Transport, Verkehr

Wirtschaftsbereich:
*Seeschiffahrt* (Seehäfen)

Zeitraum/Dauer, Beteiligte des Streiks:
1. 7. - 24. 7. *1973*
17 „boykottierte" Schiffe

Zeitraum/Dauer, Beteiligte der Aussperrung:
—.—

Ausgangsposition der Gewerkschaft:
Beitritt der Reeder zum tarifschließenden Verband oder Anschlußtarifverträge, 3 % mehr Heuer

Ausgangsposition der Arbeitgeber:
Wille, nach vorangegangenen hohen tariflichen Belastungen tarifungebunden zu sein

Ergebnis:
Beitritte oder Anschlußtarifverträge in allen Fällen, (Heuererhöhung ungewiß)

Erfolg der Gewerkschaft:

*Lfd. Nr.: 18*

Gewerkschaft:
IG Metall

Zeitraum/Dauer, Beteiligte des Streiks:
16. 10. - 24. 10. *1973*
40 000

Ausgangsposition der Gewerkschaft:
Grunderholungszeit für Akkord- und Fließbandarbeit, Mindesttaktzeit für Fließarbeit;
individuelle Akkordverdienstsicherung 140 %;
Verdienstsicherung, Kündigungsschutz im Alter

Industrie:
*Metallverarbeitung*

regionaler Bereich:
Nordwürttemberg-Nordbaden

Zeitraum/Dauer, Beteiligte der Aussperrung:
—.—

Ausgangsposition der Arbeitgeber:
Verhandlungsbereitschaft über Verdienstsicherung im Alter

Ergebnis:
Grunderholungszeiten für Fließband- und Akkordarbeit, keine weitere Teilung der Arbeit; (K)
kollektive, durchschnittliche Akkordverdienstsicherung 125 %;
Verdienstsicherung, Kündigungsschutz im Alter (K)

Erfolg der Gewerkschaft:

*Lfd. Nr.: 19*

Gewerkschaft:
Gew. Öffentl. Dienste, Transport, Verkehr

Zeitraum/Dauer, Beteiligte des Streiks:
11. 2. - 13. 2. *1974*
193 000

Ausgangsposition der Gewerkschaft:
15 %, mindestens DM 185,— Einkommenserhöhung;
DM 300,— Urlaubsgeld, zuzügl. DM 50,— je Kind

*Öffentlicher Dienst*

regionaler Bereich:
Bundesrepublik

Zeitraum/Dauer, Beteiligte der Aussperrung:
—.—

Ausgangsposition der Arbeitgeber:
7,5 % Einkommenserhöhung

Ergebnis:
11 %, mindestens DM 170,— Einkommenserhöhungen;
Urlaubsgeld ausgeklammert

Erfolg der Gewerkschaft:

*Lfd. Nr.: 20*

Gewerkschaft:
IG Metall

Industrie:
*Metallverarbeitung*

regionaler Bereich:
Bremen (Unterweser)

Zeitraum/Dauer, Beteiligte des Streiks:
6. 3. - 27. 3. *1974*
30 000

Zeitraum/Dauer, Beteiligte der Aussperrung:
—.—

Ausgangsposition der Gewerkschaft:
18 % Lohnerhöhung;
3 Tage mehr Urlaub;
Kündigungsschutz und Verdienstsicherung im Alter

Ausgangsposition der Arbeitgeber:
8,5 % Lohnerhöhung

Ergebnis:
12,25 % Lohnerhöhung, Erhöhung des Urlaubsgelds von 30 % auf 50 % eines Durchschnittsmonatsverdienstes;
2 Tage mehr Urlaub;
Kündigungsschutz und Verdienstsicherung im Alter

Erfolg der Gewerkschaft:

*Lfd. Nr.: 21*

Gewerkschaft:
IG Druck und Papier

Industrie:
*Druckindustrie*

regionaler Bereich:
Bundesrepublik

Zeitraum/Dauer, Beteiligte des Streiks:
28. 4. - 3. 5.; 6. 5. - 13. 5. *1976*
zuerst 16 000, dann 75 000

Zeitraum/Dauer, Beteiligte der Aussperrung:
28. 4. - 3. 5. 1976
90 000, z. T. einschließlich der Streikenden

Ausgangsposition der Gewerkschaft:
9 % Lohnerhöhung, mind. DM 140,— für die unteren Lohngruppen;
Änderung der Schieds- und Schlichtungsordnung

Ausgangsposition der Arbeitgeber:
4,7 % Lohnerhöhung

Ergebnis:
6 % ab 1. 6. 1976, für April und Mai eine Pauschale von DM 275,— = 6,66 %

Erfolg der Gewerkschaft:

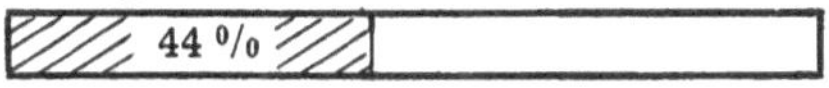

*Lfd. Nr.: 22*

Gewerkschaft:
Gew. Öffentl. Dienste, Transport, Verkehr

Wirtschaftsbereich:
*Seeschiffahrt (Seehäfen)*

Zeitraum/Dauer, Beteiligte des Streiks:
25. 1. - 29. 1. 1978
20 000

Zeitraum/Dauer, Beteiligte der Aussperrung:
—.—

Ausgangsposition der Gewerkschaft:
9 % Lohnerhöhung

Ausgangsposition der Arbeitgeber:
4,8 % Lohnerhöhung

Ergebnis:
7 % Lohnerhöhung

Erfolg der Gewerkschaft:

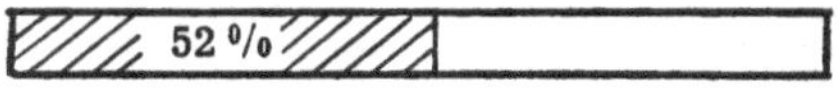


*Lfd. Nr.: 23*

Gewerkschaft:
IG Druck und Papier

Industrie:
*Druckindustrie*
regionaler Bereich:
Bundesrepublik

Zeitraum/Dauer, Beteiligte des Streiks:
28. 2. - 17. 3. 1978
unterschiedlich (Schwerpunktstreiks), bis zu 7 000 täglich

Zeitraum/Dauer, Beteiligte der Aussperrung:
28. 2. - 17. 3. 1978
bis zu ca. 33 000

Ausgangsposition der Gewerkschaft:
Tarifvertrag „Neue Techniken":
Festschreibung des Besitzstandes der Setzer;
Bezahlung der neuen Angestelltentätigkeit an elektronischen Geräten auf Dauer an Facharbeiterlöhnen der Druckindustrie orientiert;
Besetzung der neuen Arbeitsplätze nur mit „Fachkräften der Druckindustrie"

Ausgangsposition der Arbeitgeber:
Bei Umstellung auf neue Techniken alte Setzer mit Vorzug an neuen Geräten beschäftigen;
Umschulungszeiten und -hilfen, falls dies nicht möglich ist;
Garantie des alten Facharbeiterlohns für mind. 5 Jahre

Ergebnis:
Vorrang für Fachkräfte der Druckindustrie auf 8 Jahre an den neuen Arbeitsplätzen (Geräten); (K)
Differenzausgleich zum alten Lohn zeit Arbeitslebens für Setzer, Perforatoren, Korrektoren, für andere 6 Jahre lang; (K)
An neuen Geräten Überzählige werden mit bisherigem Einkommen innerbetrieblich oder mit Mobilitätshilfen außerbetrieblich umgeschult (K)

Erfolg der Gewerkschaft:

*Lfd. Nr.: 24*

Gewerkschaft:
IG Metall

Industrie:
*Metallverarbeitung*

regionaler Bereich:
Nordwürttemberg-Nordbaden

Zeitraum/Dauer, Beteiligte des Streiks:
15. 3. - 10. 4. *1978*
80 000

Zeitraum/Dauer, Beteiligte der Aussperrung:
20. 3. - 5. 4. 1978
120 000 zusätzlich

Ausgangsposition der Gewerkschaft:
8 % Lohnerhöhung;
Tarifvertrag zur Besitzstandssicherung bei Rationalisierungen;
„Tarifstatus-Bericht“;
Abschaffung der beiden unteren Lohngruppen

Ausgangsposition der Arbeitgeber:
3,5 % Lohnerhöhung;
eigener Entwurf zum Rationalisierungsschutz

Ergebnis:
5 % Lohnerhöhung;
Tarifvertrag zur Besitzstandssicherung; (K)
Abschaffung der untersten Lohngruppe

**Erfolg der Gewerkschaft:**

*Lfd. Nr.: 25*

Gewerkschaft:
IG Metall

Industrie:
*Eisen- und Stahlindustrie*

regionaler Bereich:
Nordrhein-Westfalen

Zeitraum/Dauer, Beteiligte des Streiks:
28. 11. 1978 - 11. 1. *1979*
37 000

Zeitraum/Dauer, Beteiligte der Aussperrung:
1. 12. 1978 - 9. 1. 1979
30 000 zusätzlich

Ausgangsposition der Gewerkschaft:
5 % Lohnerhöhung;
Einführung der 35-Stunden-Woche stufenweise

Ausgangsposition der Arbeitgeber:
3 % Lohnerhöhung;
6 Wochen Urlaub für alle Arbeitnehmer (stufenweise)

Ergebnis:
4 % Lohnerhöhung; ab 1979 2 Tage mehr Urlaub, 1980 für alle 1 Tag mehr Urlaub, stufenweise bis 1982 6 Wochen Urlaub für alle;
4 Feierschichten pro Jahr für Nachtschichtarbeiter, 2 weitere für über 50jährige (K)

**Erfolg der Gewerkschaft:**

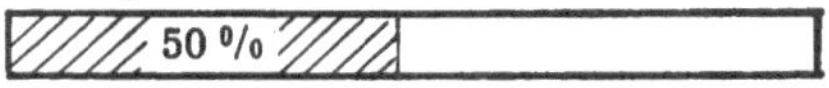

Wie schon zuvor angedeutet, beschränkt sich das Ziel der vorangegangenen empirischen Studie auf einen durchschnittlichen Vergleich der Kompromisse aus Arbeitskämpfen, die mit Aussperrung verliefen und solchen, in denen nur gestreikt wurde. Das hängt damit zusammen, daß die Aussagekraft von derart aus ihrem jeweiligen Zusammenhang gerissenen tarifpolitischen Geschehnissen, was Wirkungen von Arbeitskampfmitteln angeht, ohnehin fragwürdig ist, weil die Kompromisse in den Auseinandersetzungen sicher auch von anderen Bestimmungsfaktoren des konkreten Einzelfalls abhängen.

Zum Ergebnis daher nur einige Feststellungen: Ausgesperrt wurde in 7 der 25 erfaßten Arbeitskämpfe (Lfd. Nr.: 2, 7, 13, 21, 23, 24, 25). In diesen Tarifkonflikten belief sich der Erfolg der Gewerkschaften auf durchschnittlich 48 % (für sie zu verbuchendes Verhandlungsvolumen). In den 18 Arbeitskämpfen, in denen nur gestreikt wurde, kam die Gewerkschaft auf durchschnittlich 52 %. Man kann also von einem nur geringen Unterschied sprechen.

Dieser wird tendenziell noch vernachlässigenswerter, wenn man die „Spitzenreiter" unter den Streiks näher betrachtet, die den Schnitt der Konflikte ohne Aussperrung in die Höhe drücken: Im Fliesenlegerstreik der IG Bau, Steine, Erden von 1967 (Lfd. Nr.: 9, 79 % Erfolg) ging es um den nicht gerade alltäglichen Fall einer Lohnkürzung, die weitgehend abgewehrt werden konnte[63]. Einem vergleichbaren Angriff der Arbeitgeber auf den tariflichen status quo sollte durch den Sympathiestreik in den Seehäfen 1973 (Lfd. Nr.: 17, 90 % Erfolg) begegnet werden[64]. Die Reeder hatten, statt ihres alten Verbandes, dem sie Austritte wegen vorangegangener hoher, insbesondere manteltariflicher Belastungen ersparen wollten, eine neue „Tarifgemeinschaft" gegründet mit der Folge, daß in dieser nunmehr tarifschließenden Vereinigung nur noch ein Bruchteil der Reeder tarifgebunden war. Von den verbleibenden Reedern dürfte für viele der bloße Beitritt zu dieser Tarifgemeinschaft keine effektive Mehrbelastung bedeutet haben, in den restlichen Fällen könnte man auch hier von einem „negativen" Lohnstreik gegen den Abbau tariflicher Einkommen bzw. bezahlter Freizeit sprechen. Insofern stellten die beiden erfolgreichsten gewerkschaftlichen Streiks von der Ausgangslage her Sonderfälle dar.

Neben der Feststellung, daß die durchschnittlichen Erfolgsquoten von Tarifkonflikten mit und ohne Aussperrung nur in vernachlässigenswert geringem Umfang differieren, ist noch ein Umstand hervorzuheben: Zu-

---

[63] Vgl. zum Fliesenlegerstreik *Bergmann / Jacobi / Müller-Jentsch*, Gewerkschaften, S. 294 ff.

[64] Vgl. zum rechtstatsächlichen Hintergrund der Sympathiekampfmaßnahmen in der Seeschiffahrt 1973 *Seiter*, Arbeitskampfparität und Übermaßverbot, 1979, S. 20 ff.

mindest ebenfalls im Durchschnitt scheint auch am Ende des Streiks ein Kompromiß und keine Überrumpelung der Arbeitgeber durch die Gewerkschaft zu stehen. Die Beurteilung eines Streiks als annähernd voller Erfolg kommt nur im Fall der Sympathiekampfmaßnahmen in den Seehäfen 1973 in Frage[65].

Erstaunlich ist ferner, daß die Quote aller Arbeitskämpfe, gleich ob sie mit oder ohne Aussperrung verliefen, sich in der Gegend der 50 %-Marke einpendelt. Das liegt aber auch daran, daß etliche nicht zu beziffernde Verhandlungsmaterien, hinsichtlich derer ein Kompromiß geschlossen wurde, von der Eigenart der Untersuchungsmethode her jeweils mit genau einem halben Erfolg für eine Seite zu Buche schlagen[66].

Das Fazit der Untersuchung ist kurz auf den Nenner zu bringen: Auch in Tarifkonflikten, in denen (nur) gestreikt wurde, scheinen in etwa ausgewogene Kompromisse herausgekommen zu sein. Eine die Erfolgsquoten der Kompromisse nennenswert verändernde spezielle Wirkung der Aussperrung ist nicht zu vermerken. Freilich ist damit auch gesagt, daß der Einsatz der Aussperrung offenbar nicht die Verhandlungschancen der Gewerkschaft im konkreten Fall — d. h. ungeachtet möglicher längerfristiger, insbesondere finanzieller Konsequenzen von Aussperrungen für die Streikfähigkeit einer Gewerkschaft — zunichte macht.

An dieser Stelle ist im übrigen, wenn es um eine Beurteilung der Auswirkungen rechtlich zugelassener Kampfmittel geht, wieder der Hinweis notwendig: Auch nicht angewendete Waffen können Effekte zeitigen. Möglicherweise kalkulieren die Gewerkschaften als Angreifer, vor wie nach dem Angriff, die Aussperrung gemäß der gegenwärtigen Rechtsprechung in der Weise strategisch ein, daß auch der ausgebrochene Streik nicht bis an einen Punkt geführt wird, der die Arbeitgeber zu dieser entschiedensten Form der Gegenwehr provoziert[67]. Es sei jedoch rückblickend darauf verwiesen, daß das Ausmaß der Kompromisse, wie zuvor das der Lohnveränderungen, sich in den früheren Untersuchungen als vor allem in die wirtschaftliche Entwicklung eingebettet erwies, d. h. als von anderen Faktoren als dem Arbeitskampf überhaupt augenfällig determiniert: Die Macht der Argumente könnte ebensogut die der Drohungen entscheidend überwiegen.

---

[65] Lfd. Nr. 17 der vorangegangenen Untersuchung.

[66] Vgl. zur Untersuchungsmethode oben E., II., 2.

[67] Allerdings kann man nicht davon ausgehen, daß die Aussperrung, wenngleich rechtlich zulässig, ein für die Arbeitgeber aller Industriebereiche gleich praktikables Mittel ist. Die Schwierigkeiten, einen Arbeitgeberverband als aussperrungsfähigen zu organisieren, dürfen nicht unterschätzt werden; das solidarische Verhalten der Verbandsmitglieder ist schwer zu sichern.

### V. Zusammenfassung: Der Tariferfolg, gemessen an Forderungen und Ergebnissen, als Nachweis von Parität oder von faktischen Wirkungen der Kampfmittel

Generell warf das Vorgehen, Erfolge der Tarifparteien an irgendwelchen objektiven Zahlenwerten, Ergebnisse des tarifautonomen Prozesses betreffend, d. h. sozusagen von außen zu messen, die Frage auf: Bedeutet Tarifautonomie nicht auch, daß die Kontrahenten ihre Erfolge möglichst weitgehend selbst definieren und beurteilen müssen, sowohl was Quantität wie Qualität der durchgesetzten Forderungen betrifft?

a) Auf freilich sehr einfache Weise wird einem solchen Postulat Rechnung getragen, wenn man die Vorstellungen von dem, was die Tarifparteien ursprünglich jeweils durchsetzen wollten, in die Betrachtung der Tarifrunden einbezieht, d. h. den Erfolg und Mißerfolg als eine Differenz von Positionen in der Verhandlung begreift. In der Folge jedoch versagen die von den Parteien verlautbarten Anfangspositionen als Beschreibungen dessen, was diese sich zu erreichen wirklich vorgestellt hatten: Anfangsforderung und Anfangsangebot hängen v. a. von der jeweils gewählten offensiven oder defensiven Verhandlungsstrategie ab sowie von dem Verhandeln immanenten Gesetzen wie: „Zuviel Fordern lohnt sich mehr als zuwenig Anbieten".

Fast zwangsläufig ließ sich daher einer, schon methodisch kaum unangreifbar durchzuführenden, empirischen Betrachtung, wie in den Tarifverhandlungen für die metallverarbeitende Industrie in Nordwürttemberg-Nordbaden das Ergebnis im Verhandlungsvolumen lag, wie „der Kuchen geteilt" wurde, nichts Aussagekräftiges über Kampfmittelwirkungen entnehmen. Um so erstaunlicher war, daß trotz der fragwürdigen Bedeutung strategisch gewählter Ausgangspositionen, trotz methodischer Unzulänglichkeiten bezüglich der Berechnung von „immateriellen" Forderungs- und Resultatsanteilen, die „Kompromißkurve", wie bereits zuvor die Graphen der Tariflohnentwicklung, wieder eine eindeutige Verwandtschaft zur Entwicklung der ökonomischen Gesamtlage ergab — diesmal v. a. zur Veränderung der Menge tatsächlich geleisteter Arbeitsstunden[68].

b) Erneut entstand der Eindruck, daß wirtschaftliche Determinanten die Verhandlungskompromisse weit mehr beeinflussen als Kampfmaßnahmen. Wie schon bei der Betrachtung der Tariflohnveränderungen in verschiedenen Industriebereichen drängte sich der Verdacht auf, daß Arbeitskämpfe mehr „Begleitmusik" der wirtschaftlichen Flaute sind als echte Bestimmungsfaktoren der Tarifergebnisse[69].

---

[68] Vgl. insoweit oben E., I. und II.

[69] Vgl. insoweit oben E., III., 1.

c) Was die Aussage der „Kompromißkurve" — die die Erfolgsanteile der Tarifparteien am Verhandlungsspielraum, d. h. an der berechneten anfänglichen Differenz der Positionen beider Seiten wiedergibt — hinsichtlich eines längerfristigen Gleichgewichts der sozialen Gegenspieler angeht, so war zwar eine Entdeckung zu verzeichnen: Der Erfolgsanteil der IG Metall war in der zweiten Hälfte des Betrachtungszeitraums (insgesamt von 1961 - 1978) allgemein niedriger als in der ersten und lag praktisch ausschließlich unterhalb der „Idealkompromißlinie" von 50 %. Aber auch dieser Umstand ist wohl in erster Linie einer unter dem Druck der Mitgliedschaft offensiver gewordenen gewerkschaftlichen Forderungsstrategie zuzuschreiben, die sich demgegenüber von 1961 - 1967 eher maßvoll an Produktivitätssteigerungen orientiert hatte und von 1968 - 1970 ohnehin, dank ausnehmend günstiger wirtschaftlicher Lage, für außerordentliche Erfolge prädestiniert war[70].

d) So mußte schon an diesem Punkt der Untersuchung im Grunde das Versagen eines Vergleichs von Forderungen bzw. Zielen und Ergebnissen als Maßstab des langfristigen tarifpolitischen Erfolgs und des wirksamen Kampfmitteleinsatzes konstatiert werden. Dennoch wurden in einer letzten empirischen Untersuchung bedeutende gewerkschaftlich durchgeführte Arbeitskämpfe seit dem schleswig-holsteinischen Metallarbeiterstreik im wesentlichen demselben Meßverfahren unterzogen wie zuvor die Reihe der Tarifrunden in der metallverarbeitenden Industrie Nordwürttemberg-Nordbadens. Angestrebt war v. a. ein Vergleich zwischen Arbeitskämpfen, in denen nur gestreikt wurde und solchen, in denen auch eine Aussperrung stattfand. Dabei wurde deutlich, daß der Einsatz der Aussperrung in einem Teil der herangezogenen Arbeitskämpfe (fast 1/3) die Erfolgsrelationen gegenüber den Fällen bloßer Streiks nicht nennenswert verändern konnte. Hervorzuheben ist ferner, daß am Ende aller Arbeitskämpfe, also auch der, in denen nur gestreikt wurde, durchschnittlich ausgewogene Kompromisse standen und daß annähernd volle Erfolge (bloßer) Streiks äußerst selten zu sein schienen, wobei freilich nicht abschließend beurteilt werden kann, ob für die maßvollen Einigungen auch schon die Möglichkeit der Aussperrung eine Rolle spielte[71].

---

[70] Vgl. insoweit oben E., III., 2.

[71] Vgl. insoweit oben E., IV.

# Zusammenfassung und Ausblick

## A. Zusammenfassung

### I. Zum Verständnis von Kampfparität

Die Untersuchung der aktuellen arbeitskampfrechtlichen Diskussion um Kampfparität führt, bei all ihrem kontroversen Charakter, auf folgenden allgemeinen Nenner:

*These 1:*

Das herrschende Verständnis von arbeitskampfrechtlicher Parität verlangt einen potentiell gleichgewichtigen Einfluß der sozialen Gegenspieler auf die Inhalte des Tarifvertrags. (1. Teil, bes. C., I)

Mit dem Blick auf faktische Verhandlungschancen, d. h. wirklich bestehende Möglichkeiten, Tarifinhalte zu beeinflussen, muß das durch bisherige rechtstatsächliche Forschungen noch nicht ausreichend befriedigte Interesse am faktischen Ablauf der Tarifauseinandersetzungen einhergehen, insbesondere der Wunsch nach empirischer Untersuchung von Tariferfolgen:

*These 2:*

Tarifergebnisse werden durch ein grundsätzlich gleichgewichtiges Verfahren der Tarifparteien legitimiert. Umgekehrt können nur Ergebnisse das konkrete Auseinandersetzungsverfahren rechtfertigen, welche einerseits die angemessene Durchsetzung von Arbeitnehmerinteressen, andererseits nicht die Allgemeinheit treffende gesamtwirtschaftsschädigende Effekte, aufgrund tarifpolitischer Ohnmacht der Arbeitgeber, ausweisen. Das Ausmaß tatsächlicher Tariferfolge wurde jedoch bisher in die arbeitskampfrechtliche Diskussion nur unsystematisch einbezogen. (Einleitung und 1. Teil, bes. C., II)

### II. Vorfragen einer empirischen Untersuchung von Tarifergebnissen: Welche tarifpolitischen Resultate, welche Kontrahenten sind sinnvoll vergleichend gegeneinander zu stellen?

Dieses Problem hat vor allem einen räumlich-organisatorischen Aspekt:

*These 3:*

Kampfparität ist grundsätzlich auf der Ebene der Industrieverbände zu betrachten. (2. Teil, B)

Weitere Anforderungen an konkrete rechtstatsächliche Forschungsversuche resultieren aus einem im 1. Teil der Arbeit konkretisierten, sich durchsetzenden Verständnis von Kampfparität:

*These 4:*

Die Untersuchung „abstrakt-materieller" Kampfparität, im Dienste von Verhandlungsparität, erfordert eine Zusammenstellung längerfristiger, kontinuierlicher Ergebnisketten, nicht nur vereinzelter Erfolge oder Mißerfolge, wobei diese in einem gewissen Wechsel erkämpfte und friedliche Tarifabschlüsse umfassen sollten. (2. Teil, A)

### III. Vorfrage und Aufriß grundsätzlicher Schwierigkeiten: Wie ist der Tariferfolg selbst zu definieren?

1. Die Bestandsaufnahme der mit einer Messung von Tariferfolgen verbundenen Probleme geht vom nächstliegenden Untersuchungsgegenstand aus, dem Lohn. Dabei erweist sich die Frage nach den Prozenten der Lohnerhöhung im Tarifabschluß als nur bei oberflächlicher Betrachtung einfacher Erfolgs- bzw. Mißerfolgspegel:

*These 5:*

Vom Tariflohn sind Reallohn und Effektivlohn zu unterscheiden: Ersterer bezeichnet das Einkommen, das nach Berücksichtigung von Preissteigerungen übrig bleibt, letzterer die auf betrieblicher Ebene ausgehandelten tatsächlichen Einkünfte der Arbeitnehmer. Der reale Effektivlohn als tatsächlich verfügbares kaufkräftiges Einkommen steht dabei zu einem Bestimmungsgrund „Tariflohn" in einem so vermittelten Verhältnis, daß eine Rückführung beider Größen aufeinander unmöglich ist. Mit Tariflohnveränderungen verbinden sich somit keine berechenbaren Veränderungen der effektiven Reallöhne. (2. Teil, C., I)

*These 6:*

Ein hoher Anteil der von organisierter Arbeitnehmerseite, konkret im Bereich der metallverarbeitenden Industrie erhobenen Forderungen bezieht sich nicht oder nicht ausschließlich auf die Lohnhöhe, sondern auf Ziele mit (auch oder überwiegend) sozialpolitischem Charakter, wie Sicherung des sozialen Status, Verstetigung der Einkommensentwicklung, Humanität am Arbeitsplatz etc. (2. Teil, C., I., 1)

Damit sind nur die wichtigsten praktischen Schwierigkeiten aufgezeigt, die sich dem Versuch der Tariferfolgsmessung in Gestalt einer Betrachtung von Lohnprozenten entgegenstellen.

2. Was die theoretischen, insbesondere interdisziplinären Möglichkeiten angeht, die der rechtstatsächlichen Forschung bei einer geeigneten Definition des Tariferfolgs zu Hilfe kommen können, so zeigt die Sichtung der wichtigsten Theorien zu Kollektivverhandlungen:

*These 7:*

Die sogenannten „collective-bargaining"-Theorien messen das Ergebnis der Tarifverhandlungen (den Erfolg der Parteien) entweder in einer einzigen Lohngröße, innerhalb derer etwa die Differenzierung von Tarif-, Real- und Effektivlohn nicht möglich ist; oder aber sie verwenden zur Messung von Zielen und Ergebnissen Einheiten des Nutzens, welche nicht in rechtstatsächliche Forschungsversuche umsetzbar sind. (2. Teil, C., III., 1)

Nichtsdestoweniger ergibt sich aus dem interdisziplinären Überblick ein diskussionsbedürftiger Teilaspekt des Problems Tariferfolg:

*These 8:*

Nach einer in den Theorien zu Kollektivverhandlungen (von *Ross*) vertretenen Ansicht erscheint nicht ganz abwegig, daß der Nominallohn von den Repräsentanten der Tariforganisationen als publikumswirksamer, der Anhängerschaft Erfolg symbolisierender, umgekehrt wegen nachfolgend möglicher Preissteigerungen für die Arbeitgeber „wohlfeiler" Verhandlungsgegenstand in Szene gesetzt wird. Das so orientierte Tariferfolgsstreben wird aber von einem wohlverstandenen Interesse insbesondere der Gewerkschaftsmitglieder abweichen. (2. Teil, C., III, 2)

### IV. Konsequenzen aus faktisch vorgefundenen Problemen der Lohnbetrachtung sowie dem Angebot an theoretischen, insbesondere interdisziplinären Erkenntnissen

1. Nach der Bestandsaufnahme von Schwierigkeiten, die dem rechtstatsächlichen Bereich entspringen, sowie der theoretischen Hilfen zu ihrer Bewältigung, welche die Faktenwissenschaften bieten, geht es um Schlüsse, die aus arbeitskampfrechtlich interessierter Perspektive hinsichtlich der Eignung des Lohns als eines tarifpolitischen Erfolgsmaßstabs zu ziehen sind. Dabei kommt man zunächst an einer mehr normativen Entscheidung nicht vorbei, die mit der Unterteilung des Lohnbegriffs in die Varianten des Tarif-, Effektiv- und Reallohns zusammenhängt:

*These 9:*

Es ist Aufgabe der Gewerkschaften, nicht lediglich ein gutes Stück unterhalb dessen, was man als „Waffenstillstandslinie“ im Einkommensverteilungskonflikt bezeichnen könnte, einen gewissen materiellen Mindeststandard zu sichern, sondern auch auf die effektiven Löhne Einfluß zu nehmen — eben um für eine „gerechte Ordnung“ des Arbeitslebens zu sorgen. (2. Teil, D., I., 1)

In der Folge läßt schon der selbständige Entwicklungsverlauf von tariflichen und effektiven, mehr noch den effektiv-realen Lohnwerten die Untersuchung des Tariferfolgs mit Hilfe des Lohnergebnisses unter einem wesentlichen Aspekt als unfruchtbar erscheinen:

*These 10:*

Aufgrund des Umstandes, daß Tariflöhne die realen Einkünfte der Arbeitnehmer nicht meßbar beeinflussen, verlieren diese ihre Eignung, ein längerfristiges Gleichgewicht der Tarifparteien, im Sinne „abstrakt-materieller“ Parität, rechtstatsächlich zu belegen. Dies gilt jedenfalls unter der Voraussetzung, daß „Vertragsgerechtigkeit“ des Kollektivvertrags dem einzelnen Arbeitnehmer ein angemessenes kaufkräftiges Einkommen verschaffen soll. Auf letzteres muß aber jedes Art. 9 III GG abgewonnene „Ordnungsmodell“, sofern es die Befriedung des Arbeitslebens über eine angemessene Einkommensverteilung fördern will, schließlich Bezug nehmen. (2. Teil, D., I., 1)

Noch stärker in Richtung solch einer negativen Beurteilung führt ein weiterer, dem vorangegangenen Aufriß grundsätzlicher Fragen entnommener Tatbestand:

*These 11:*

Die mangelnde Eignung der Nominallohnergebnisse, ein längerfristiges Gleichgewicht der Tarifparteien zu indizieren, hängt v. a. auch damit zusammen, daß „immaterielle“ Forderungen in Tarifverhandlungen, d. h. sozialpolitische oder solche, die organisationspolitischen Einflußinteressen der Koalitionen entspringen, nicht nur einen beträchtlichen Teil der verhandelten Gegenstände ausmachen, sondern darüber hinaus einen Trend tarifpolitischer Neu- bzw. Umorientierung zu markieren scheinen. (2. Teil, D., I., 3)

Was die Eignung des Nominallohns betrifft, Gleichgewicht der sozialen Gegenspieler zu indizieren, ist letztlich die Theorie vom Nominallohn als einem wohlfeilen Erfolgssymbol aufzugreifen. (Vgl. These 8). Auch hier allerdings ist der Befund negativ:

*These 12:*

Das Nominallohnergebnis als Erfolgs- bzw. Mißerfolgspegel der Tariforganisationen unter dem Aspekt zu akzeptieren, daß Gewerkschaften an symbolischen, optisch leicht sichtbaren, Solidarität und Loyalität der Mitglieder fördernden Erfolgen gelegen ist, scheint nicht tunlich: Diese Definition von Erfolgen als Nominallohnerfolgen leistet einer „Nominallohnillusion" der Gewerkschaftsmitglieder Vorschub und baut einem Prozeß zu wenig vor, in dem sich die Tarifparteien auf Kosten Dritter einigen. Durch stillschweigend mitverhandelte Preissteigerungsmöglichkeiten der Arbeitgeber, resultierende Inflation werden die Einkommen geschädigt, welche an keinen periodischen Anhebungen teilnehmen. Gegenüber solchen unerwünschten Prozessen bzw. Mißbräuchen bleibt eine Definition von gewerkschaftlichen Erfolgen als Nominallohnergebnissen (Nominallohnprozenten) indifferent, was nicht angeht, wenn Betrachtungen des Erfolgs von Tariforganisationen Konsequenzen für die sachgerechte rechtliche Ausgestaltung des Arbeitskampfes zeitigen sollen. (2. Teil, D., I., 2)

Ungeachtet des Umstands, daß tarifliche Nominallöhne also unzulängliche Hilfen sind für die empirische Ermittlung eines Interessengleichgewichts, wie sie der arbeitskampfrechtlichen Diskussion dienen könnte, bleibt die Frage interessant, ob sich Arbeitskämpfe überhaupt auf die Tariflohnveränderungen auswirken:

2. Was die Tariflohnentwicklung als Beleg des wechselnden Kampferfolgs angeht, d. h. als eines relativen Maßstabes tarifpolitischer Durchsetzungsfähigkeit, der weniger auf seinen absoluten Wert befragt wird, so ergibt sich aus eigenen empirischen Untersuchungen:

*These 13:*

Veränderungen des Tariflohnniveaus in Industriebereichen, deren Gewerkschaften zu gelegentlichen Arbeitskampfmaßnahmen bereit und imstande sind, lassen sich nicht mit ausreichender Eindeutigkeit zum Einsatz von Tarifarbeitskampfmitteln in Beziehung setzen. Dies kann an den Schwierigkeiten liegen, Einflüsse speziell der Kampfmittel auf das Tariflohnniveau methodisch zu isolieren; vielleicht aber determinieren auch Daten der wirtschaftlichen Konstellation, welche in Tarifverhandlungen Eingang finden, die Ergebnisse derart, daß „organisationspolitische" Maßnahmen, wie insbesondere Streik und Aussperrung, sie nicht nennenswert beeinflussen können. (2. Teil, D., II., 3)

*These 14:*

Es ist jedoch nicht auszuschließen, daß sichtbar werdende starke Einflüsse der wirtschaftlichen Konstellation auf die Lohnbildung in Tarifverhandlungen ein, offenbar jedoch denkbar schmales, Band lassen, innerhalb dessen Tariflöhne durch Kampfmaßnahmen bewegt werden können. (2. Teil, D., II., 3)

3. Ergänzend bleiben, über den Tariflohn hinaus, die weiteren tatsächlich vorgefundenen Formen bzw. begrifflichen Varianten des Lohns, nämlich Effektiv- und Reallohn zu prüfen: Wären diese geeignet, langfristiges Interessengleichgewicht der sozialen Gegenspieler oder aber wenigstens relative Kampferfolge zu indizieren?

*These 15:*

Die Verwendung von Reallöhnen bzw. realen Effektivlöhnen als Indikatoren von Gleichgewicht der sozialen Gegenspieler impliziert zunächst, daß auch Preissteigerungen als Kampfmittel in der Tarifauseinandersetzung angesehen werden; im weiteren führt sie zu einer allgemeinen Betrachtung, ob unter den Bedingungen sozialer Marktwirtschaft eine angemessene Verteilung gewährleistet ist. Spezifische Effekte von Maßnahmen der Tariforganisationen als solcher lassen sich aus diesen Größen, die wesentlich durch ökonomische Mechanismen mitbestimmt sind, mit Sicherheit noch weniger ablesen als am Nominallohn. (2. Teil, D., III)

Insbesondere, was die Indikation paritätischen Ausgleichs in der Zielverfolgung der sozialen Gegenspieler angeht, läßt die Betrachtung des Lohns keine Urteile zu. Es liegt daher der Übergang zu einer prinzipiell anderen Art nahe, den Tariferfolg zu messen, als sie der Blick auf absolute Lohngrößen darstellt:

### V. Der Tariferfolg, betrachtet als Bruchteil dessen, was vom Angestrebten erreicht wurde

1. Alternativ zur Frage nach den Lohnprozenten kann man versuchen, den Erfolg der Tarifpartner in der Form eines Vergleichs zwischen Forderung und Ergebnis, allgemeiner eines Quotienten zwischen dem, was sie wollten und dem, was sie bekamen, auszudrücken. Auch auf diesem Weg jedoch ergeben sich grundsätzliche Probleme:

*These 16:*

Der Vergleich von Anfangspositionen und Endergebnissen als Indikator des Organisationserfolgs leidet vor allem darunter, daß die verlautbarten Ausgangsvorstellungen der Parteien nicht wiedergeben, was diese sich zu erreichen wirklich vorgestellt hatten. Vielmehr hängen Anfangsforderungen bzw. Anfangsangebote in beträchtlichem, aber methodisch nicht zu isolierendem Maß von taktischen Überlegungen und gewählten Verhandlungsstrategien ab. (2. Teil, E., I)

2. Der trotzdem unternommene Versuch, mit Hilfe der Betrachtung von Forderungen und Ergebnissen zu einer Darstellung des beiderseitigen Erfolgs in den Metall-Tarifverhandlungen Nordwürttemberg- Nordbadens von 1961 - 1978 zu kommen, zeitigt ähnliche Resultate wie bereits das Vorgehen zur Bestimmung der Kampfeinflüsse auf den Tariflohn:

*These 17:*

Die jeweiligen Proportionen, wie in Tarifverhandlungen, gemessen an den Ausgangspositionen, „der Kuchen geteilt“ wird, stehen in keinem augenfälligen Zusammenhang mit dem Einsatz von Tarifarbeitskampfmitteln. (2. Teil, E., III., 1)

*These 18:*

Die Relationen der Kompromisse (Konzessionen) in Tarifverhandlungen scheinen in erheblichem Maß von der gesamtwirtschaftlichen Konstellation, insbesondere dem Nachfragedruck auf Arbeitsleistung abzuhängen. (2. Teil, E., III., 1)

*These 19:*

Arbeitskämpfe sind mehr „Begleitmusik“ der wirtschaftlichen Flaute als echte Bestimmungsfaktoren der Tarifergebnisse. (2. Teil, E., III., 1, auch schon D., II., 3)

3. In einer letzten Untersuchung wird die an Forderungen und Ergebnissen orientierte Erfolgsmeßmethode, als die noch praktikabelste unter den mehr oder weniger unbefriedigenden bisher gefundenen, auf die Tarifarbeitskämpfe in der Bundesrepublik seit dem schleswig-holsteinischen Metallarbeiterstreik 1956/57 angewendet. Auch hier ist das Ergebnis bemerkenswert:

*These 20:*

Der Einsatz der Aussperrung in Arbeitskämpfen der letzten zwei Jahrzehnte in der Bundesrepublik veränderte die Relationen der gefundenen Kompromisse (Konzessionen) gegenüber den Fällen (bloßer) gewerkschaftlicher Streiks nur unwesentlich. (2. Teil, E., IV., 2)

*These 21:*

Auch am Ende der Arbeitskämpfe in der Bundesrepublik (seit dem schleswig-holsteinischen Metallarbeiterstreik 1956/57), in denen nur gestreikt, nicht aber ausgesperrt wurde, standen im Durchschnitt ausgewogene Kompromisse. (2. Teil, E., IV., 2) Dabei mag man allerdings bedenken, daß die Mäßigung der Gewerkschaften bei bloßen Streiks vielleicht doch von der Möglichkeit einer Aussperrung abhängt. Jedoch dürfte nicht in allen Industriebereichen die Aussperrung, wenngleich rechtlich erlaubt, faktisch ohne weiteres durchführbar sein.

## VI. Fazit

Das insgesamt vielleicht überraschende Ergebnis der Untersuchungen läßt sich in die Feststellung kleiden:

*These 22:*

Die Besorgnis, durch den Einsatz des Streiks in der Tarifauseinandersetzung könnte der Rahmen volkswirtschaftlicher Belastbarkeit zuungunsten der Allgemeinheit überschritten werden bzw. die Arbeitgeber durch die gewerkschaftlichen Einkommensforderungen überrumpelt und das Zustandekommen eines Kompromisses verhindert werden, scheint nicht gerechtfertigt. Umgekehrt stellt sich die Aussperrung, unter dem Blickwinkel der Tariferfolge, nicht als notwendiges und wirksames Mittel dar, derartige mögliche wirtschaftliche Fehlentwicklungen zu verhindern und die Arbeitgeber vor unverhältnismäßigen Mißerfolgen in den Verhandlungen zu bewahren. Noch weniger freilich läßt sich belegen, daß die Aussperrung die Chance der Gewerkschaft zunichte macht, einen im Rahmen der periodischen Verhandlungen verbleibenden Kompromiß zu erzielen.

Am Ende dieser zusammenfassenden Formulierungen ist jedoch der Vorbehalt zu erneuern, daß das Problem weitgehend ungelöst blieb, den potentiellen Kampfmitteleinsatz in seiner Wirkung auf die friedlich verlaufenen Tarifrunden zu bestimmen, d. h. eine rechnerische Vorwegnahme theoretisch angenommener Arbeitskämpfe im Rahmen der Kollektivverhandlungen adäquat zu erfassen. Das betrifft den Streik wie die derzeit ebenso gerichtlich zugelassene Aussperrung: Vielleicht sind auch in guten wirtschaftlichen Jahren angemessene Verteilungserfolge für die Gewerkschaften nicht ohne den Streik im Hintergrund zu erreichen; umgekehrt dürfte auch das gewerkschaftliche Verhalten, selbst noch im Fall des ausgebrochenen Streiks, von der Möglichkeit bestimmt sein, daß die Arbeitgeber zu ihrem letzten Mittel greifen.

## B. Ausblick

Die Untersuchungen, deren Ergebnisse im vorhergehenden zusammengefaßt wurden, galten mehr der Fundierung arbeitskampfrechtlicher Fragen als ihrer Beantwortung, mehr der Klärung möglicher Prämissen als den Schlüssen selbst; sie dienten einer Aufnahme des dogmatischen Bestands zum Gedanken der Kampfparität, einer interdisziplinären Sichtung des Theorienmaterials zu Kollektivverhandlungen sowie, schwerpunktmäßig, dem Aufbereiten von Fakten zu Tarifauseinandersetzungen aus Zeitungen, Geschäftsberichten und anderen Quellen.

Die Andeutung weiterführender Perspektiven muß in die Richtung der eigentlich rechtswissenschaftlichen Diskussion verlaufen, der die vorliegende Arbeit nützen will:

Zwar mag nur ein Ausschnitt der denkbaren tatsächlichen Kriterien für arbeitskampfrechtliche Parität mit dem Tariferfolg behandelt sein. Jedoch lassen die vielfältigen Hindernisse theoretischer und praktischer Art, die sich seiner Erfassung entgegenstellen, die Schwierigkeiten deutlich werden, Kampfparität als normativen Begriff überhaupt praktisch zu handhaben. Die Aufgabe, mit dem Begriff belegte Gegebenheiten, über tatsächlich aufgefundene Hinweise, dingfest zu machen, wird in den Tatsachenwissenschaften als Operationalisierungsproblem bezeichnet. Für den, der als „Ersatzgesetzgeber" oder Richter arbeitskampfrechtliche Begriffe schaffen oder gebrauchen muß, wobei er der Unterstützung empirischer Wissenschaften bedarf, stellt diese Aufgabe sich als Subsumtionsproblem dar. Die Dimensionen dieses Operationalisierungs- oder Subsumtionsproblems sind es, die in den angestellten rechtstatsächlichen Forschungsversuchen zutage treten. Drängt sich nicht, mit der mangelnden Tauglichkeit des Lohnergebnisses als eines Erfolgspegels, den Schwierigkeiten, spezifische Kampfmitteleffekte in Forschungsansätzen zu eliminieren, demgegenüber den Druck insbesondere der wirtschaftlichen Konstellation einzuschätzen, der Verdacht auf, daß der Kampfparitätsbegriff, vor wie nach dieser Untersuchung, der Argumentation „die Nacht eröffnet, in der alle Kühe schwarz sind"?

In diesem Sinne mag man eine Aufgabe der arbeitskampfrechtlichen Diskussion darin sehen, zu alternativen dogmatischen Konzepten vorzustoßen, aus denen sich Verdikt oder Befürwortung zur Beurteilung anstehender Kampfmittel deutlicher ergeben, d. h. mit weniger Beweisaufwand, weniger Möglichkeiten dissentierender Betrachtungsweisen und weniger Schlüssen, die von vorgeformten Intentionen abhängen, als wenn man die Formel gleichgewichtiger Chancen, Tarifinhalte zu beeinflussen, anwenden will.

# Literaturverzeichnis

*Arndt*, H., Markt und Macht (2. Aufl. von: Mikroökonomische Theorie I), Tübingen 1973

— Wirtschaftliche Macht (Tatsachen und Theorien), München 1974

*Atteslander*, P., Methoden der empirischen Sozialforschung, Berlin 1971

*Badura*, P. / *Rittner*, F. / *Rüthers*, B., Mitbestimmungsgesetz 1976 und Grundgesetz (Gemeinschaftsgutachten), München 1977

*Bakke*, E. W. / *Kerr*, C. / *Anrod*, C. W. (eds.), Unions, Management and the Public, New York 1967

*Baldamus*, W., Der gerechte Lohn — Eine industriesoziologische Analyse, Berlin 1960

*Bartholomeyczik*, H., Äquivalenzprinzip, Waffengleichheit und Gegengewichtsprinzip in der modernen Rechtsentwicklung, in: AcP 166 (1966), S. 30 ff.

*Bartmann*, H., Zur Theorie der Lohnbildung in makroökonomischen Modellen (Bestimmung des gesamtwirtschaftlichen Lohnniveaus unter Berücksichtigung der Theorie der kollektiven Lohnverhandlungen), Göttingen 1971
(zit.: Zur Theorie)

*Beckord*, J., Lohnführerschaft und kollektive Lohnverhandlungen, Frankfurt 1977
(zit.: Lohnführerschaft)

*Bergmann*, J. / *Jacobi*, O. / *Müller-Jentsch*, W., Gewerkschaften in der Bundesrepublik, Band 1 (Gewerkschaftliche Lohnpolitik zwischen Mitgliederinteressen und ökonomischen Systemzwängen), Frankfurt 1976
(zit.: Gewerkschaften)

*Bertele*, F., Rechtsnatur und Rechtsfolgen der Aussperrung, Heidelberg 1960
(zit.: Rechtsnatur)

*v. Beyme*, K., Gewerkschaften und Arbeitsbeziehungen in kapitalistischen Ländern, München 1977

*Bieback*, K.-J. u. a., Streikfreiheit und Aussperrungsverbot (Zur Diskussion einer gewerkschaftlichen Forderung), Neuwied, Darmstadt 1979

*Böhm*, F., Die Ordnung der Wirtschaft als geschichtliche Aufgabe und rechtsschöpferische Leistung, Stuttgart und Berlin 1937

*v. Böhm-Bawerk*, E., Macht oder ökonomisches Gesetz?, in: Gesammelte Schriften von E. v. Böhm-Bawerk, (Hrsg.) F. X. Weiß, Wien 1924, S. 230 ff.

*Bötticher*, E., Waffengleichheit und Gleichbehandlung der Arbeitnehmer im kollektiven Arbeitsrecht, Karlsruhe 1956
(zit.: Waffengleichheit)

— Zur Rechtswidrigkeit von Arbeitskämpfen, in: BB 1957, S. 621 ff.

— Die Gleichheit vor dem Richter (2. Aufl.), Hamburg 1961

— Buchbesprechung, in: RdA 1969, S. 367 ff.

*Boulding*, K. E., Conflict and Defense (A General Theory), New York 1963

*Bredemeier*, W., Lohnbestimmung durch organisationspolitische Größen, Berlin 1976
(zit.: Lohnbestimmung)

*Brox*, H. / *Rüthers*, B., Arbeitskampfrecht (Ein Handbuch für die Praxis), Stuttgart 1965

*Bulla*, G.-A., Das Prinzip der Sozialadäquanz im Arbeitsrecht, in: RdA 1962, S. 6 ff.

*Cross*, J. G., A Theory of the Bargaining Process, in: AER 1965 (Vol. 55), S. 67 ff.

*Däubler*, W., Die unverhältnismäßige Aussperrung — BAG (GS) AP Art. 9 GG — Arbeitskampf — Nr. 43, in: JuS 1972, S. 642

— Das Arbeitsrecht (Von der Kinderarbeit zur Betriebsverfassung — Ein Leitfaden für Arbeitnehmer), Hamburg 1976

— Legalität und Legitimität der Aussperrung, Bielefeld 1979
(zit.: Legalität)

*Dall'Asta*, E. R., Theorie der Lohnpolitik, Berlin 1971
(zit.: Theorie)

*Dietz*, R., Welche Ziele muß ein Arbeitskampf verfolgen, um gerechtfertigt zu sein?, in: ZAS 1970, S. 41 ff.

*Dobb*, M., Der Lohn, Frankfurt 1970

*Dunlop*, J. T., Wage Determination under Trade Unions, (2. Aufl.) New York 1950
(zit.: Wage Determination)

— The Task of Contemporary Wage Theory, in: G. W. Taylor / F. C. Pierson (eds.), New Concepts in Wage Determination, New York 1957, S. 117 ff.

— Industrial Relations Systems, New York 1958

— Wage Policies of Trade Unions, in: E. W. Bakke / C. Kerr / C. W. Anrod (eds.) Unions, Management and the Public, New York 1967, S. 561 ff.

*Dzielak*, W. / *Hindrichs*, W. / *Martens*, H. / *Stanislawski*, V. / *Wassermann*, W., Belegschaften und Gewerkschaft im Streik (Am Beispiel der chemischen Industrie), Frankfurt/New York 1978
(zit.: Belegschaften)

*Eichler*, W., Das Spannungsfeld wird kleiner, in: Der Arbeitgeber 1967 (19), S. 131

*Eichmanns*, M., Der Grundsatz der Kampfparität — der augenblickliche Stand der Debatte, in: RdA 1977, S. 135 ff.

*Eisemann*, H., Aussperrung und Betriebsrisiko, in: BB 1979, S. 218 ff.

*Evers*, H.-U., Arbeitskampffreiheit, Neutralität, Waffengleichheit und Aussperrung (Rechtsgutachten zum Aussperrungsverbot der Hessischen Landesverfassung), Hamburg 1969
(zit.: Arbeitskampffreiheit)

*Fellner*, W., u. a., Die Rolle der Löhne in dem Problem der steigenden Preise, in: B. Külp / W. Schreiber (Hrsg.), Arbeitsökonomik, Köln 1972, S. 372 ff.

*Friedman*, M., Some Comments on the Significance of Labor Unions for Economic Policy, in: D. McCord Wright (Ed.), The Impact of the Union, New York 1951, S. 204 ff.

*Friedman*, M., Geldpolitik und Lohnentwicklung, in: E. Nowotny (Hrsg.), Löhne, Preise, Beschäftigung. Die Phillips-Kurve und ihre Alternativen, Frankfurt 1974, S. 208 ff.

*Fürst*, E., Die Machttheorien der Einkommensverteilung, in: H. Frisch (Hrsg.), Beiträge zur Theorie der Einkommensverteilung, Berlin 1967, S. 115 ff. (zit.: Die Machttheorien, in: Frisch, Beiträge)

*Gäfgen*, G., Die Marktmacht sozialer Gruppen, in: Hamburger Jahrbuch für Wirtschafts- und Gesellschaftspolitik 1967 (12), S. 45 ff.

— Theorie der wirtschaftlichen Entscheidung (Untersuchungen zur Logik und Bedeutung des rationalen Handelns), (3. Aufl.) Tübingen 1974

*Galbraith*, J. K., Der amerikanische Kapitalismus im Gleichgewicht der Kräfte, Stuttgart, Wien, Zürich 1956

*Gerfin*, H., Ausmaß und Wirkung der Lohn-Drift, in: H. Arndt (Hrsg.), Lohnpolitik und Einkommensverteilung, Berlin 1969, S. 472 ff.

*Glietsch*, H., Die Zulässigkeit neuer Arbeitskampfformen, Bern und Frankfurt 1976

*Grunsky*, W., Abwehraussperrung und Allgemeininteresse im Arbeitskampf (Verfassungsrechtliche Überlegungen zum Tarifkonflikt in der Druckindustrie), in: ZRP 1976, S. 129 ff.

*Güth*, W., Zur Theorie kollektiver Lohnverhandlungen, Baden-Baden 1978 (zit.: Zur Theorie)

*Güther*, B. / *Pickshaus*, K., Der Arbeitskampf in der Druckindustrie im Frühjahr 1976, Frankfurt 1976

*Hanau*, P., Aussperrung und Kampfparität, Wirtschaftspol. Chronik 1978, S. 173 ff.

*Hankel*, W. / *Zweig*, G., Der Lohn — ein volkswirtschaftlicher Markt- oder Machtfaktor? in: GMH 1958, S. 600 ff.

*Harsanyi*, J. C., Approaches to the Bargaining Problem before and after the Theory of Games: a Critical Discussions of Zeuthen's, Hicks', and Nash's Theories, in: Econometrica 1956 (Vol. 24), S. 144 ff.

— Bargaining in Ignorance of the Opponents Utility Function, in: JCR 1962 (Vol. 6), S. 29 ff.

— Measurement of Social Power, Opportunity Costs, and the Theory of Two-Person Bargaining Games, in: Behavioral Science 1962 (Vol. 7), S. 67 ff.

— Bargaining and Conflict Situations in the Light of a New Approach to Game Theory, in: AER PP 1965 (Vol. 55), S. 447 ff.

*Herschel*, W., Streikrecht und Aussperrungsrecht, in: BB 1976, S. 1473 ff.

*Hicks*, J. R., The Theory of Wages, (2. Aufl.) London 1963

*Himmelmann*, G., Lohnbildung durch Kollektivverhandlungen (Eine politologische Analyse unter besonderer Berücksichtigung der Strategie und Taktik der Gewerkschaften), Berlin 1971
(zit.: Lohnbildung)

*Hines*, A. G., Der gewerkschaftliche Organisationsgrad als Bestimmungsgrund der Lohnentwicklung, in: E. Nowotny (Hrsg.), Löhne, Preise, Beschäftigung. Die Phillips-Kurve und ihre Alternativen, Frankfurt 1974, S. 147 ff.

*Hoffmann*, R., Beamtenstreik und Verfassungsverständnis vom Sozialstaat, in: KritJ 1971, S. 45 ff.

*Hoffmann*, R., Der Grundsatz der Parität und die Zulässigkeit der Aussperrung, in: M. Kittner (Hrsg.), Streik und Aussperrung, Frankfurt 1974, S. 47 ff.

*Hueck*, A. / *Nipperdey*, H. C., Lehrbuch des Arbeitsrechts, 2. Band, Kollektives Arbeitsrecht, 2. Halbband, von *H. C. Nipperdey* unter Mitarbeit von *F. J. Säcker*, (7. Aufl.) Berlin 1970
(zit.: Nipperdey / Säcker II/2)

*Joachim*, H. G., Ist der Grundsatz der Verhältnismäßigkeit ein geeignetes Kriterium für die rechtliche Erfassung des Phänomens „Arbeitskampf"?, in: AuR 1973, S. 289 ff.

*Kaiser*, J. H., Die Parität der Sozialpartner, Karlsruhe 1973
(zit.: Die Parität)

*Kalbitz*, R., Die Entwicklung von Streiks und Aussperrungen in der BRD, in: Gewerkschaften und Klassenkampf. Kritisches Jahrbuch 1973, Frankfurt 1973, S. 163 ff.

— Aussperrungen in der Bundesrepublik, in: KritJ 1978, S. 349 ff.

— Aussperrungen in der Bundesrepublik (Die vergessenen Konflikte), Frankfurt 1979
(zit.: Aussperrungen)

*Keller*, B., Theorien über den Einfluß des Neutralen auf Schlichtungsverhandlungen, Berlin 1973

— Theorien der Kollektivverhandlungen (Ein Beitrag zur Problematik der Arbeitsökonomik), Berlin 1974
(zit.: Theorien)

*Kempen*, O. E., Unzeitgemäße Überlegungen zum Arbeitskampfrecht (Zum Urteil des LAG Baden-Württemberg v. 10. 10. 1978), in: AuR 1979, S. 74 ff.

*Kerr*, C., The Nature of Industrial Conflict, in: E. W. Bakke / C. Kerr / C. W. Anrod (eds.), Unions, Management and the Public, New York 1967, S. 246 ff. (Auszug aus: Industrial Conflict and Its Mediation)

— Der industrielle Konflikt und seine Schlichtung, in: B. Külp / W. Schreiber (Hrsg.), Arbeitsökonomik, Köln 1972, S. 258 ff.

*Kittner*, M., Parität im Arbeitskampf? (Überlegungen zur Forderung nach dem Verbot der Aussperrung), in: GMH 1973, S. 91 ff.

— (Hrsg.), Streik und Aussperrung (Protokoll der wissenschaftlichen Veranstaltung der Industriegewerkschaft Metall vom 13. bis 15. September 1973 in München), Frankfurt 1974

— Anmerkung zum Beschl. des BVerfG vom 19. 2. 1975, AP Nr. 50 zu Art. 9 GG Arbeitskampf, Bl. 580 R. ff.

— Verbot der Aussperrung (7 Fragen — 70 Antworten), Schriftenreihe der IG Metall Nr. 80, Frankfurt, o. J. (1979)

*Kleiner*, N.-P., Zum Verbot der (Abwehr-)Aussperrung, in: ZRP 1976, S. 265 ff.

*Knebel*, J., Koalitionsfreiheit und Gemeinwohl, Berlin 1978

*Koenen*, K.-L., Suspendierende Aussperrung und Kündigung statt auflösender Abwehraussperrung, in: BB 1968, S. 1082 ff.

*Konzen*, H., Der Arbeitskampf im Verfassungs- und Privatrechtssystem, in: AcP 177 (1977), S. 473 ff.

*Külp*, B., Theorie der Drohung, Köln 1965

*Külp*, B., Lohnbildung im Wechselspiel zwischen politischen und wirtschaftlichen Kräften, Berlin 1965
(zit.: Lohnbildung)

— Streik und Streikdrohung (Ihre Rolle in der Volkswirtschaft und im Sozialprozeß), Berlin 1969

— Der Lohnfindungsprozeß der Tarifpartner (Bestimmungsgründe, Auswirkungen, Reformvorschläge), Darmstadt 1977
(zit.: Der Lohnfindungsprozeß)

*Külp*, B., u. a., Der Einfluß von Schlichtungsformen auf Verlauf und Ergebnis von Tarif- und Schlichtungsverhandlungen, Berlin 1972

*Külp*, B. / *Schreiber*, W. (Hrsg.), Arbeitsökonomik, Köln 1972

*Kuh*, E., Eine Produktivitätstheorie des Lohnniveaus — Eine Alternative zur Phillips-Kurve, in: E. Nowotny (Hrsg.), Löhne, Preise, Beschäftigung. Die Phillips-Kurve und ihre Alternativen, Frankfurt 1974, S. 159 ff.
= Produktivitätstheorie zur Bestimmung des Lohnniveaus — eine Alternative zur Phillips-Kurve, in: B. Külp / W. Schreiber (Hrsg.), Arbeitsökonomik, Köln 1972, S. 285 ff.

*Lerche*, P., Verfassungsrechtliche Zentralfragen des Arbeitskampfes (Zum hessischen Aussperrungsverbot), Bad Homburg v. d. H. 1968

*Levinson*, H. M., Bestimmungsfaktoren bei kollektiver Lohnfindung, in: B. Külp / W. Schreiber (Hrsg.), Arbeitsökonomik, Köln 1972, S. 206 ff.

*Liefmann-Keil*, E., Ökonomische Theorie der Sozialpolitik, Berlin 1961

*Löwisch*, M., Das Übermaßverbot im Arbeitskampfrecht (Bemerkungen zum Beschluß des Großen Senats des Bundesarbeitsgerichts vom 21. 4. 1971), in: ZfA 1971, S. 319 ff.

— Der Einfluß von Gewerkschaften auf Wirtschaft, Gesellschaft und Staat, in: RdA 1975, S. 53 ff.

— Buchbesprechung: W. Zöllner, Aussperrung und arbeitskampfrechtliche Parität, in: ZfA 1975, S. 237 ff.

*Mayer-Maly*, Th., Sozialpartnerparität als Verfassungsgebot, in: Gedächtnisschrift für Hans Peters, Berlin 1967, S. 938 ff.

— Zum Verständnis der Kampfparität, in: RdA 1968, S. 432 ff.

— Österreichisches Arbeitsrecht, Wien 1970

— Aussperrung und Parität, in: DB 1979, S. 95 ff.

*Meyer*, J. A. E., Von der „sozialen Adäquanz“ zur „Verhältnismäßigkeit der Kampfmaßnahmen“ (Sozialökonomische Ursachen und intendierte Folgen des Wechsels in der Argumentation des BAG), in: ZRP 1974, S. 253 ff.

*Meyer*, R., Streik und Aussperrung in der Metallindustrie (Analyse der Streikbewegung in Nordwürttemberg-Nordbaden 1971), Marburg 1977

*Morgenstern*, O., Vollkommene Voraussicht und wirtschaftliches Gleichgewicht, in: ZfN 1935, S. 337 ff.

— Die Anwendung der Spieltheorie in der Wirtschaftswissenschaft, in: H.-H. Barnikel (Hrsg.), Wettbewerb und Monopol, Darmstadt 1968, S. 433 ff.

*Müller*, G., Tendenzen der arbeitsrechtlichen Entwicklung unter dem Blickpunkt der Rechtsprechung des Bundesarbeitsgerichts, in: DB 1964, S. 733 ff., 737 ff.

— Problematik und Probleme des Arbeitskampfrechts der Bundesrepublik Deutschland, in: DRdA 1968, S. 66 ff.

*Müller*, G., Das Arbeitskampfrecht im Beschluß des Großen Senats des Bundesarbeitsgerichts vom 21. April 1971, in: RdA 1971, S. 321 ff.

— Der Arbeitskampf als Rechtsinstitut — Gedanken zum Arbeitskampfrecht in der Bundesrepublik Deutschland, in: AuR 1972, S. 1 ff.

— Die staatspolitische Bedeutung der Arbeitsgerichtsbarkeit, RdA 1978, S. 337

*v. Münch*, I., Verfassungsrechtliche Grundlagen des Arbeitskampfrechts, in: Jura 1979, S. 25 ff.

*Nash*, J. F., The Bargaining Problem, in: Econometrica 1950 (Vol. 18), S. 155 ff.

— Two-Person-Cooperative Games, in: Econometrica 1953 (Vol. 21), S. 128 ff.

*Neumann*, F., Behemoth (Struktur und Praxis des Nationalsozialismus 1933 - 1944), Köln, Frankfurt 1977

*v. Neumann*, J. / *Morgenstern*, O., Spieltheorie und wirtschaftliches Verhalten (unter Mitwirkung von *F. Docquier* herausgegeben von F. Sommer), (2. Aufl.) Würzburg 1967

*Nikisch*, A., Streik und Aussperrung in der Sicht des Bundesarbeitsgerichts (Kritische Bemerkungen zu dem Beschluß des Großen Senats des Bundesarbeitsgerichts vom 28. 1. 1955), in: JZ 1955, S. 440 ff.

— Arbeitsrecht, II. Band: Koalitionsrecht, Arbeitskampfrecht und Tarifvertragsrecht, (2. Aufl.) Tübingen 1959

*Nipperdey*, H. C., unter Mitarbeit von *G. Wiese*, Freie Entfaltung der Persönlichkeit, in: K.-A. Bettermann / H. C. Nipperdey, Die Grundrechte (Handbuch der Theorie und Praxis der Grundrechte), 4. Band, 2. Halbband, 1962, S. 741 ff.

— Rechtsprobleme der Aussperrung und des Streiks, in: DB 1963, S. 1613 ff.

— unter Mitarbeit von *F. J. Säcker*, Tatbestandsaufbau und Systematik der deliktischen Grundtatbestände, in: NJW 1967, S. 1985 ff.

*Nipperdey*, H. C. / *Säcker*, F. J., Anmerkung zum Beschl. des BAG vom 3. 9. 1968 AP Nr. 39 zu Art. 9 GG Arbeitskampf

*Noé*, C., Gebändigter Klassenkampf, Tarifautonomie in der Bundesrepublik Deutschland (Der Konflikt zwischen Gesamtmetall und IG Metall vom Frühjahr 1963), Berlin 1970
(zit.: Gebändigter Klassenkampf)

*Nowotny*, E. (Hrsg.), Löhne, Preise, Beschäftigung (Die Phillips-Kurve und ihre Alternativen), Frankfurt 1974

*Nowotny*, E. / *Rothschild*, K. W. / *Schwödiauer*, G., Bestimmungsgründe der Lohnbewegung, Wien 1972

*Ozanne*, R., Der Einfluß der Gewerkschaften auf das Lohnniveau und die Einkommensverteilung, in: B. Külp / W. Schreiber (Hrsg.), Arbeitsökonomik, Köln 1972, S. 324 ff.

*Pen*, J., A General Theory of Bargaining, in: AER 1952 (Vol. 42), S. 24 ff.

*Raiser*, Th., Die Aussperrung nach dem Grundgesetz, Berlin 1975
(zit.: Die Aussperrung)

— Der Kampf um die Aussperrung, in: ZRP 1978, S. 201 ff.

*Ramm*, Th., Kollektive Änderungskündigung und Aussperrung, in: BB 1964, S. 1174 ff.

— Der Arbeitskampf und die Gesellschaftsordnung des Grundgesetzes (Beitrag zu einer Verfassungslehre), Stuttgart 1965
(zit.: Der Arbeitskampf)

*Ramm*, Th., Sozialadäquanztheorie und freiheitlicher sozialer Rechtsstaat, in: AuR 1966, S. 161 ff.
— Der Wandel der Grundrechte und der freiheitliche soziale Rechtsstaat, in: JZ 1972, S. 137 ff.
— Anmerkung zum Beschl. des BVerfG vom 19. 2. 1975 (Aussperrung von Betriebsratsmitgliedern), AuR 1975, S. 351 f.

*Ramser*, H. J., Phillips-Kurve und Bargaining-Theorie (Diskussionsbeiträge des Fachbereichs Wirtschaftswissenschaften der Universität Konstanz, Nr. 61), 1975

*Reichvilser*, H., Erfolgskontrolle der Verbandsarbeit, Berlin 1973

*Reuß*, W., Rechtsfolgen der Aussperrung, in: AuR 1963, S. 225 ff.
— Vertragsauflösende Arbeitskämpfe?, in: JZ 1965, S. 233 ff.
— Nochmals: Rechtswirkungen der Aussperrung, in: AuR 1969, S. 205 ff.
— Rechtswirkungen der Aussperrung (Zum Vorlagebeschluß des BAG vom 3. 9. 1968), in: AuR 1969, S. 129 ff.
— Juristische Begriffsmanipulationen, dargelegt an Beispielen aus dem Arbeitsrecht, in: AuR 1972, S. 193 ff.
— Die Unzulässigkeit gerichtlicher Tarifzensur, in: AuR 1975, S. 289 ff.

*Reuter*, D., Die Arbeitskampffreiheit in der Verfassungs- und Rechtsordnung der Bundesrepublik Deutschland, in: Wirtschaftsordnung und Staatsverfassung, Festschr. für Franz Böhm zum 80. Geburtstag, H. Sauermann / E.-J. Mestmäcker (Hrsg.), Tübingen 1975, S. 521 ff.

*Richardi*, R, Aussperrung und Arbeitsverhältnis, in: RdA 1970, S. 65 ff.
— Der Beschluß des Großen Senats des Bundesarbeitsgerichts vom 21. 4. 1971, in: RdA 1971, S. 334 ff.
— Die Verhältnismäßigkeit von Streik und Aussperrung, in: NJW 1978, S. 2057 ff.

*Roethlisberger*, F. J. *Dickson*, W. J., Die moderne Betriebssoziologie und ihre Probleme der Unternehmensführung, in: B. Külp / W. Schreiber (Hrsg.), Arbeitsökonomik, Köln 1972, S. 19 ff.

*Ross*, A. M., The Dynamics of Wage Determination under Collective Bargaining, in: AER 1947 (Vol. 37), S. 793 ff.
— The External Wage Structure, in: G. W. Taylor / F. C. Pierson (eds.), New Concepts in Wage Determination, New York 1957, S. 173 ff.
— What Is Responsible Wage Policy?, in: E. W. Bakke / C. Kerr / C. W. Anrod (eds.), Unions, Management and the Public, New York 1967, S. 533 ff.
— Die Gewerkschaft als eine Institution der Lohnbestimmung, in: B. Külp / W. Schreiber (Hrsg.), Arbeitsökonomik, Köln 1972, S. 181 ff.

*Rothschild*, K. W., Lohntheorie, Berlin 1963

*Rüthers*, B., Der Arbeitskampf und die Gesellschaftsordnung des Grundgesetzes, in: Der Staat 1967 (6), S. 101 ff.
— Zur Beseitigung von Arbeitsverträgen durch Aussperrung, in: DB 1969, S. 967 ff.
— Zur Kampfparität im Arbeitsrecht, in: JurA 1970, S. 3 ff.
— Die unbegrenzte Auslegung (Zum Wandel der Privatrechtsordnung im Nationalsozialismus), (Taschenbuchausgabe) Frankfurt 1973
— Arbeitgeber und Gewerkschaften — Gleichgewicht oder Dominanz, in: DB 1973, S. 1649 ff.

*Rüthers*, B., Die Parität der Sozialpartner, in: AöR 99 (1974), S. 484 ff.
— Streik und Aussperrung, Köln 1979

*Säcker*, F. J., Grundprobleme der kollektiven Koalitionsfreiheit (Rechtsquellen- und interpretationstheoretische Bemerkungen zur legislativen und judikativen Konkretisierung des Art. 9 III GG), Düsseldorf 1969
— Arbeitskampf und Arbeitsplatzrisiko, in: DB 1969, S. 1890 ff., 1940 ff.
— Gruppenparität und Staatsneutralität als verfassungsrechtliche Grundprinzipien des Arbeitskampfrechts (Eine arbeits- und sozialrechtliche Untersuchung zu § 116 des Arbeitsförderungsgesetzes vom 25. Juni 1969), Heidelberg 1974
(zit.: Gruppenparität)
— Streikhilfeabkommen und Kartellrecht, in: ZHR 1974 (137), S. 455 ff.
— Die Institutions- und Betätigungsgarantie der Koalitionen im Rahmen der Grundrechtsordnung, in: ArbR-GW 1974 (12), Berlin 1975, S. 17 ff.

*Schelling*, T. C., An Essay on Bargaining, in: AER 1956 (Vol. 46), S. 281 ff.
— Bargaining, Communication, and Limited War, in: JCR 1957 (Vol. 1), S. 19 ff.
— The Strategy of Conflict, Cambridge (Mass.) 1963

*Schmidt-Rimpler*, W., Grundfragen einer Erneuerung des Vertragsrechts, in: AcP 147 (1941), S. 130 ff.
— Wirtschaftsrecht, in: HdSW, 12. Band, Stuttgart - Tübingen - Göttingen 1965, S. 686 ff.

*Schmölders*, G. (wissenschaftl. Leitg.), Das Selbstbildnis der Verbände (Empirische Erhebung über die Verhaltensweisen der Verbände in ihrer Bedeutung für die wirtschaftspolitische Willensbildung in der BRD), Berlin 1965

*Schneider*, D. (Hrsg.), Zur Theorie und Praxis des Streiks, Frankfurt 1971

*Scholz*, R. Die Koalitionsfreiheit als Verfassungsproblem, München 1971
(zit.: Die Koalitionsfreiheit)
— Das Grundrecht der Koalitionsfreiheit (anhand ausgewählter Entscheidungen zur Rechtsstellung von Gewerkschaften und Arbeitgeberverbänden), Stuttgart 1972

*Seegert*, Ch., Verfassungsrechtliche Gewährleistung der Aussperrung mittels Kampfparität?, in: BlSt. 1978, S. 337 ff.

*Seiter*, H., Streikrecht und Aussperrungsrecht (Ein Arbeitskampfrechtssystem auf der Grundlage subjektiv-privater Kampfrechte), Tübingen 1975
(zit.: Streikrecht)
— Anmerkung zum Urteil des BAG vom 7. 11. 1975, AP Nr. 30 zu § 615 BGB Betriebsrisiko, Bl. 610 ff.
— Kodifizierung des Arbeitskampfrechts?, in: NJW 1976, S. 1369 ff.
— Die Aussperrung nach dem Grundgesetz (Bemerkungen zum Regierungsgutachten von Thomas Raiser), JZ 1978, S. 413 ff.
— Anmerkung zum Urteil des BGH vom 19. 1. 1978, EzA Art. 9 GG Arbeitskampf Nr. 21, S. 141 ff.
— Arbeitskampfparität und Übermaßverbot (unter besonderer Berücksichtigung des „Boykotts" in der deutschen Seeschiffahrt), Düsseldorf, Frankfurt 1979
— Die Rechtsgrundlagen der suspendierenden Abwehraussperrung, in: JA 1979, S. 337 ff.

*Seiter*, H., Der Warnstreik im System des Arbeitskampfrechts, in: FS 25 Jahre Bundesarbeitsgericht, München 1979, S. 583 ff.

*Shackle*, G. L. S., Expectation in Economics, Cambridge 1952

— Die Wirkungsweise des Verhandlungsprozesses, in: B. Külp / W. Schreiber (Hrsg.), Arbeitsökonomik, Köln 1972, S. 236 ff.

*Skiba*, R., Die gewerkschaftliche Lohnpolitik und die Entwicklung der Reallöhne, Köln 1968
(zit.: Die gewerkschaftliche Lohnpolitik)

*Stein*, E., Staatsrecht, (5. Aufl.) Tübingen 1976

*Steindorff*, E., Wirtschaftsrechtliche Maßstäbe im Arbeitsrecht, in: RdA 1965, S. 253 ff.

*Steinhaus*, K., Streiks in der Bundesrepublik 1966 - 1974, Frankfurt 1975
(zit.: Streiks)

*Stevens*, C. M., On the Theory of Negotiation, in: The Quarterly Journal of Economics, 1958 (Vol. 72), S. 77 ff.

— Strategie und Tarifverhandlungen, in: B. Külp / W. Schreiber (Hrsg.), Arbeitsökonomik, Köln 1972, S. 308 ff.

*Teichmann*, U., Lohnpolitik, Stuttgart 1974

*Tomandl*, Th., Streik und Aussperrung als Mittel des Arbeitskampfes, Wien 1965

*Tugan-Baranowsky*, M., Soziale Theorie der Verteilung, Berlin 1913

*Volkmann*, H., Modernisierung des Arbeitskampfes? Zum Formwandel von Streik und Aussperrung in Deutschland 1864 - 1975, in: H. Kaelble u. a.: Probleme der Modernisierung in Deutschland (Sozialhistorische Studien zum 19. und 20. Jahrhundert), Opladen 1978
(zit.: Modernisierung, in: Kaelble u. a., Probleme)

— Zur Entwicklung von Streik und Aussperrung in Deutschland 1899 - 1975, GMH 1979, S. 347 ff.

*Wack*, R., Kollektivverhandlungen in den USA (Zur Theorie der Vertragsverhandlungen im institutionellen Arbeitsmarkt), Zürich 1959
(zit.: Kollektivverhandlungen)

*Walton*, R. E. / *McKersie*, R. B., A Behavioral Theory of Labor Negotiations (An Analysis of a Social Interaction System), New York 1965

*Weber*, W., Das Aussperrungsverbot der hessischen Verfassung (Gutachten), in: BB 1961, S. 293 ff.

*Weber*, W. / *Jochimsen*, R., Wohlstandsökonomik, in: HdSW, 12. Band 1965, S. 346 ff.

*Weber*, W. / *Streißler*, E., Nutzen, in: HdSW, 8. Band 1964 S. 1 ff.

*Weisser*, G., Die Verteilung des Sozialprodukts und seines Zuwachses auf die Wirtschaftsteilnehmer, in: G. Fürst / S. L. Gabriel (Hrsg.), Produktivität und Lohn, Darmstadt 1956, S. 86 ff.

*Weitbrecht*, H., Effektivität und Legitimität der Tarifautonomie (Eine soziologische Untersuchung am Beispiel der deutschen Metallindustrie), Berlin 1969
(zit.: Effektivität)

*Wiedemann*, H., Die deutschen Gewerkschaften — Mitgliederverband oder Berufsorgan?, in: RdA 1969, S. 321 ff.

*Wiedemann*, H. / *Stumpf*, H., Tarifvertragsgesetz mit Durchführungs- und Nebenvorschriften, Kommentar, begr. v. *A. Hueck* u. *H. C. Nipperdey*. Weitergeführt von *E. Tophoven* u. *E. Stahlhacke*, neubearbeitet v. *H. Wiedemann* u. *H. Stumpf*, 5., neubearb. Aufl., München 1977

*Wiedemann, K.*, Streik und Streikdrohung (Darstellung und Kritik der theoretischen Beiträge zur Streikproblematik), Herford 1971

*Wohlgemuth*, H.-H., Staatseingriff und Arbeitskampf (Zur Kritik der herrschenden Arbeitskampfdoktrin), Köln 1977

— Kampfparität und öffentliche Meinung, in: AuR 1978, S. 325 ff.

— Aussperrung und Grundgesetz, BB 1979, S. 111 ff.

*Wolf*, M., Tarifautonomie, Kampfparität und gerechte Tarifgestaltung, in: ZfA 1971, S. 151 ff.

*Wolter*, H., Aussperrung, Parität und Verhältnismäßigkeit, AuR 1979, S. 193 ff.

*Wolters*, R., Strategien der Verhandlungsführung (Eine Analyse empirischer Tests zur Bargaining-Theorie des Lohnes), Berlin 1976
(zit.: Strategien)

*Zachert*, U. / *Metzke*, M. / *Hamer*, W., Die Aussperrung (Zur rechtlichen Zulässigkeit und praktischen Durchsetzungsmöglichkeit eines Aussperrungsverbots), Köln 1978

*Zerche*, J., Lohnfindung durch Tarifverhandlungen (Neue Ansätze in der Collective-Bargaining-Forschung), Tübingen 1970
(zit.: Lohnfindung)

*Zeuthen*, F., Economic Theory and Method, London 1955

*Zöllner*, W., Der Abbau einheitsvertraglicher Arbeitsbedingungen im nicht tariflich gesicherten Bereich (Bemerkungen zum arbeitskampfrechtlichen Symmetriegedanken und zum Ordnungsprinzip), in: RdA 1969, S. 250 ff.

— Arbeitsrecht, (2. Aufl.) München 1979

— Aussperrung und arbeitskampfrechtliche Parität, Düsseldorf 1974
(zit.: Aussperrung)

*Zöllner*, W. / *Seiter*, H., Paritätische Mitbestimmung und Art. 9 III GG, Köln 1970
(zit.: Paritätische Mitbestimmung)

Kolibri 360 GmbH
Ferdinand-Jühlke-Straße 7
99095 Erfurt, Deutschland
produktsicherheit@kolibri360.de

Druck:
CPI Druckdienstleistungen GmbH
im Auftrag der
Kolibri 360 GmbH
Ferdinand-Jühlke-Str. 7
99095 Erfurt